アテネ　最期の輝き

澤田典子

講談社学術文庫

はじめに

カイロネイアの戦い

前三三八年のメタゲイトニオン月七日（現在の暦で八月上旬）、ボイオティアの西境に近いカイロネイアで、歴史上名高い決戦の火蓋が切られた。フィリポス二世の率いるマケドニア軍がアテネとテーベを中心とするギリシア連合軍と激突した、「カイロネイアの戦い」である。

フィリポスをギリシア世界の覇者たらしめ、ギリシアの「自由」に終止符を打った、とされるこの天下分け目の戦いについて、正確な戦闘経過をたどるのは、実はかなり難しい。戦闘の経過を伝える古代の史料は、ディオドロス、ポリュアイノス、プルタルコスなどのローマ時代の著作家による簡潔な記事ばかりで、相互に矛盾する記述も多い。

二〇世紀における古代マケドニア史研究に圧倒的な足跡を残したイギリスのN・G・L・ハモンドは、一九三〇年代にカイロネイアの地を徹底的に踏査し、古典史料の記述と突き合わせながら、戦闘の過程を綿密に検討した。戦闘過程についてのハモンドの見解は、その後、ギリシア軍事史の大家W・K・プリチェットをはじめとする多くの歴史家たちの支持を

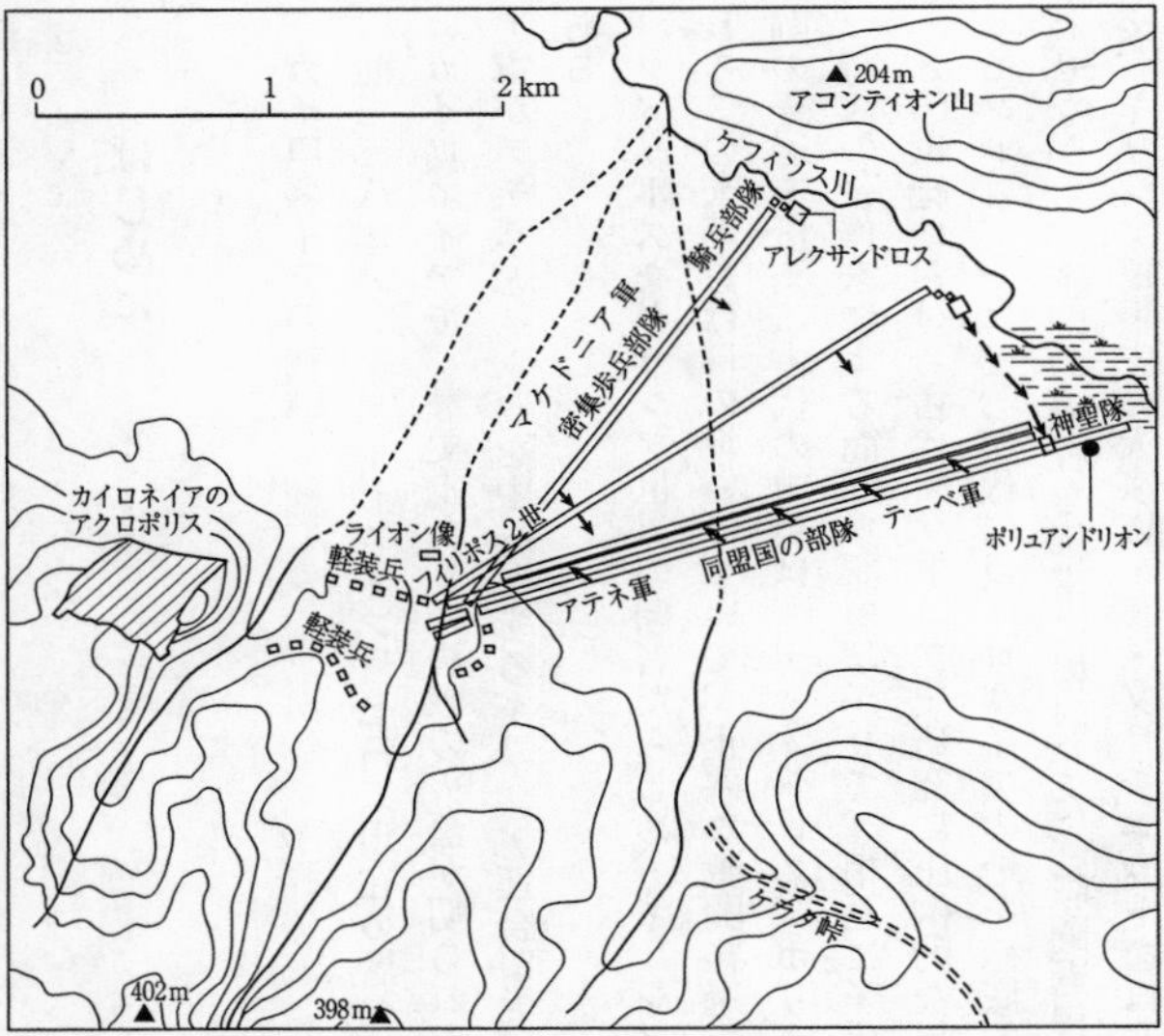

図1　カイロネイアの戦い（N. G. L. ハモンドの研究〔1938年〕より）

得ている。まずは、そのハモンドによる復元図（図１）をもとに、この歴史的な戦いの経過を見てみよう。

決戦の場は、カイロネイアのアクロポリスのある小高い山と、そこから二キロほど離れたケフィソス川との間に拡がる平原である。フィリポスの率いるマケドニア軍は総勢およそ三万四〇〇〇、ギリシア連合軍はおよそ三万五〇〇〇と推定される。数のうえではほぼ互角、地の利は、カイロネイアに先に布陣したギリシア連合軍側にあった。

双方とも、二〜三キロに及

ぶ長い戦列をしく。ギリシア連合軍は、約一万二〇〇〇のアテネ軍が左翼を占め、中央にはメガラ、コリントス、アカイアなどの同盟国の部隊が配置された。アテネ軍とほぼ同数のテーベ軍は右翼に陣取り、さらに、ギリシア世界において不敗を誇ったテーベの三〇〇人の精鋭部隊「神聖隊」が最右翼に置かれた。このおよそ三万五〇〇〇の大軍は、アテネの政治家デモステネスの尽力で成立したアテネとテーベの同盟を軸に結成された連合軍である。対するマケドニア軍は、フィリポスが右翼の歩兵部隊、弱冠一八歳の王子アレクサンドロスが左翼の騎兵部隊の指揮をとり、中央には密集歩兵部隊が配置された。

夜明けとともに戦闘が始まり、フィリポスが自らの率いる右翼の歩兵部隊を後退させると、対峙するアテネ軍がこれを追って前進した。偽装退却と反転攻撃を組み合わせ、敵の戦列を攪乱《かくらん》して撃破する、というフィリポスの得意の戦法である。少年時代に人質として滞在していたテーベで「斜線陣」と呼ばれる陣形を学んだ彼が、その後さらに改良を加えて開発した新戦法で、これまでの彼のギリシア征服の過程でもその威力が存分に発揮されてきた。こののち、アレクサンドロスも東方遠征においてこの戦法を活用することになる。

アテネ軍が前進すると、ギリシア連合軍の中央に配置されていた同盟国の部隊も、それに引きずられる形で移動した。しかし、最右翼に置かれたテーベの神聖隊は動かず、ギリシア側の陣列は大きく乱れ、隙間が生じた。マケドニア軍左翼の騎兵部隊を率いるアレクサンドロスは、すかさずその隙間に突撃する。彼はテーベの神聖隊を粉砕したのち、敵の戦列を背後から突き崩した。他方、追撃してきたアテネ軍を峡谷に追い込んだフィリポスは、小高い丘で反転して一気に攻めかかり、これを一網打尽にした。プルタルコスは、この峡谷を流れる小川が血と死体で溢れ返った、と伝えている（『デモステネス伝』一九章二節）。

戦いは、マケドニア軍の圧倒的な勝利に終わった。ついに、フィリポスはギリシア世界の覇者となったのである。フィリポスの巧みな戦略、そして、二十余年前に即位して以来、彼が心血を注いで作り上げてきた天下無敵のマケドニア軍がもたらした勝利だった。アテネ軍の戦死者は一〇〇〇人、捕虜は二〇〇〇人にのぼったという。テーベ軍の被害の規模は史料には伝えられていないが、壊滅した神聖隊を含め、アテネ軍の被害を上回るものだったと考えられている。

アテネが死力を尽くして戦ったこの決戦で、戦列を離れ、「神慮めでたく」という銘文が刻まれた楯をも捨て去ってあたふたと逃げ出したと伝えられるひとりのアテネ人兵士がいた。長年アテネ市民たちにフィリポスと戦うことを訴え続け、前年にはアテネとテーベの同盟の成立に寄与してカイロネイアの決戦に至る道を固めた、ほかならぬデモステネスその人である。

カイロネイアの野で

プルタルコスが生まれ、その生涯の大半を過ごした地としても知られるカイロネイアは、現在は牧歌的なたたずまいの田舎町である。激しい戦闘が繰り広げられた歴史上名高い古戦場とは想像もできない現在ののどかな田園風景のなかでひときわ目を惹くのは、「カイロネイアのライオン」と呼ばれる大理石のライオン像である（図2）。一八一八年にイギリスの旅行者によって発見されたこのライオン像は、その後、二〇世紀初頭に高さ三メートルの台座の上に復元され、古戦場跡を静かに見つめている。

後二世紀にこの地を訪れた地誌学者のパウサニアスは、フィリポスとの戦闘で命を落としたテーベ兵の合葬墓の上にライオン像がある、と記しているが（『ギリシア案内記』九巻四〇章一〇節）、カイロネイアで発見されたライオン像には銘文がないため、実際に何のモニュメントなのかについて、発見以来多くの議論があった。しかし、一八八〇年の調査で、パウサニアスの言葉を裏づけるかのように像の付近から二五四体の人骨が出土したことにより、壊滅したテーベの神聖隊の兵士がここに埋葬されたと見るのが、ほぼ通説となっている。

図2　カイロネイアのライオン像（著者撮影）

そのライオン像からはるか向こうのケフィソス川のほとりには、鬱蒼《うっそう》とした木立に覆われた塚がある（図3）。二〇世紀初頭の調査でマケドニアの武具や火葬された人骨が発見されたことから、この塚は、勝利のあとにフィリポスが戦勝碑を建てて戦死者を埋葬したと伝えられるマケドニア兵の合葬墓（ポリュアンドリオン）であることが明らかになっている。

一九九五年の麦秋のある日、私はこのカイロネイアの野を初めて訪れた。ライオン像を眺めたあと、ポリュアンドリオンをめざして平原を歩きながら、カイロネイアの決戦についてあれこれ思いをめぐらした。この戦いでの両軍の戦列配置や戦闘の経過を考えるには、古典史料に伝えられる、フィリポスの歩兵部隊が反転したという小高い丘や、アテネ軍の兵士の死体で溢れ返ったとされる小川の位置を確かめることが必須となる。ハモンドをはじめとする多くの歴史家たちが実地踏査をしながら取り組んできたこれらの問題を私なりに反芻《はんすう》しつつ、ハモンドの論文と古典史料のコピーを手に終日歩きまわった。

図３　マケドニア兵のポリュアンドリオン（著者撮影）

日が傾きかけてきた頃、カイロネイアのアクロポリスに登って平原の古戦場を俯瞰し、あのあたりにフィリポスが陣取り、あのあたりでアレクサンドロスと神聖隊が激突したのだろう、などと想像をめぐらした。そして、二三〇〇年以上も前に繰り広げられた決戦に思いを馳せながら、このカイロネイアの地で潰《つい》えたとされるギリシアの「自由」について考えた。――この地で、フィリポスはギリシア世界の覇者となり、ギリシアの「古典期」は終わりを告げた。ギリシアの「自由」は、ここで滅びてしまったのだろうか。

ギリシアの「古典期」の終焉

前三三八年のカイロネイアでの敗北によってギリシアの「自由」に終止符が打たれた、というのは、私たちがなじんできた通説的な捉え方である。栄光に満ちたギリシア史はこの時点で幕を下ろし、以後の歴史の主役はアレクサンドロス、ヘレニズム諸王国、そしてローマ、と移り変わっていき、ギリシアのポリスは前三三八年をもって歴史の表舞台から退いてしまったとされる。

ギリシア史の伝統的な時期区分では、最盛期である「古典期（Classical Period）」は前五世紀初頭に始まり、前三三八年という時点で終焉を迎え、かわって、アレクサンドロスの東方遠征に始まる全く異質の「ヘレニズム時代」が幕を開けるとされている。世界史的に大きな意義を有する「古典期」は、前半の前五世紀が円熟期で、前四世紀になると衰退期に入り、そして前三三八年にマケドニアによってとどめをさされて幕を閉じる、という教科書的なギリシア史の理解はかなり根強く、前三三八年をもって筆を擱《お》くギリシア史の概説書も多い。ギリシア史のなかで研究の密度が著しく高いアテネも、前三三八年以降の歴史は注目を浴びず、とりわけ前三三六年のアレクサンドロスの即位以降は、歴史上稀に見る巨大な存在であるアレクサンドロスの陰に隠れてしまい、もはや彼とのかかわりにおいてしか関心を惹かないのが現状である。

前五世紀初頭から前三三八年までの時期を後世の範たるべき一流の時代である「古典期」と見なすこうした認識は、すでにローマ時代に成立していたことが知られている。「古典期」を最盛期とする見方において、その輝かしい「古典期」のギリシアとは、実は、同時代史料が圧倒的に集中しているアテネの姿であり、ギリシアの栄光とはすなわちアテネの栄光なのである。カイロネイアでの敗北を時期区分の区切りとする捉え方も、ギリシア連合軍の中心となって戦ったアテネがこの敗北をもってマケドニアの覇権下に置かれて「自由」を失った、という認識に大きく影響されている。

しかし、そもそも前三三八年の敗戦は、「古典期」という栄光の時代に終止符を打つ重要な画期だったのだろうか。そして、その「古典期」を体現するポリスであるアテネにおいて、前三三八年をもって、何かが決定的に変わったのだろうか。

アテネというポリスは、アレクサンドロスが華々しく東方遠征を繰り広げていた頃、ヘレニズム世界の片隅で、いったいどのように生きていたのか。本書では、アレクサンドロスという巨大な存在の陰で注目を浴びることが少ない、前三三八年から前三二二年までの時期のアテネの実相に迫ってみることにしたい。

目次

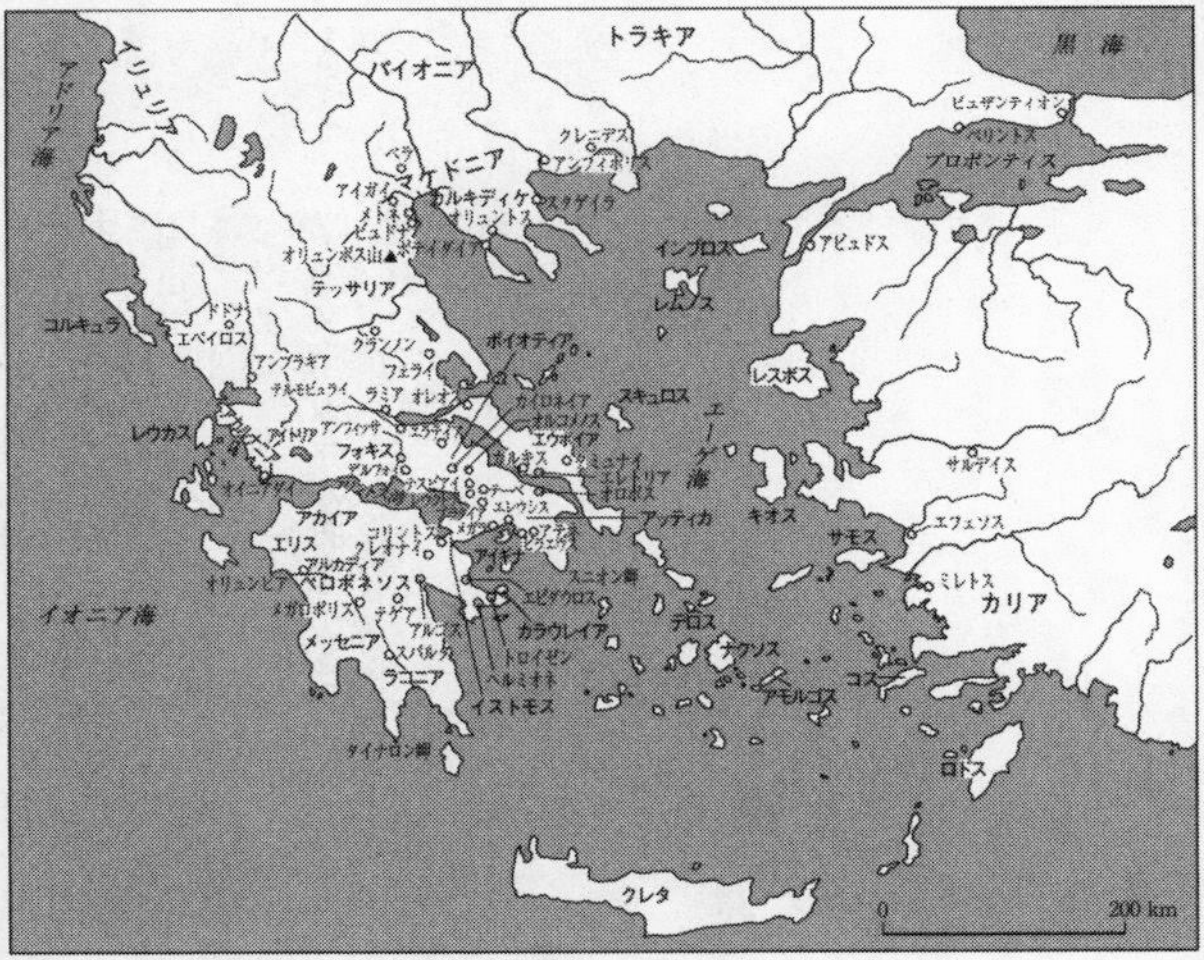

地図１　古代ギリシア史関係地図（エーゲ海周辺）

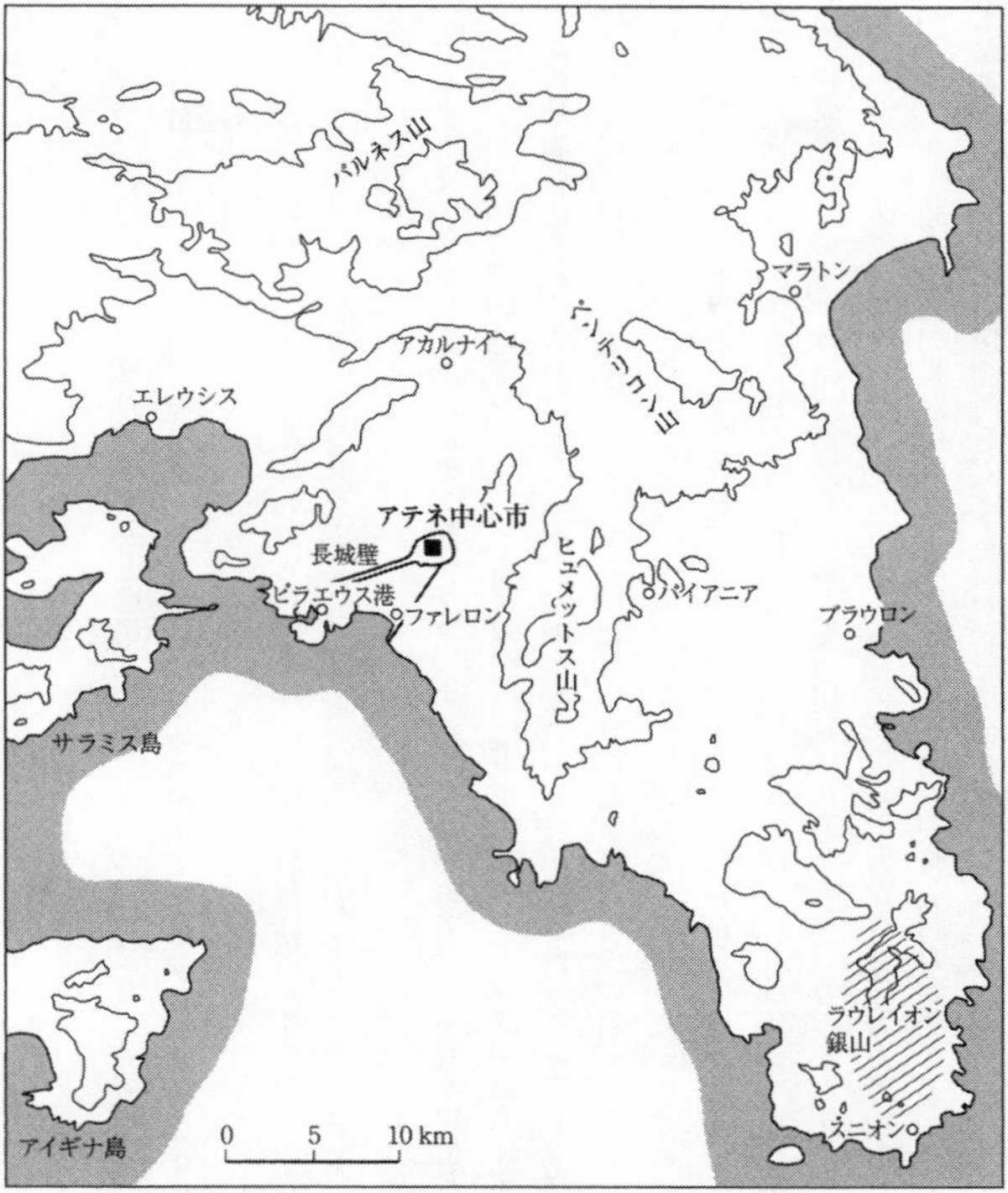

地図2　アッティカ
アテネは、ギリシア世界ではスパルタと並んで例外的に大きな領域をもつポリスである。アテネの国土に相当する領域は「アッティカ」と呼ばれ、市壁に囲まれた中心市アテネの外側に広大な田園地帯が拡がっていた。その総面積は約2400㎢で、日本の一県に匹敵するほどの広さである（地図中の等高線は200、600、1000 mを表す）。

凡例

一、アテネの暦では、一年は夏至のあとの最初の新月をもって始まり、その日を一年の第一月へカトンバイオン月の第一日とした。従って、七月頃に始まる当時の一年は現在の暦の二年にまたがるため、「前三三八／七年」のような表記をすることがある。なお、カイロネイアの戦いが行なわれた「メタゲイトニオン月七日」といったアテネの暦における日付を現在の暦の日付に換算するのは厄介な問題であり、研究者によって数日のずれが生じる。現在の暦の日付への換算を極力控える研究者も多く、本書でも「八月上旬」といった表記にとどめた。

二、本書では、タラントン、ムナ、ドラクマ、オボロスなどのアテネの貨幣単位がしばしば登場するが、一タラントンは六〇〇〇ドラクマ、一ムナは一〇〇ドラクマ、一ドラクマは六オボロスである。これを今日の貨幣価値に換算するのは難しいが、熟練労働者の日当が前五世紀には一ドラクマ、本書の舞台となる前四世紀後半には一・五〜二ドラクマだったということが、ひとつの目安になるだろう。

三、アテネはギリシア世界の数あるポリスのなかで最大の人口を擁していたと言われるが、その人口について正確な数字をあげることはとうてい不可能であり、人口の推定値は研究者によって大きな幅がある。本書で対象とする前四世紀後半においては、その直接民主政を担う成年男子市民数は、およそ二万から三万と推定されている。また、家族も含めた総市民数は八万から一二万、メトイコイ（アテネに居住する自由身分の外国人）の総数は二万から五万、奴隷の総数は六万から一〇万と見積もられている。

四、ギリシア語の母音の長短は原則として無視したが、固有名詞の表記など、慣例的に長音を残したものもある。古典史料の引用箇所も、本書内の表記に合わせた。

アテネ　最期の輝き

序章　「黄昏のアテネ」に迫る

1　「黄昏のアテネ」とデモステネス

前三三八年以降のアテネ

カイロネイアでギリシア連合軍の中心となって戦ったアテネは、敗戦後、フィリポス二世から極めて寛大に扱われた。領土の没収も賠償金の支払いも求められず、マケドニア軍がアテネの領内に駐留することもなかった。アテネは、前三三五年にアレクサンドロスに反旗を翻《ひるがえ》して徹底的に破壊されたテーベや、前三三一年に蜂起してマケドニア軍に惨敗したスパルタとは異なり、マケドニアの覇権のもとで大きな繁栄を享受することになった。

前三三八年からラミア戦争の勃発する前三二三年までの時期は、アテネにとって前例のない「平和」と「繁栄」の時代である。古代ギリシアのポリスが戦争に明け暮れていたことはよく知られているが、とびぬけて史料に恵まれ、状況が詳しくわかるアテネの場合、しばしば引用される統計によれば、前四九〇年のマラトンの戦いから前三三八年までの期間において、平均して三年に二年は戦争状態にあったという。そうした慢性的な戦争状態に置かれていたアテネに、カイロネイアでの敗北は十数年間に及ぶ前例のない「平和」をもたらしたのである。そして、第四章で詳しく述べるように、この時期のアテネではリュクルゴスという財政の専門家が一〇年以上にわたって実権を握り、歳入を飛躍的に増加させて数々の公共建築事業を推進した。アテネは、ペロポネソス戦争に敗れて以来縁のなかった大きな「繁栄」を手に入れたのである。

しかし、マケドニアの覇権のもとでこうした「平和」と「繁栄」を享受したアテネは、歴史家たちにとっては、ギリシア史の主役の座をすでにマケドニアに奪われてしまった脇役のポリスにすぎない。この時期のアテネ史は、前三三五年のテーベの反乱や前三三一年のアギス戦争といった反マケドニア蜂起への関与や、前三二四年にアレクサンドロスが発した亡命者復帰王令への対応などが歴史家たちの関心を惹くにとどまり、もっぱらマケドニアとの対外政策的なかかわりという文脈で研究されてきたのが実情である。

欧米の概説書などにおける扱いもしかりで、先に触れたように前三三八年で筆を擱いてしまう多くの概説書には、勿論、この時期のアテネは全く登場しないし、前三世紀や前二世紀も含めた概説書においても、この時期のアテネ史は詳しく扱われてはいない。日本語の概説書では、この時期のアテネ史に頁の割《ページさ》かれたものはほとんどないと言ってよい。

もっとも、近年のヘレニズム史研究の活況も影響してか、欧米では、この時期のアテネ史に関心を寄せる歴史家も増えている。そうした歴史家たちの見解には、この時期のアテネは、マケドニアの覇権下に置かれながらもマケドニアとの戦争の準備を着実に進め、前三二三年のアレクサンドロスの死後、ついにその努力が実を結んでラミア戦争に至った、と捉える傾向がしばしば見られる。つまり、アテネはカイロネイアで敗れたあともマケドニアと戦う機会を絶えず狙っていた、という見方である。

カイロネイアでの敗北以後の十数年間は、アテネにとって、最後の反マケドニア闘争であるラミア戦争に至る道にすぎなかったのだろうか。しかし、アレクサンドロスが前三二三年に三二歳の若さで世を去ったのは誰も予想すらできなかったことであり、それに乗じてアテネをはじめとするギリシア諸都市がラミア戦争を起こしたのは、あくまでも結果論である。アテネが戦争の準備を着々と進めていたという見方も、結局は、この時期のアテネ史をマケドニアとのかかわりという文脈でのみ捉えようとする傾向の現れである。「平和」と「繁栄」を享受していたアテネの内部に目を向けて、この時期のアテネ史を捉える必要がある。

「黄昏」のアテネ民主政

そして、アテネの民主政というシステムも、前三三八年の敗戦を経ても何ら制度的な変更を被ることなく、ラミア戦争に敗れる前三二二年まで不変の制度として存続していた。むしろ、アテネの民主政は、この前三三八～三二二年という時期にいっそう精緻なシステムを完成させていったことも知られている。私たちがアテネ民主政について詳しく知りうるのは、アリストテレスの名前で伝わる『アテナイ人の国制』という小論に負うところが大きいが、この小論が執筆されたのが、まさにこの時期のアテネにおいてである。

一九世紀末にエジプトでパピルス写本が発見されて以来、世界中の古代史家に珍重されてきた『アテナイ人の国制』は、前半で前七世紀後半から前五世紀末までのアテネの国制史を述べ、後半で同時代のアテネ民主政のしくみを克明に記している。とくに後半部は、アテネ民主政を研究するうえで無二の価値をもつ第一級の史料である。この作品が、前三三五年にアテネに戻ってリュケイオンと呼ばれる地に学園を創設したアリストテレス自身の筆になるものか、あるいは彼の弟子たちの手によるものかについては論争があるが、いずれにしても、前三三五年から前三二二年の間に書き上げられたものであることは間違いない。この小論に詳述されている極めて精密な民主政のシステムは、まさしくこの時期のアテネ民主政の実態であり、この時期に民主政が健在だったことの何よりの証なのである。

また、民会や評議会における提案や決議の数に前三三八年を境として変化が見られないこと、顕彰決議などはむしろ前三三八年以降著しく数が増えていることも、最近の研究のなかで指摘されている。

通説的な見方では、この時期のアテネ民主政は、制度自体は存続したものの、前三三八年の敗戦によって決定的な変質を被り、「衰退」し、「形骸化」「空洞化」していったとされ、

「黄昏の民主政」などと呼ばれることもある。確かに、結果から言えば、前三二二年のラミア戦争の敗戦によって民主政に終止符が打たれることになるから、前三三八～三二二年という時期は、二〇〇年近く続いたアテネ民主政の歴史の最終章に相当する。アテネ民主政は、前三三八年に大きな傷を負って衰えていき、前三二二年についにとどめがさされたのだろうか。しかし、『アテナイ人の国制』に活写された実態や、民会や評議会での政治家たちの活発な活動を見る限り、その民主政は晩年の「老衰」した姿ではないように思える。

前三三八年以前と同じような政治家たちが、前三三八年以前と同じようにアクティヴに活動していたこの時期、アテネ民主政の姿は、いったいどのようなものだったのか。前三三八年をギリシア史の時期区分の区切りとする伝統的な見方に異を唱えるわけではないが、前三三八年をもってアテネの歴史に大きな断絶があったという前提から距離を置き、民主政の「連続」を軸に据えてこの時期のアテネに光を当ててみたい。

デモステネスの人生の「最終章」

その前三三八～三二二年のアテネにおいて、前三三八年以前と同様に指導者として活躍していたのは、カイロネイアの戦場から楯を捨てて逃げ去ったというあのデモステネスである。本書は、彼を主人公とする。

「古代ギリシア最高の弁論家」「反マケドニアの大政治家」として名高いデモステネス。彼の名前は、「雄弁の」「愛国的熱弁の」を意味する形容詞の Demosthenic という英単語にも残っており、弁論術の巨人デモステネスの後世への影響がいかに大きかったかがうかがえる。彼の名のもとに伝わる弁論は、裁判での法廷弁論と民会での政治弁論とに大別され、明らかな偽作も含めて六一篇が現存している。これらの弁論は、前四世紀のアテネの政治と社会を研究するための極めて貴重な史料である。

「古代ギリシア最高の弁論家」としてのデモステネスの名声は、彼を「完全無欠の弁論家」と讃えた前一世紀のキケロや、彼の弁論を「弁論の規範」と呼んだ後一世紀のクインティリアヌスらによる評価が定着したローマ時代以来、古今を通じて揺るぎないものとなっている。他方、政治家としてのデモステネスの評価はさまざまで、とりわけ近代以降、同時代の政治的文脈のなかで「愛国的英雄」として賛美する見解と「狭量なエゴイスト」として糾弾する見解に分かれ、甚だしい毀誉褒貶《きよほうへん》に晒《さら》されてきた（終章参照）。私たちはデモステネスの数々の弁論のおかげで前四世紀のアテネの政治と社会について豊かな情報を得ることができるが、古代以来めまぐるしい評価の変遷を遂げてきたデモステネスその人の人物像に迫るのは、実はなかなか難しいのである。

そのデモステネスの生涯は、日本でも広く読まれているプルタルコスの『英雄伝』におさめられた『デモステネス伝』に詳しく語られている。七歳で富裕な手工業経営者の父を失い、父の遺産を横領した後見人たちを告発するために弁論術を学んだという経緯は、とくに有名である。不遇の少年時代を経て刻苦勉励の末に弁論術で身を立てた、まさしく臥薪嘗胆の人である。

フィリポスとほぼ同年齢のデモステネスは、フィリポスが着々とギリシア征服を進めていくなかで、前三五〇年代末から反マケドニアの演説を繰り返してアテネの政界で頭角を現わし、一貫してフィリポスとの全面対決を促す論陣を張った。とりわけ、フィリポスのギリシア征服が大詰めを迎えた前三四〇年代後半には、アテネにおいて文字通り「時の人」として活躍した。そうした彼の活動が実を結んで前三三九年にはテーベとの同盟が成立し、アテネはカイロネイアの決戦への道を突き進んでいく。その決戦に自らも一兵卒として従軍しながら、戦いのさなかに戦場から逃亡してしまったデモステネス。このとき四六歳である。

もしデモステネスがカイロネイアの戦いで戦死を遂げていたとしたら、「古典期」の終幕とともに逝った「カイロネイアの英雄」として、後世にその名を残すことになったかもしれない。しかし、デモステネスはカイロネイアでの敗北ののち一六年間生き長らえ、マケドニアの覇権のもとに置かれたアテネでその後も活動を続けた。そして、晩年には疑獄事件に巻き込まれて有罪となり、亡命の憂き目を見ながらもたくましく生き抜き、アテネがラミア戦争に敗れた前三二二年、民主政の終焉とともに自決を遂げて六二歳の生涯を閉じた。カイロネイアの戦いに至るまでの彼の歩みについては第一章で、本書の主題となる前三三八〜三二二年という時期の彼の事績については第二章以降で詳しく見ていきたい。

二〇〇年近く続いたアテネ民主政の歴史の最終章は、前四世紀のアテネを代表する政治家デモステネスの波瀾に富んだ人生の最終章でもある。アテネの激動の時代を生き抜いたデモステネスの人生の最終章を通して、アテネ民主政の「黄昏」とされる姿に迫ってみることにしよう。

アテネ民主政のしくみ

そのアテネ民主政は、周知のように、世界史上稀に見る徹底した直接民主政である。アテネのアゴラ（広場）や民会議場となったプニュクスの丘で営まれていたその直接民主政のしくみは、『アテナイ人の国制』をはじめとする同時代の史料からかなり詳細に知ることができる。そうした民主政の制度や運用の実態については、伊藤貞夫の『古典期アテネの政治と社会』（一九八二年）や橋場弦の『丘のうえの民主政』（一九九七年）といったすぐれた概説書があるので、詳細はそちらを参照していただくとして、ここでは、本書の内容に直接かかわる範囲でごく簡単に触れておきたい。

アテネ民主政において重要な役割を果たした機関は、本書にもたびたび登場する民会・評議会・民衆法廷である。

市民の総会である民会《エクレシア》は、言うまでもなく、アテネの最高議決機関である。成年男子市民の誰もが出席して発言する権利をもち、平等な重さの一票を投じることができた民会は、まさしく直接民主政を最も直截に具現する場だった。行政・立法・軍事・外交・財政などポリスにかかわるあらゆる案件が、年に四〇回開催された定例の民会で市民たちの多数決によって決せられた。そうした民会にどれほどの数の市民が実際に出席していたのかはわからないが、とくに重要な案件の決定の際は定足数が六〇〇〇人だったことが知られている。

民会の議場となったのは、アクロポリスの西側のプニュクスと呼ばれる丘である。丘の岩盤を掘削して作られたひろびろとした露天の集会場で、現在は、階段状の演壇を要《かなめ》として扇形に拡がる遺構が残っている。前五世紀半ばから民会議場として使われていたプニュクスは、民主政の歴史のなかで二度にわたって改修・拡張された。現在目にすることができるのは、その二度目の改修工事を行なったリュクルゴスによって前四世紀後半に大幅に拡張された姿である。なお、前四世紀後半には、アクロポリス南麓のディオニュソス劇場（約一万七〇〇〇人を収容）で民会が開催されることも増えていったらしい。

数千からときには万を超える市民が集まるそうした民会での審議と決定を円滑にするために、民会の審議事項をあらかじめ先議したのが、三〇歳以上の市民から抽選で選ばれた五〇〇人の評議員によって構成される評議会《ブーレー》（五〇〇人評議会）である。民会に提出される案件を先議するだけでなく、財政業務や公共建築事業の監督、軍船の建造をはじめ、国政のあらゆる分野にわたる広汎な権限を握っていた評議会は、民主政運営の実質的な中枢機関として機能した。評議会の会議は、祭日を除いて毎日、アゴラにある評議会場で開かれていた。

こうした国政の中枢を担う評議員が一年任期で抽選によって選ばれたのと同様に、国政の運営に直接携わる数多くの役人も、全市民のなかから一年任期で抽選で選出されていたところに、アテネ民主政の大きな特徴がある。古典期のアテネでは、後述するストラテゴスのような軍事や財政などの専門的な能力を要するごく少数の役職が民会で挙手によって選出されたのを除いて、各種の高位の役人を含むほとんど全ての役職が抽選で選ばれていた。数多くの市民が直接政治にかかわること、特定の個人へ制度的に権力が集中するのを極力避けること、という徹底した直接民主政の理念が実践されていたのである。

アテネ民主政のそうした理念は裁判においても貫かれており、一般市民からなる民衆法廷《ヘリアイア》(民衆裁判所)がアテネの司法権の最も重要な部分を掌握していた。抽選で選出された三〇歳以上の市民六〇〇〇人が任期一年の陪審員《ディカスタイ》(審判人)として登録され、そのなかから裁判の性格や規模に応じて二〇一人や五〇一人といった所定数の陪審員が再抽選されて個々の法廷を構成した。裁判は、アゴラの一画に設けられた裁判所やストア(列柱館)で開催され、陪審員の秘密投票による多数決で判決が下された。

アテネの裁判は公法上の裁判(公訴《グラフェ》)と私法上の裁判(私訴《ディケ》)に区分され、ポリスの公的な利害が問題となる公訴は、市民であれば誰でも提訴できるという民衆訴追主義の原則に基づき、当事者の私的な利害が問題となる私訴は、被害者とその親族だけが提訴できるという被害者訴追主義の原則に基づいていた。民衆法廷は、そうした通常の公訴・私訴を裁くのみならず、役人の資格審査《ドキマシア》や執務審査《エウテュナ》、弾劾裁判《エイサンゲリア》を行なうなど極めて広汎な権限を有しており、アテネ民主政の要として機能していたのである。

二つの大裁判

本書では、デモステネスというひとりの政治家を中心に前三三八〜三二二年のアテネ史を考えるにあたって、アテネ民主政の要であるその民衆法廷で繰り広げられ、デモステネスが当事者として重要な役割を果たした次の二つの裁判（公訴裁判）に焦点を当ててみたい。

【冠の裁判】

デモステネスが長年の宿敵アイスキネスと争った、「弁論家の戦い」として名高い前三三〇年の裁判である。デモステネスとアイスキネスは、アテネとフィリポスの間で前三四六年に締結された「フィロクラテスの講和」の交渉過程で決定的に対立するに至り、以後、激しい反目を続けていた。「冠の裁判」は、そうした二人の長年にわたる争いの総決算とも言える裁判である。カイロネイアの戦いに至るまでの時期において、デモステネスは反マケドニアの政治家、アイスキネスは親マケドニアの政治家として活躍したことから、「冠の裁判」は、マケドニアの覇権下のアテネにおける反マケドニア派と親マケドニア派の対決と見なされることが多い。こうした捉え方の妥当性も含めて、第三章でこの裁判について詳しく検討したい。

【ハルパロス裁判】

デモステネスの政治生命に事実上とどめをさすことになる前三二三年の裁判である。この裁判は、アレクサンドロスの財務長官ハルパロスからの収賄をめぐってアテネの政界が大揺れに揺れた、いわゆる「ハルパロス事件」に由来する。ハルパロス事件はアテネ史上随一の疑獄事件として知られるが、このとき、デモステネスを含む九人の政治家が収賄容疑で告発され、一連の裁判が繰り広げられた。有罪となったデモステネスは、投獄されたのち、亡命するに至る。この裁判をめぐっては、ラミア戦争勃発前の緊迫したアテネの政界において反マケドニア派が急進派と穏健派に分裂して鋭く対立し、即時蜂起を訴える急進派が裁判によってデモステネスら穏健派を排除しようとした、としばしば捉えられている。この裁判については第五章で詳しく検討する。

これら二つの大裁判は、デモステネスの人生の最終章においてのみならず、この時期のアテネ史においても重要な事件である。これらの裁判に焦点を当てる理由として、まず、アテネにおいて裁判というものがもつ重要性があげられる。

そもそもアテネ民主政は、行政・立法・軍事・外交・財政などポリスにかかわるあらゆる問題が最終的に法廷での決着に帰結するという性格を有する。アテネでは、公訴裁判は民会以上に激しい政治闘争の場となるのが常だった。有力な政治家が原告・被告となり、裁判の焦点になっている政治・外交上の問題に関して自らの信条や政見を陪審員たちに訴えかける法廷弁論は、民会での政治弁論以上に政治的色彩が濃く、強力なアジテーションに満ちており、法廷では、陪審員である市民たちを興奮の渦に巻き込む熾烈な争いがしばしば繰り広げられた。また、政治家をめざす野心的な若者は、有力な政治家を告発するという手段によって政界へのデビューをはかった。デモステネス自身も、かつては公訴裁判で激しい告発弁論を弁じることによって政界に名乗りをあげたのである（第一章参照）。

そうした意味で、「冠の裁判」とハルパロス裁判は、この時期における政治家たちの争いの縮図のような様相を呈する格好の考察材料である。さらに、この時期のアテネ史を考えるうえでの重要な同時代史料がこれらの裁判での法廷弁論であるという事情も大きい。

第二章以降では、この二つの裁判を軸に据えて、前三三八～三二二年という時期のアテネの諸相を見ていくことにしたい。デモステネスと彼の宿敵アイスキネスに加え、この時期の財政の実権を握ったリュクルゴスや、ヒュペレイデス、デマデス、フォキオンといった錚々《そうそう》たる大物政治家たちが登場する。民主政のアテネで政治家として立つには弁論術に長《た》けていることが何よりも重要だったが、彼らはいずれも弁論術を得意とする有能な政治家であり、デモステネス、アイスキネス、リュクルゴス、ヒュペレイデスは、「アッティカ十大雄弁家」にも数えられる弁論家である。デモステネスとアイスキネスのプロフィールについては第一章で、残る四人については第四章で詳しく述べていく。

なお、本論に入る前に、当時のアテネにおいて「政治家」とはどのような人々だったのか、そして、そうした「政治家」たちが形成したとされる親マケドニア派や反マケドニア派といった集団はどのようなものだったのかについて説明しておきたい。

2 「政治家」と「政治グループ」

「政治家」とは

民主政のアテネにおいて、「政治家」とは、いったいどのような人々をさすのか。

私たちが通常「政治家」という言葉を聞いてイメージする「国民の選挙で選ばれた議員」というような人々は、直接民主政のアテネには存在しない。アテネでは、先に触れたように、成年男子市民の誰もが最高議決機関である民会に出席して平等な重さの一票を投じ、また、抽選で民衆法廷の陪審員に選ばれて極めて広汎な司法権を行使することができた。そうした直接民主政のアテネにおいて、広い意味では、全ての成年男子市民が政治に携わる「政治家」だった、と言うこともできるかもしれない。しかしここでは、民会や評議会で恒常的に演説や提案を行ない、積極的に政策決定にかかわって国政運営のイニシアティヴをとる政治指導者たちを「政治家」と捉えたい。

一般市民とは区別されるこうした特定の市民たちは、選挙で選ばれるわけではなく、また、その「政治家」としての活動は給与をともなう「職業」ではなかった。そうした人々の範囲を特定するのはなかなか難しいが、ここでは、近年のアテネ国制史研究をリードしてきたデンマークのM・H・ハンセンの研究（一九八三年）を参考にしたい。

　ハンセンは、前四〇三年から前三二二年までの時期を念頭に置き、この時期における「政治家」を「レトルとストラテゴス（rhetores kai strategoi）」と定義する。レトルとは、弁論家、とくに民会や評議会での提案者をさし、ストラテゴスとは、毎年選挙で選ばれる一〇人の将軍である。「レトルとストラテゴス」というフレーズは、前三五〇年代以降の法廷弁論などに現れる表現で、私たちが「政治家」あるいは「政治指導者」と呼ぶ人々に最も近い集団を意味している、とハンセンは言う。彼はさらに、具体的にどのような活動をした人々を「政治家」と見なすかについて、入念な議論をもとに細かく定義している。

　ハンセンは、①民会での決議の提案者、②評議会での決議の提案者、③立法委員会《ノモテタイ》への法の提案者、④政治的公訴を提起した者、⑤政治的公訴で告発された者、⑥政治的公訴で原告・被告の共同弁論人《シュネゴロス》を務めた者、⑦民会で演説した者、⑧外国への使節を務めた者、⑨ストラテゴスを務めた者、⑩挙手で選出される財務官を務めた者、のいずれかひとつ以上に当てはまる者を「政治家」として定義する。そして、対象とする前四〇三～三二二年という時期においてこれらの活動をひとつ以上行なったことが史料から確認できる人物を三六八人、その活動と併せてリストアップした。このハンセンの網羅的な「政治家」リストは、実に有用である。

ただし、本書で対象とする前四世紀後半に関しては、ハンセン自身も認めているように、ストラテゴスを「政治家」に含めることには疑問が残る。先にあげた本書に登場する大物政治指導者たちのなかで、ストラテゴスを務めたのはフォキオンただひとりである。ストラテゴスは、前五世紀には国家の指導者と呼ぶにふさわしい役職だったが、前四世紀後半においては、カイロネイアの戦いでストラテゴスを務めたリュシクレス（第二章参照）や、ハルパロス事件の際にストラテゴスの任にあったフィロクレス（第五章参照）のように、政治活動には全く関与していないストラテゴスが圧倒的に多いのである。

指導者の機能分化

ストラテゴスは、抽選ではなく選挙で選ばれる最高位の軍事職で、古典期のアテネの役職としては例外的に再任や重任が認められていた。前五世紀には、ミルティアデス、キモン、ペリクレスといった名だたる指導者は、ほとんど例外なくこのストラテゴス職にあった。彼らは皆、由緒ある名門の家柄に属する人々である。政治と軍事の両方にすぐれた名門出身の指導者が政策の立案と実行の両方を担い、国家の実権を握っていたのである。

しかし、一四年連続してストラテゴスに選ばれたペリクレスが前四二九年に世を去ったのを契機として状況は次第に変化し、ストラテゴス職は政治指導者の色合いを薄れさせていく。同時に、これまで国政を牛耳っていた名門出身のストラテゴス歴任者にかわって、弁論術を得意とし、民会での弁舌を武器とした新しいタイプの指導者たちが、以後のアテネで頭角を現わすようになる。

前四世紀に入ると、ストラテゴスは軍事に専念する傾向が強まり、弁論術に長けたレトルと、もっぱらアテネを離れて軍事活動に専念するストラテゴスとの機能分化が進んでいく。前四世紀前半には、こうした機能分化にともなって、ストラテゴスが民会や評議会で活躍するレトルと協力してグループを形成し、レトルが民会や評議会で提案して成立させた軍事・外交政策をストラテゴスが忠実に実行するという一種の分業のような共生関係が存在したことが、しばしば指摘されている。

なお、こうした機能分化・専門分化の動きは、前四世紀半ば、同盟市戦争（前三五七〜三五五年）に敗れたアテネで財政難が深刻化すると、財政の専門家の登場を促すことになった。挙手で選ばれた高位の財務官（ハンセンの「政治家」の定義⑩）が国政の中枢を担うようになっていくのも前四世紀後半の特徴のひとつであり、本書に登場するエウブロスとリュクルゴスはこうしたタイプの指導者である。

「政治家＝レトル」

前四世紀前半には、カリストラトスやティモテオスのように、ストラテゴスでありながら民会や評議会で積極的に活動するレトルも少数ながら存在したが、本書で対象とする前四世紀後半には、レトルとしても活動したストラテゴスは、本書に登場するフォキオンただひとりである。

フォキオンは、実に四五回もストラテゴスに選出された、まさに傑出した軍事指導者である。彼はその八三年という長い生涯のうち、半分以上の歳月はストラテゴスの任にあったことになる。フォキオンは、この時代のほかのストラテゴスのようにアテネを離れて軍事に専念する将軍ではなく、民会でも活発に演説を行ない、前三四〇年代以降のアテネにおいて政治指導者として大きな役割を担った。前三四〇年代にフォキオンが「政治家」として頭角を現わすに際しては、彼のそれまでのストラテゴスとしての武勲が大きく物を言ったのだろうが、その後のフォキオンを「政治家」たらしめたのが彼のレトルとしての活動だったのは確かである。

従って、ストラテゴス職を歴任したフォキオンのような例外的な存在も含めて、少なくとも本書で対象とする時期においては、「政治家＝レトル」と考えてほぼ間違いないだろう。

そして、もうひとつ付け加えておきたいのは、こうした「政治家」たちは、前五〜四世紀を通じて例外なく富裕者だったことである。確かに、前五世紀末以降に活躍した「政治家」たちは、その多くが前五世紀のキモンやペリクレスのような名門出身の富裕者ではなかったが、商工業経営によって資産を築いた新興の富裕層が大半を占めていた。

そもそも、「政治家」たるためにはかなりの富が必要だった。アテネにおいて給与をともなわない「政治家」としての活動に専念するには、それだけの経済的な余裕が前提となったのである。とりわけ前四世紀においては、「政治家＝レトル」として立つためには、よほどの天賦の才に恵まれているのでない限り、高額の授業料を支払って弁論術を修得しなければならないという事情もあった。

デモステネス、アイスキネス、リュクルゴス、ヒュペレイデス、デマデス、フォキオンといった本書に登場するレトルたちは、皆、かなりの富裕市民である。もっとも、彼らのうち、アイスキネスとデマデスの二人は、もともとの出自は富裕層ではないが、天性の弁論の才に恵まれ、弁論術の正規の教育を受けずとも「政治家＝レトル」として身を立てることに成功した人物である。

前三三八～三二二年の政治家たち

そうした政治家たちが活躍していた前三三八～三二二年のアテネの政治は、これまでどのように捉えられてきたのだろうか。

従来の研究では、対マケドニア政策をめぐる政治家たちの争いがこの時期のアテネの政治を動かす主たる要因だったとして、「親マケドニア派」と「反マケドニア派」の対立の構図を想定する傾向が根強く見られる。こうした見方は、一九世紀のドイツの歴史家K・J・ベロッホの研究（一八八四年）に始まる。ベロッホは、この時期のアテネの政治を、「フォキオンの率いる穏健的親マケドニア派」「デマデスの率いる急進的親マケドニア派」「リュクルゴスの率いる穏健的反マケドニア派」「デモステネスの率いる急進的反マケドニア派」の四党派の対立として捉えたのである。

二〇世紀前半のアレクサンドロス研究に巨歩を印したイギリスの歴史家W・W・ターンは、このベロッホの四党派のモデルをほぼ継承して、「フォキオンの率いる寡頭派」「デマデスの率いる穏健派」「デモステネスの率いる民主派」「ヒュペレイデスの率いる急進派」と色づけし、さらに、マケドニアの覇権下にあるこの時期のアテネでは、親マケドニアの寡頭派と穏健派が対外政策、反マケドニアの民主派と急進派が国内政策を分担した、と唱えた。対マケドニア政策を対立軸として政治家たちが親マケドニア派と反マケドニア派に大きく分かれ、そうした党派による連立政府が整然と政治を分担していた、という構図である。近代イギリスの政党政治のような、二大政党が競い合って政治の動向を決定していくというイメージであり、以後、こうした捉え方がこの時期のアテネの政治についての通説的な理解として定着することになった。

しかし、このような捉え方には多くの疑問が生じる。第一章で見るように、カイロネイアの戦いに至るまでのアテネには、確かに、親マケドニア派とも言うべき政治家集団と反マケドニア派とも言うべき政治家集団が存在していた。そして、アテネに大きな圧力を及ぼすマケドニアにどう対処するかという問題が現実的な争点であり、政治家たちの主要な対立軸となっていた。とりわけ前三四〇年代半ば以降は、親マケドニア派と反マケドニア派の対立は、マケドニアと戦うか否かという、和平派と主戦派の争いにほぼ等しいものだった。

しかし、マケドニアの覇権下に置かれた前三三八年以降のアテネにおいて、対マケドニア政策は、果たして政治家たちを分ける有効な対立軸になりえたのだろうか。親マケドニア派と反マケドニア派がそれぞれの政治方針を掲げ、対マケドニア政策を軸として対立し、そうした両派の抗争がこの時期のアテネの政治を動かしていたと言えるのだろうか。実際、前三三八年以降のアテネの政治は、対マケドニア政策をめぐる党派の対立という構図では把握しきれないものが多く、親マケドニア派か反マケドニア派かといった所属集団の違いでは、この時期の政治家たちの動きを説明できないのである。

さらに、四党派の構図に現れる「寡頭派」「穏健派」「民主派」「急進派」とは、具体的に何を意味するのだろうか。「寡頭派」「穏健派」が親マケドニアの政治方針を掲げ、「民主派」「急進派」が反マケドニアの政治方針を掲げていたのだろうか。「親マケドニア派＝寡頭派・穏健派」「反マケドニア派＝民主派・急進派」という単純な色づけも、大いに疑問の余地がある。

そもそも、この時期における「寡頭派」「民主派」とは、いったい何なのか。二〇〇年近く続いたアテネ民主政の歴史のなかで、民主政が転覆されたのはペロポネソス戦争期の二度のみで（前四一一年と前四〇四年の寡頭政権）、とくに前四〇四年の寡頭政権の際には、「寡頭派」と「民主派」の間で激しい内戦が繰り広げられた。しかし、前三三八年以降の時期においてはアテネの政体の選択が問題になっていたわけではなく、民主政を転覆して寡頭政を樹立しようとした政治家など認められないのである。

このように、前三三八年以降のアテネの政治についての従来の見方にはさまざまな疑問が残るが、それらの問題を考えるひとつの手がかりとして、古典期のアテネにおける政治家集団の捉え方に目を向けてみたい。

「政治グループ」

一九世紀には、アテネの政治家たちが形成した集団を、近代以降の政党のような「党派(party)」と定義するのが一般的だった。反ペルシア派、反テーベ派、親スパルタ派といった「党派」は、近代以降の政党と同様に、明確な政策や綱領をもつ団体と理解された。歴史家たちは、同時代の社会における政党のイメージを、古典期のアテネの政治家たちが形成した集団に投影して解釈したのである。ベロッホやターンが考えた四党派も、そうした政党のような集団だった。

このような見方は二〇世紀に入っても受け継がれるが、明らかに持続性や組織を欠くアテネの「党派」は現代の意味での政党とは全く異質のものであり、こうした認識から、「党派」というタームを避ける傾向が強まっていった。

そうしたなかで一九五〇年代に、R・シーリーが、政策やイデオロギーに基づく集団という従来のモデルを斥《しりぞ》け、政治家間の私的な絆で結びついた「政治グループ（political group）」というモデルを提唱した。「政治グループ」は、政策やイデオロギーとかかわりのない個人的な絆を紐帯《ちゅうたい》とした小規模な集団で、各グループがその時々で提唱する政策は持続性がなく、集団自体も永続性をもたないという。こうしたシーリーの見解は、以後のアテネ政治史研究に大きな影響を与えることになった。

その後の研究においては、政治家個々人の私的な関係を重視するシーリーに対し、政策やイデオロギーといった要因もやはりある程度は重視すべきだという反論も提示されている。アテネの政治における個人的な要因の重要性を指摘したのはシーリーの大きな功績だが、確かに、どの時代においても、純粋に個人的な要因だけでアテネの政治が動いていたわけではない。要は、その時々の比重である。政策的・イデオロギー的な要因と、そうした要因を離れた個人的な要因の両者が常に存在しており、その時々でどちらがより前面に出てくるか、どちらがより大きな比重を占めるかが問題なのである。

第一章で見るマケドニアの台頭からカイロネイアの戦いに至るまでの時期には、マケドニアにどう対処するか、戦うか否か、ということが最大の争点だった。この時期には、対マケドニア政策という要因がアテネの政治においてかなりの比重を占めていた。この時期の政治家たちは、対マケドニア政策を軸としてグループを形成し、対マケドニア政策をめぐって政治抗争を繰り広げていたのである。

では、カイロネイアでの敗北を経てマケドニアの覇権のもとに置かれたアテネにおいて、対マケドニア政策という要因は、いったいどれほどの比重を占めていたのだろうか。政治家たちの争いの縮図のような様相を呈するこの時期の二つの大裁判（「冠の裁判」とハルパロス裁判）は、この問題を考えるための重要な手がかりとなろう。

なお、本書で対象とする前四世紀後半は、アテネ史のなかでもとくに史料に恵まれた時期である。本書の「素材」となるそうした豊かな史料の一覧、およびこの時期のアテネについて触れている後代（ローマ時代）の史料に関する解説は、巻末の「史料について」を参照されたい。

第一章　決戦へ

1　デモステネスの生きた時代

本書の主人公デモステネスは、あのカイロネイアの戦いの日を迎えるまで、民主政アテネでどのように生きてきたのだろうか。本章では、決戦の日に至るまでの彼の歩みとアテネを取り巻く情勢について概観してみたい。

デモステネスとアリストテレス

デモステネスは、前三八四年にアテネに生まれ、前三二二年にカラウレイアで自決した。彼の六二年の生涯は、あのアリストテレスの生涯とちょうど重なり合う。ともに前四世紀のギリシアを代表する知識人であり、かたや弁論術の巨人、かたや哲学の巨人としてその後の西洋の「知」の源流となったこの二人の天才は、同じ年に生を享け、最晩年にアテネから亡命し、そして同じ年に世を去っている。反マケドニアの政治家として活躍したデモステネスと、アレクサンドロスの教育係を務めたアリストテレスは、ともにマケドニアと大きく絡んだ人生を送ったのである。

カルキディケ半島の田舎町スタゲイラに生まれたアリストテレスは、父がマケドニア王アミュンタス三世（フィリポス二世の父）の侍医だったという縁から、幼少期よりマケドニアと密接な関係にあった。幼い頃にあいついで両親を亡くしたアリストテレスは小アジアの親類のもとで養育されるが、前三六〇年代にアテネに移ってプラトンの学園アカデメイアの門を叩き、師プラトンが没するまでの約二〇年間、アカデメイアで学問に励んだ。プラトンの死後はアテネを離れて小アジアに移り住み、その後、当時一三歳の王子アレクサンドロスの教師として招かれて、前三四三年から三年間マケドニアで教育にあたった。アレクサンドロスは後年、「父フィリポスからは生を享け、アリストテレスからは良き生を享けた」と語り、アリストテレスを深く尊敬していたと伝えられる。

前三三六年にアレクサンドロスが即位したのち、アリストテレスはマケドニアを去ってアテネに戻り、リュケイオンの地に自らの学園を創設した。以後、アリストテレスの学派はペリパトス派（逍遥学派）と呼ばれるようになる。アリストテレスは、かつての教え子アレクサンドロスが東方で華々しい遠征を繰り広げていたこの時期、平和なアテネでめざましい研究・教育活動を行なった。マケドニア本国の代理統治者として留守をあずかっていたアンティパトロスは、のちにアリストテレスが自らの遺言の執行人に指名した人物であるが、この時期のアリストテレスの学園はアンティパトロスの庇護のもとにあったと考えられている。

　ところが、前三二三年六月のアレクサンドロスの急逝後、アテネで反マケドニア気運が急速に高まるなかで、マケドニアと密接な関係にあったアリストテレスは告発の標的となり、不敬罪に問われた（第六章参照）。彼は学友のテオフラストスに学園を任せて母方の故郷であるエウボイアのカルキスに亡命し、翌年、その地で病没した。享年六二歳。アテネがラミア戦争に敗れ、民主政の灯がまさに消えんとしていた頃である。アリストテレスの遺骨は、生まれ故郷のスタゲイラに運ばれたという。

　父の代からマケドニア王家と親密だったアリストテレスと、反マケドニアの論陣を張り続けたデモステネスの人生は、マケドニアをめぐって対照的な位置にある。本書の主要登場人物であるリュクルゴス、ヒュペレイデス、フォキオンは、いずれも青年期にアカデメイアで学んでおり、アリストテレスと同門の間柄だったが、デモステネスとアリストテレスはどのような関係にあったのだろうか。おそらく二人は、アリストテレスがアカデメイアで学んでいた青年期や、アリストテレスがリュケイオンに学園を開いた晩年に、アテネ市中で顔を合わせることもあったに違いない。全く同時代に生きながら全く立場を異にしたこの二人の巨人の間でどのような会話や議論が交わされたのか、想像をめぐらしてみるのも楽しい。

コリントス戦争とテーベの興隆

そんな二人が生まれた前三八四年は、アテネがテーベ、コリントス、アルゴスとともにスパルタと戦ったコリントス戦争（前三九五〜三八六年）が終結してまもない頃である。ペロポネソス戦争に敗れたアテネは、前五世紀の繁栄とギリシア世界の覇者の地位を失っただけでなく、敗戦直後の前四〇四年秋にスパルタの傀儡《かいらい》である三〇人の寡頭政権（通称「三〇人僭主」）が成立し、反対派の殺害や財産没収などが続く恐怖政治のもとに置かれた。さらに、前四〇三年夏にこの寡頭政権が倒れるまで、市民同士が寡頭派と民主派に分かれて戦うという苛酷な内戦を経験した。こうした大きな痛手を負ったアテネは、その後、コリントス戦争を経て国力を回復し、再びギリシア世界の列強の地位に返り咲くことになる。デモステネスが生を享けたのは、そんなアテネの復興期だった。

コリントス戦争は、ペロポネソス戦争に勝利してギリシア世界の覇権国となったスパルタを牽制するために、ペルシアがアテネやテーベを使嗾《しそう》し、スパルタに対して戦端を開かせた戦争である。この戦争のさなかに、アテネはペルシアから資金援助を得て、海軍の再建や、ペロポネソス戦争の敗戦時に破壊された市壁の修復を徐々に成し遂げていく。戦局は一進一退だったが、アテネの国力が回復するにつれ、アテネの海上覇権の復活を恐れたスパルタが同じくアテネの復興を警戒し始めたペルシアに働きかけた結果、前三八六年に講和条約（「大王の講和」）が結ばれて戦争は終結した。

コリントス戦争後のギリシア世界では、スパルタがペルシアを後ろ楯として再び強圧的な支配政策を展開するが、それに反発するアテネとテーベが前三七九年に手を結ぶ。テーベは、前三七〇年代にペロピダスとエパミノンダスという傑出した指導者を得て、著しく国力を高めた。前三七一年のレウクトラの戦いで、テーベ軍はスパルタ軍に対して決定的な勝利をおさめ、ギリシア世界におけるスパルタの勢威に大きな打撃を与えた。

勢いに乗るテーベは、その後ペロポネソスやテッサリアに進出し、マケドニアにも干渉の手を伸ばした。この時期にマケドニア王家の忠誠を保証する人質としてテーベに送られた王子フィリポスは、一〇代半ばの約三年間をテーベで過ごしている。ペロピダスとエパミノンダスのもとで覇権の確立を進めていたまさに全盛期のテーベに滞在した経験は、のちのフィリポスのギリシア征服に際して大きな武器となったのだろう。

しかし、そうしたテーベの勢いも、前三六四年にペロピダスを失い、さらに前三六二年のマンティネイアの戦いで戦闘には勝利しながらもエパミノンダスを失ったことで、以後は翳《かげ》りが見え始めた。

アテネの海上覇権の盛衰

一方、コリントス戦争期から順調に国力を回復したアテネは、スパルタへの対抗を旗印としてギリシア諸都市に呼びかけ、前三七七年に海上同盟を組織した。前五世紀のデロス同盟を第一次海上同盟に見立て、この同盟は、通常「第二次アテネ海上同盟」と呼ばれる。当初の加盟国は六ヵ国だったが、その後、六〇ヵ国ほどにまで増えていった。

　この同盟の設立にあたっての同盟憲章とも言うべき長大な碑文が残っており、その細かい規約を知ることができる（*IG* II^2 43 = RO 22）。規約には、加盟国の自由自治の尊重という原則がその基本方針として明記され、かつてのデロス同盟の時代に行なわれたような貢租《フォロス》の徴収や駐留軍・役人の派遣などの行為を一切禁止することが明文化されていた。

　翌前三七六年、ナクソスの海戦でスパルタ艦隊を打ち破ったアテネは、エーゲ海の制海権をほぼ回復するに至る。この海戦で活躍して名をあげたのが、若き日のフォキオンである。

　デロス同盟の失敗を繰り返さないための周到な配慮がなされた海上同盟だったが、その後スパルタの勢力が弱まるにともなって、対スパルタ軍事同盟という本来の目的が薄れ、アテネによる支配の色合いが濃くなっていく様子が見てとれる。前三六〇年代には、アテネは精力的な海上遠征を繰り広げ、ピュドナ、ポテイダイア、メトネなどのエーゲ海北岸の都市を次々と獲得した。

　そうしたなかで加盟国の反発が強まっていき、ビュザンティオン、キオス、コス、ロドスといった有力な加盟国が離反して、前三五七年に同盟市戦争が勃発した。二年間続いたこの戦争の過程でさらに多くの加盟国が離反し、最終的にアテネの敗北に終わった。これによって加盟国の大半が同盟から正式に離脱し、海上同盟自体はその後も存続したが、アテネの海上覇権は決定的な打撃を被ることになった。

このように、前四世紀前半のギリシア世界では、スパルタ、テーベ、アテネが錯綜した勢力争いを展開し、浮き沈みを繰り返すが、いずれも長期的な確固たる覇権を打ち立てることはかなわず、あいついで後退した。そうした状況を追い風に急成長を遂げるのが、フィリポスの率いるマケドニア王国である。

エウブロスによる財政再建

同盟市戦争の敗北は、アテネの海上覇権を決定的に揺るがしただけでなく、国家財政の破綻をもたらした。戦争の終わった前三五五年、アテネの歳入は一三〇タラントンという額まで落ち込んだことが知られている。前五世紀と比較するとその落差は著しく、たとえば、ペロポネソス戦争が勃発した前四三一年頃のアテネでは、デロス同盟の加盟国からの貢租だけで年間およそ六〇〇タラントンの収入があり、アクロポリスには六〇〇〇タラントンの銀貨が蓄えられていた、とトゥキュディデスが伝えている（『歴史』二巻一三章三節）。

この逼迫《ひっぱく》した状況のなかで財政再建に手腕を振るって頭角を現わしたのが、前三五〇年代半ばから前三四〇年代後半にかけてアテネの国政の主導権を握るエウブロスである。序章で触れたように、指導者の機能分化・専門分化が進む前四世紀のアテネにおいて、同盟市戦争の敗北による深刻な財政難はエウブロスのような財政の専門家の台頭を促すことになった。

エウブロスは前三五四年頃に祭祀財務官の職に就き、テオリカの分配を担当した。テオリカとは、パンアテナイア祭や大ディオニュシア祭などの主要な祭典の際に上演される劇を観覧するための入場料として国庫から市民に配られた観劇手当で、一回につきひとり二オボロスが支給された。民会出席手当や民衆法廷の陪審員手当などの一連の公共手当のひとつで、デマデスが「民主政の膠《にかわ》」(民主政をつなぎとめるための接着剤の意)と呼んだように、良くも悪くも、アテネ民主政を象徴する制度である。テオリカは、エウブロスが国政の主導権を掌握する契機となり、その後、政治家として立ったデモステネスの人生にも絡んでくることになる。

祭祀財務官は民会で挙手によって選出される高位の財務官で、エウブロスは約一〇年間連続してこの役職に就いた。彼は祭祀財務官に就任したのち、それまでは戦時には軍事資金にまわすように定められていた国庫の剰余金を全てテオリカの基金に繰り入れるという法を制定し、剰余金を祭祀財務官の手に集中させることに成功する。アテネの経済復興にともなって剰余金が増加すると、祭祀財務官が手にする資金はかなりの額になっていった。エウブロスはさらに、ほかの主要財務官の権能を吸収することによって祭祀財務官の権限を著しく拡大し、祭祀財務官の職をアテネの収入と支出の全般を統括する地位にまで高めたのである。

こうして国政の主導権を握ったエウブロスは、国家財政を圧迫する戦争を極力回避してアテネの復興を最優先する方針をとった。彼は緊縮財政策を進めるとともに、鉱山採掘を奨励し、商業活動を担うメトイコイ（アテネに居住する自由身分の外国人）を積極的に誘致するなどして財政再建を成し遂げた。

前三五五年に一三〇タラントンにまで下落していたアテネの歳入は、そうしたエウブロスの才腕によって、前三四〇年代半ばには四〇〇タラントンまで回復した。その過程で多額の資金を掌握するようになったエウブロスは、その資金を用いてアテネの外港ピラエウスの船渠《せんきょ》や兵器廠《しょう》の建設、軍船の建造などを進めていった。こうした彼の政策は、カイロネイアの戦い以後の時期に同じく財政の専門家として国政の中枢を占めたリュクルゴスに受け継がれていく。

マケドニアの台頭

ギリシア世界の勢力図は、前四世紀半ば以降、大きな変貌を遂げる。北方のバルカン諸部族の度重なる侵入に苦しむ一小王国にすぎなかったマケドニアが、前三六〇／五九年に即位した王フィリポスのもとで急速に台頭し、わずか二〇年余りでギリシア世界の覇者の地位にまで上りつめるのである。ここでは、デモステネスが政治家としてデビューを果たす前三五〇年代半ばまでのフィリポスの勢力伸長の過程を、アテネとのかかわりに着目しながら追ってみたい。

前三六〇／五九年、イリュリア人との戦いで敗死した兄ペルディッカス三世の後を継いでフィリポスが即位したときのマケドニアは、文字通り存亡の危機に瀕していた。イリュリア人やパイオニア人がマケドニアの領土への侵攻を企て、さらに、外国の支援を得て王位を狙う者たちが続々と名乗りをあげた。前三六〇年代以来エーゲ海北部で活発な海上遠征を展開していたアテネも、このとき、王族のひとりアルガイオスを支援してマケドニアに軍を進めている。

そうした四面楚歌とも言うべき状況のなかで、フィリポスは買収工作や政略結婚によって外敵の動きを巧みに封じ、王位を狙う者たちを徹底的に排除していった。アルガイオスを支援したアテネに対しては、エーゲ海北岸の要衝アンフィポリスからマケドニアの駐留軍を引き上げるという懐柔策を講じた。アテネは、かつての植民市であるアンフィポリスをペロポネソス戦争で失ってから、その奪還を切に願っていたが、前三六二年以来、アンフィポリスにはマケドニアの駐留軍が置かれていたのである。

こうして当面の危機を切り抜けたフィリポスは、ただちに軍隊の育成に取りかかった。そしてまもなく、パイオニア人との戦い、次いでイリュリア人との戦いに大勝して国境の安全を確保し、以後、圧倒的な兵力と巧みな外交手腕を武器に、ギリシア制覇への道をひた走ることになる。

マケドニアの南に隣接するテッサリアには、前三五八／七年に最初の介入を行ない、ギリシア中・南部へ進出するための足がかりとした。ギリシア北西部に位置するエペイロスと

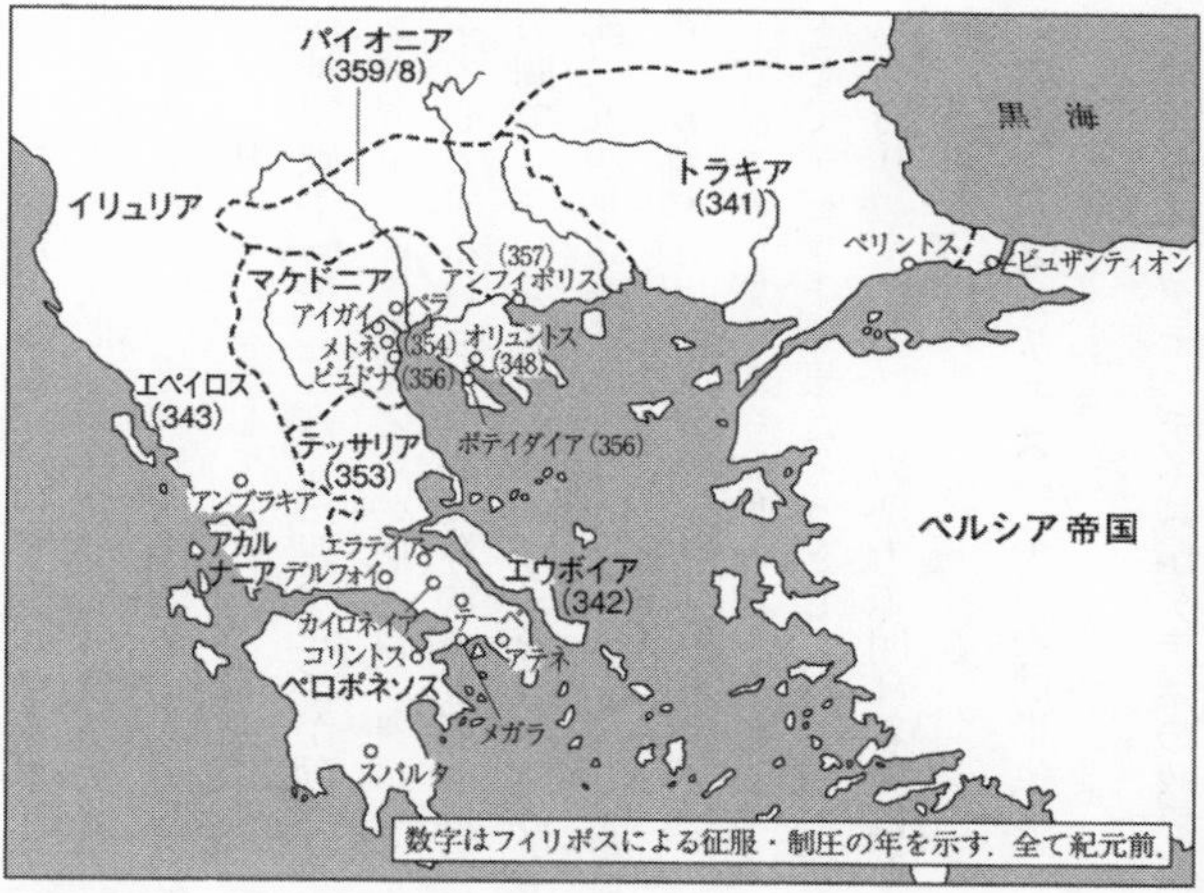

図４　フィリポス２世時代のギリシア

は、同じ頃、王女オリュンピアスとの政略結婚によって同盟関係を固めた。この二人の間に前三五六年に誕生したのが、のちのアレクサンドロス大王である。

　即位直後に駐留軍を引き上げたアンフィポリスにも前三五七年に軍を進め、数ヵ月の包囲戦の末に占領した。同盟市戦争への対応に追われるアテネは、これによりアンフィポリス奪還という夢を最終的に打ち砕かれることになった。アテネとマケドニアはこれ以降、前三四六年に講和を締結するまで、実際に直接干戈《かんか》を交えることはなかったものの、事実上の交戦状態に置かれた。

　続いてフィリポスは、前三六〇年代

にアテネが獲得したピュドナ、ポテイダイア、メトネを次々と手中におさめ、前三五四年頃までにエーゲ海北岸からアテネの勢力をほぼ駆逐するに至る。マケドニアの東に拡がる広大なトラキアでは、前三五六年にクレニデスを獲得して、その後の進出の基礎を固めた。

フィリポスがこうしてギリシア北部で快進撃を続けていた頃、ギリシア中・南部では第三次神聖戦争（前三五六〜三四六年）が勃発した。デルフォイの神域をめぐるテーベとフォキスの対立に端を発するこの戦争は、神域を占拠したフォキスの陣営と、テーベとテッサリアを中心とする隣保同盟《アンフィクテュオニア》（神域の管理と運営にあたる神域周辺の部族集団の同盟）の陣営との間で、ギリシアの主要ポリスを巻き込みながら一〇年にわたって争われた。フィリポスは前三五四年頃からテッサリアを支援して参戦し、この神聖戦争への介入は、彼がギリシア中・南部に進出する大きな契機となった。

アテネが同盟市戦争に敗れて深刻な財政難に喘《あえ》いでいた頃、そしてデモステネスが政治家としてデビューを果たそうとしていた頃、すでにフィリポスのギリシア征服は順調なスタートを切り、マケドニアの勢力範囲は着実に拡大していたのである。

2　デモステネスの前半生

前節では、デモステネスがアテネの政界にデビューする前三五〇年代半ばまでのギリシア

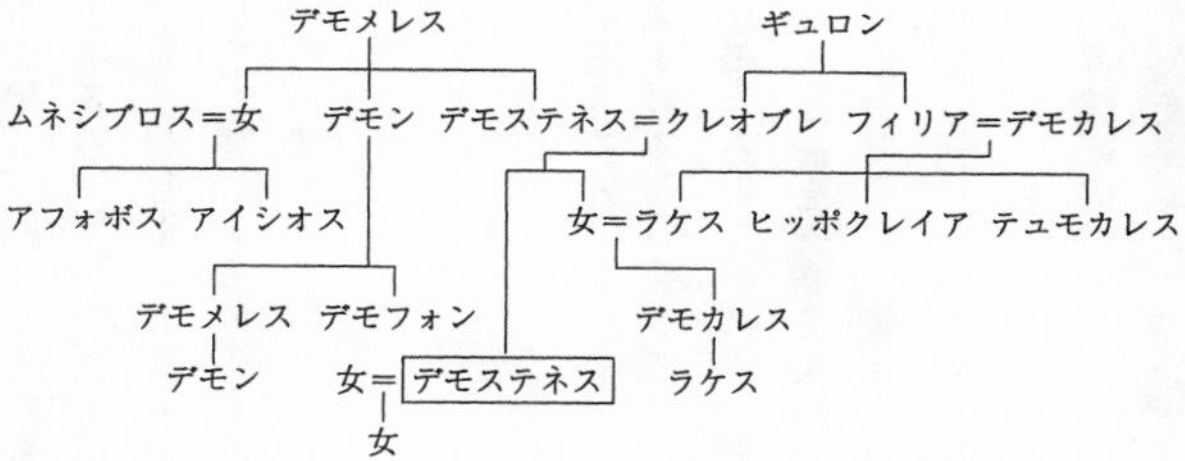

図５　デモステネスの家の系図

世界の情勢とフィリポスの躍進の様子を追ってきたが、デモステネスのそれまでの道のりはどのようなものだったのか。ここでは、彼の生い立ちと、前三五二／一年にフィリポスを攻撃する初の演説を行なって反マケドニアの政治家として立ち現れるまでの彼の活動をたどってみたい。

デモステネスの生い立ち

デモステネスは、同名の父デモステネスと母クレオブレの長男として、前三八四年に生まれた。父デモステネスは、刀剣製作場と寝台製作場を営む裕福な手工業経営者だった。後年、父の遺産を横領した後見人たちをデモステネスが告発したという経緯は有名だが、そのときのデモステネスの告発弁論のおかげで、父の財産の規模をかなり正確に知ることができる。父の経営していた二つの製作場は、刀剣製作場が三二～三三人、寝台製作場が二〇人の奴隷を使役しており、遺産総額は約一四タラントンにのぼったという。当時のアテネでは、これだけの使役奴隷数の手工業製作場は、稀に見る規模のものだったらしい。「刀剣造り」というあだ名で知られたデモステネスの父は、相当な富裕市民だったのである。

前三七七年、デモステネスが七歳のときに父が亡くなる。父は遺言で三人の後見人を指名しており、デモステネスが成人するまでの約一〇年間、この三人が遺産を管理することになった。父の甥であり、デモステネスにとっては従兄弟にあたるアフォボスとデモフォン、そして父の旧友テリピデスの三人である。

父の遺言には、母クレオブレは八〇ムナの嫁資とともにアフォボスと再婚すること、デモステネスの二歳下の妹は年頃になったら二タラントンの嫁資とともにデモフォンと結婚することが指示されていたが、これらの結婚はいずれも履行されず、結果として、嫁資だけがアフォボスらの手中に帰した。デモステネスの妹は、その後、母方の従兄弟にあたるラケスと結婚する。この二人の間に生まれた息子デモカレスは、前二八〇／七九年にデモステネスの没後顕彰を提案している（終章参照）。

結局、三人の後見人は遺産のかなりの額を横領してしまい、成人したデモステネスは、彼らを告発して遺産の返還を求めることになる。

弁論術の修得

父を早くに失ったデモステネスが多感な少年時代を過ごしたのは、アテネが第二次海上同盟を結成し、エーゲ海の制海権を回復しつつあった頃である。少年時代の彼は、母が体育を許さなかったほど痩せて病身だったという。

そんなデモステネスが弁論家を真剣に志すようになったのは、当時の有力な政治家カリストラトスが法廷で雄弁を振るうのを聴いて感激したことによると伝えられる。前三六六年、アテネとテーベの国境付近に位置するオロポスをめぐって両国が争い、結局アテネはオロポスをテーベに奪われてしまうが、その責任を問われて、カリストラトスとストラテゴスのカブリアスが弾劾裁判にかけられた。彼らは、裁判でみごとに無罪を勝ちとった。このときのカリストラトスのあざやかな雄弁とその勝利のさまに感動した一八歳のデモステネスは、弁論術のもつ威力に圧倒され、弁論で身を立てる決意を固めたという。

当時の富裕市民の若者は、プラトンの学園アカデメイアやイソクラテスの弁論術学校で学ぶ者が多かったが、デモステネスはイサイオスを師に選んでいる。イサイオスは、「アッティカ十大雄弁家」にも名を連ねる弁論術教師で、とくに財産相続問題の専門家として活躍していた人物である。現存する彼の一一篇の法廷弁論は、いずれも相続問題を扱った弁論である。デモステネスがイサイオスの門を叩いたのは、アカデメイアやイソクラテスの学校の高額な授業料を払えなかったためだと伝える史料もあるが、遺産を横領した後見人たちに対する告発を画策していた彼にとっては、イサイオスこそが最適の師だったのだろう。

この頃のデモステネスは、弁論術の修得のために血のにじむような努力を重ねたと言われる。もともと虚弱な体質のデモステネスは、声量の乏しさ、不明瞭な発音、息の短さといった弁論家にとっては致命的とも言える欠陥を抱えていたが、そうした欠陥を克服しようとする彼の異常なまでの努力と執念を物語るさまざまなエピソードが残っている。

たとえば、恥ずかしくて人前に出られないように頭髪を半分剃ったうえで地下の稽古部屋に二〜三ヵ月こもりきりで発声の訓練をしたり、口のなかにいくつもの小石を入れたままで演説の練習をしたりして不明瞭な発音をなおそうとしたという。また、坂を上りながら演説を一息で朗唱したり、海岸で波に向かって大声で叫んだりして息や声量を鍛え、さらに、役者から演技の指導を受けたり、大きな鏡の前で演説の練習をしたり、と効果的なパフォーマンスの修得にも余念がなかった。

こうしたデモステネスの並外れた努力を伝える多くのエピソードは、誇張された部分もあり、なかには後世のフィクションと思われる眉つばものの逸話もあるが、弁論家としての天分に決して恵まれてはいなかった彼が、厳しい修練を積んで身体的欠陥を克服し、粒々辛《りゅうりゅうしん》苦《く》の末に演説の技術を体得していったことは確かだろう。デモステネスと並び称される大弁論家で、同じく病弱で声量も乏しかったと伝えられるイソクラテスが、政治家としては立たず、弁論術教師の道を選んだのとは対照的である。

デモステネスは、政治家として頭角を現わしてからも即席で演説することはほとんどなく、弁論の入念な準備と推敲、および口演の練習を欠かさなかったようで、政治家のピュテアスは、「デモステネスの議論はランプの芯の臭いがする」、つまり、夜通しの苦労の跡がありありとわかる、と嘲笑したという。

後見人に対する裁判

前三六六年、一八歳になって市民の仲間入りを果たしたデモステネスは、後見人のアフォボスから父の遺産を返還された。しかし、その総額はわずか七〇ムナ、すなわち一タラントン強にすぎず、デモステネスは三人の後見人に対し、遺産管理についての報告を要求した。そして、二年後の前三六四年、二〇歳になった彼は三人を次々に告発した。

デモステネスは、アフォボスとの裁判でみごとに勝訴する。しかし、一〇タラントンの支払いを命じられたアフォボスは、支払いを免れようとしてさらにさまざまな策謀をめぐらした。こうして、父の遺産をめぐる裁判は、デモステネスのために証言したファノスや、アフォボスの妻の兄オネトルを巻き込み、その後三年ほどの間、断続的に続くことになった。現存するデモステネスの最も初期の私訴弁論五篇（第二七～三一弁論）は、この一連の裁判にかかわるものである。

後見人との裁判は最終的にデモステネスの勝利に終わったが、結局、彼は父の遺産をほとんど取り戻すことはできなかったらしい。しかし、この勝利と、三年間の訴訟戦で揉まれた経験は、若きデモステネスに弁論家としての名声と大きな自信を与えることになった。以後のデモステネスは、もっぱら私訴弁論の代作で生計を立て、銀行貸付、商業契約、財産管理など私法上のさまざまな問題を取り扱い、弁論家としての地位を着々と築いていった。

デモステネスの公共奉仕

そんなデモステネスの懐《ふところ》具合を示すのが、この時期に彼がたびたび行なった公共奉仕《レイトゥルギア》である。前三六〇／五九年、二四歳のデモステネスは、トリエラルキアという公共奉仕を果たしている。

公共奉仕とは、富裕市民が負う税負担の一種である。アテネでは、市民には通常は税金が課されなかったが、そのかわりに、戦争の際に中層以上の市民が負担する戦時財産税《エイスフォラ》や、富裕な上層市民が担う一連の公共奉仕という制度が存在した。公共奉仕には、祭典で上演される劇の合唱隊《コロス》の費用を負担するコレギアや、祭典での松明《たいまつ》競技の費用を負担するギュムナシアルキアなどいくつかの種類があったが、軍船（三段櫂船《トリエレス》）の艤装奉仕義務であるトリエラルキアが一番重い義務とされ、最も富裕な市民たちが毎年指名された。

アテネ海軍の制度的基盤となっていたトリエラルキアは、国家から引き渡される軍船を艤装し、自ら船長《トリエラルコス》として乗り組んで指揮をとり、任務終了時に船体と船具を良好な状態で国家に返還するという義務である。公共奉仕のなかで最も経済的負担が大きいうえに、自ら船長として乗り組むという実際の危険をともなうものだった。前四世紀において公共奉仕を課されたのは三タラントン以上の財産を有する富裕市民であり、なかでもトリエラルキアは一年間の任務で四〇ムナから一タラントンの費用を要する重い義務だったので、富裕市民にとってもかなりの負担となっていた。

同時に、そうした義務を果たして国家に奉仕することは富裕市民にとって大きな名誉でもあり、法廷弁論では、自分がこれまでに行なった公共奉仕を列挙して自慢するのが常だった。公共奉仕を立派に果たすことは、政治家として頭角を現わすうえでも有効な手段だったのである。

前三六〇／五九年にトリエラルキアを行なったデモステネスは、さらに、その後数年以内にシュントリエラルキア（二人一組で一隻の軍船を担当する義務）を二度果たしている。あくどい後見人たちに父の遺産を横領されるという不運に遭ったデモステネスだが、少なくとも前三六〇年頃までには、ロゴグラフォス（弁論を代作する専門家）としての活動を通じて富裕市民層に返り咲いていたのである。そして、かつてのカリストラトスのように民会や法廷で華々しく活躍する日を夢見ながら、たびたびの公共奉仕を行なってその経歴に磨きをかけていったのだろう。

デモステネスは、その後も生涯を通じてコレギアやトリエラルキアなどの公共奉仕をしばしば行ない、カイロネイアの戦い後は国家にたびたび多額の寄付をし（第二章参照）、晩年の前三二四年には、彼の最後の公共奉仕となる祭礼使節奉仕《アルキテオリア》の任でオリュンピアに赴いている（第五章参照）。後見人との裁判に勝って以来、その晩年に至るまで、デモステネスはかなりの富裕市民であり続けたのである。

政治家としてのデビュー

同盟市戦争が終結した前三五五年、それまで私訴弁論の代作の専門家として活動していたデモステネスは、初めて公訴弁論の代作を手がけた。当時の大物政治家アンドロティオンの裁判における告発弁論『アンドロティオン弾劾』（第二二弁論）がそれである。

こうして公訴弁論のジャンルにも活動の場を拡げたデモステネスは、アンドロティオンの裁判からほどなくして、自ら公訴裁判の法廷に立つことになった。同年、デモステネスが原告の共同弁論人のひとりとして初めて法廷で弁じた公訴弁論が、『レプティネスへの抗弁』（第二〇弁論）である。このとき二九歳。これが、彼の政治家としてのデビューとなる。先にも触れたように、有力な政治家を告発し、法廷で自らの政見を陪審員たちに訴えかけるのは、政治家として名乗りをあげるための重要な道だった。

そして翌前三五四年、デモステネスは、ついに民会へのデビューも果たした。このとき弁じたのが、彼の最初の政治弁論『シュンモリアについて』（第一四弁論）である。当時、ペルシア王がギリシアへの遠征を企てているという噂が流れ、アテネには、ペルシアと一戦を交えるべきだと主張する者たちもいた。そうしたなかで、初めて民会の演壇に登ったデモステステネスは、今はペルシアと戦わず、財政や軍事の改革にまず力を注ぐべきであると訴え、さらに、富裕市民たちの間で負担をめぐる紛争が生じやすくなっていたトリエラルキア制度の具体的な改革案を提示した。

しかし、デモステネスの改革案が可決されて実施に至ったことを示す史料はない。民会にデビューしたての新米政治家の提案は、市民たちの支持を集めるには至らなかったようである。トリエラルキアに関するデモステネスの改革案が実現を見るのは、マケドニアの脅威が強まり、彼が「時の人」となる前三四〇年を待たなければならない。

翌前三五三年、デモステネスは民会でさらに力強い政治弁論『メガロポリス市民のために』（第一六弁論）を弁じた。彼は、スパルタの強大化を阻止するためにはテーベとスパルタのバランスを保つことが重要であると主張し、スパルタが攻撃をしかけているメガロポリスを支援すべきだと訴えた。しかし結局、アテネはこのとき不介入政策をとっており、デモステネスの提案はまたしても支持を集めることはなかった。

法廷でも民会でも政治家としてデビューを果たしたこの時期のデモステネスの弁論には、まだ独自の統一的な方針や政見のようなものは見出せない。公共奉仕、ペルシア、スパルタなど、その時々で重要なさまざまなトピックについて演説するが、市民たちの支持を得るには至らないデモステネス。軸となるような独自の政策路線は定まっていないが、注目を浴びて何とか成り上がろうとする若い野心的な政治家の姿である。

そんなデモステネスに、前三五二／一年、彼のその後の人生を方向づけることになるひとつの力強い軸が生まれた。『フィリポス弾劾・第一演説』（第四弁論）で初めて展開される反マケドニアの政策路線である。

3　反マケドニアの政治家として

『フィリポス弾劾・第一演説』

フィリポスは、前三五四年頃からデルフォイの隣保同盟陣営の中心勢力であるテッサリアを支援するという形で第三次神聖戦争に参入し、フォキスと戦っていた。テッサリアの有力都市フェライはフォキスにくみしていたが、前三五三年、フィリポスはテッサリアのクロッカス平原でフォキスとフェライの大軍に対して決定的な勝利をおさめた。彼はこの勝利ののち、テッサリアの諸都市が結成していたテッサリア連邦における主導的な地位を獲得し、テッサリアの実質的な統治者となることに成功した。

前三五二／一年、デモステネスがフィリポスを攻撃する初の政治弁論を弁じたのはそんな頃である。その日、デモステネスは真っ先に民会の演壇に登って演説した。フィリポスに対して激しい攻撃の矢を放った彼は、フィリポスの侵略を許しているアテネ市民の優柔不断な態度を非難し、市民たちに決起を促した。フィリポスの行動を徹頭徹尾非難すること、フィリポスの勢力拡大の責任を市民たちの怠慢に帰すること、市民たち自らがフィリポスに立ち向かうよう促すこと、という三点は、以後のデモステネスの政治弁論における不変の論点となった。

デモステネスは、「フィリポスにしても、自分自身の力によってではなく、われわれの怠慢によってこれほどまでに強大な存在になった」（一一節）と説き、今こそアテネ市民がフィリポスの侵略をくいとめるために立ち上がるべきである、と主張した。さらに、国内にとどまる常備軍とフィリポスと戦う遠征軍という二種類の軍隊の必要性を訴え、軍事改革を提案した。

フィリポスに対する激しい攻撃の第一弾を放ち、市民たちに奮起を促したデモステネスだが、結局、彼の提案は今回も支持されなかったようで、彼が提案した軍事改革が当時のアテネで実施された形跡はない。デモステネスの力強い熱弁は、この時点では市民たちの心を揺さぶることはできなかったのである。

しかし、この民会の日こそが、デモステネスが反マケドニアの闘士として立ち現れた瞬間であり、彼の政治家人生の方向が定まった瞬間でもあった。

反マケドニア路線の選択

こうした反マケドニア路線が明確に打ち出された『フィリポス弾劾・第一演説』以前のデ

モステネスの弁論には、フィリポスやマケドニアについての議論はほとんど見られない。『フィリポス弾劾・第一演説』がデモステネスの経歴における重要なターニングポイントとなったことは確かだが、彼は、このとき突然フィリポスの脅威にめざめたのだろうか。

前三五二／一年の『フィリポス弾劾・第一演説』でデモステネスが突如フィリポスを激しく攻撃する議論を展開したのは、ペルシアやスパルタといったその時々の重要なトピックについて演説し、戦争回避路線や反スパルタ路線を打ち出しながらも、自らの提案が民会で可決されるには至らなかった彼が、政界で頭角を現わすための次なる新しい手段としてフィリポスを選びとり、今度はフィリポスとの対決を前面に押し出すという作戦をとることにしたからだと考えるべきだろう。『シュンモリアについて』でペルシアとの戦争の回避を説いたデモステネスは、対外不干渉政策をとって財政再建をはかるエウブロスと同じ戦争回避路線では二番煎じにすぎず、若輩の自分が注目を集めるには不十分であると知り、『メガロポリス市民のために』において、メガロポリスを支援するという対外積極策を打ち出した。しかし、それでも支持を得られなかった彼は、何か別の新しい路線を模索し、その結果、前三五二／一年に選びとったのが、今回の反マケドニア路線だったのである。

デモステネスは、対外不干渉政策をとるエウブロスらが優勢なこの当時のアテネにあって、注目を浴びるために、フィリポスとの全面対決という新奇な路線に目をつけ、真っ先に民会の演壇に登って演説を行なったのだろう。結果としては、今回もデモステネスの提案は市民たちの支持を集めず、彼はその新しい路線によって頭角を現わすという野望をこの時点でかなえたわけではない。しかし、その後まもなく、後述するオリュントス戦争を経てフィリポスの脅威が実際にアテネに迫るに及んで、この路線に目をつけたデモステネスの運命は大きく変わることになる。

なお、前三五二／一年の時点でフィリポスの脅威を訴えたことをデモステネスの「先見の明」とするのは、当を得ないように思われる。彼はこのとき、自らの政治的な成功の足がかりとして、いわば立身出世のためのコマとしてフィリポスを選びとったのである。その時点では、デモステネス自身も、このフィリポスというコマは、これまでに政治家たちがその時々で用いてきたペルシアやスパルタやテーベといった複数のコマのひとつにすぎないと思っていたのだろう。

しかし、結果として、それは途方もなく巨大なコマであることがまもなくわかる。デモステネスが前三五二／一年に警鐘を鳴らしたように、フィリポスこそがアテネにとって最大の敵であり、さらにはアテネの自由や独立をも押しつぶす脅威であることがデモステネス自身にも市民たちにも明らかとなり、以後の彼はこのコマに全エネルギーを注ぎ込み、真の反マケドニアの闘士へと変貌していくのである。

もし、フィリポスというとてつもない脅威がアテネを覆うことがなかったら、デモステネスは、それ以降もその時々でさまざまな政策を提唱する多くの政治家たちのひとりとして終わっていたかもしれない。デモステネスに政治家としての成功と弁論家としての成熟、そして後世にまで残る不朽の名声をもたらしたのは、まぎれもなくフィリポスの存在だったのである。そのフィリポスの率いるマケドニアは、やがてデモステネス自身の命も、彼が愛したアテネ民主政の命も奪ってしまうことになる。

オリュントス戦争

続くオリュントス戦争から「フィロクラテスの講和」へと至る過程は、前三五二／一年にデモステネスが訴えたフィリポスの脅威が現実のものであることをアテネ市民たちに知らしめ、デモステネスの反マケドニアの政治家としての地歩を固めることになった。

前三四九年夏、フィリポスはマケドニアに隣接するカルキディケ半島への進軍を開始した。カルキディケの中心都市オリュントスはアテネに支援を要請したが、アテネは、同じ頃に勃発したエウボイアの反乱への対応に追われていた。エウボイアでは、翌前三四八年春、フォキオンの率いるアテネ軍がタミュナイの戦いで勝利をおさめた。デモステネスの宿敵となるアイスキネスは、このエウボイア遠征に一兵卒として従軍し、冠を授与されるほどの手柄を立てている。おそらく、このときの武勲が彼の政界進出の第一歩となったのだろう。

この時期、デモステネスは三度にわたって民会で演説し、オリュントスへの援軍の派遣を繰り返し訴えた。現存する三篇の政治弁論『オリュントス情勢』（第一〜三弁論）がそれである。デモステネスの論調は『フィリポス弾劾・第一演説』と基本的に同じで、アテネ市民の怠慢と無関心を非難しながら、オリュントスへの支援を強く呼びかけている。三度目の演説のなかで、デモステネスは、国庫の剰余金を全てテオリカの基金に繰り入れるというエウブロスが制定した法の廃止も提案しているが、これは可決されなかった。

最終的に、アテネは市民からなる援軍の派遣を決定するが、すでにフィリポスに包囲されていたオリュントスは、前三四八年秋、アテネ軍が到着する前に陥落した。フィリポスはオリュントスの都市を破壊し、住民を奴隷として売却するなどの苛酷な処分を行なった。

これに衝撃を受けたアテネは、エウブロスの提案により、その年の末、ギリシア諸都市に使節を送って反フィリポス戦線の結成を呼びかけたが、この企ては完全な失敗に終わった。アイスキネスはこの使節のひとりとしてアルカディアに出向いており、これが彼の政治家としてのスタートとなる。

「フィロクラテスの講和」

反フィリポス戦線結成の企ての失敗は、アテネの世論を、オリュントス陥落以前にフィリポスから打診されていた講和と同盟の締結という方向へ傾斜させた。同じ頃、第三次神聖戦争はすでに九年目に突入し、フォキスとテーベの間で消耗戦が続いていた。フィリポスは、前三五三年のクロッカス平原の戦い以降は神聖戦争に直接関与していなかったが、ここに至ってテーベと同盟を結び、再び隣保同盟の陣営に立って神聖戦争に介入することになった。フィリポスとアテネの講和の交渉は、彼の神聖戦争への介入と並行して進められていく。

前三四六年初頭、フィロクラテスという政治家の提案により、アテネは講和交渉のための第一次使節団をマケドニアの首都ペラに派遣した。講和交渉の過程では、このフィロクラテスがたびたび提案を行なっているので、このとき成立した講和は、彼の名をとって「フィロクラテスの講和」と呼ばれる。第一次使節団の一〇人のメンバーには、フィロクラテス、アイスキネス、デモステネスらが選出され、三八歳のデモステネスは一〇人のなかで最年少だった。

アテネの使節団は三次にわたって派遣されるが、講和交渉の経緯やアテネでの度重なる民会での審議の様子は、前三四三年と前三三〇年の裁判におけるデモステネスとアイスキネスの二組の法廷弁論に詳しく語られている。デモステネスとアイスキネスは、第一次使節団の際には足並みが揃っていたようだが、その後の民会における審議と講和の可決、続く第二次使節団の任務の過程で、前三四三年の裁判でのデモステネスの言葉を借りればアイスキネスの「豹変」があり、決定的に対立することになった。この交渉のさなかにアイスキネスがフィリポスによって買収されたかどうかが、以後の二人の裁判における争点となる。

そうしたなかで、前三四六年夏、フィリポスはついにフォキスを降伏させた。こうして、一〇年に及んだ神聖戦争はフィリポスの手で終結し、続いて開かれた隣保同盟の会議では、彼の主導によりフォキスに対する処罰と隣保同盟の再編成が決められた。アテネはこれを不服とするが、デモステネスが民会で『講和について』（第五弁論）という演説を行なって市民たちの軽挙を戒め、現状では成立したばかりの講和に従うのが得策であると説いてフィリポスの決定を承認させた。

結果として、アテネは、「フィロクラテスの講和」から何の利益も得ることはなかったのである。

4　「宿敵」アイスキネスとの対立

前三三〇年の「冠の裁判」でデモステネスと死闘を繰り広げたアイスキネスは、「フィロクラテスの講和」の交渉以降、一〇年以上にわたってデモステネスと争い続けた「宿敵」である。この節では、デモステネスとはかなり異なるアイスキネスの政界デビューまでの経歴をたどり、さらに、二人の対立を軸にしつつ、カイロネイアの戦いへと至る過程を追ってみたい。

アイスキネスの生い立ち

アイスキネスは、父アトロメトスと母グラウコテアの次男として、前三九〇年頃に生まれ

図6　アイスキネスの像（大英博物館蔵。G. M. A. Richter, *The Portraits of the Greeks*, Ithaca 1984, p. 74より）

た。デモステネスより六歳ほど年長である。

父アトロメトスは、「三〇人僭主」の時代にアテネを去り、前三九〇年代には傭兵稼業に手を染めていたが、その後アテネに帰国してからは教師として生計を立てた。当時のアテネにおいて教師という職業は尊敬されるようなものではなく、経済的にも余裕はなかったが、成人したアイスキネスは何度も重装歩兵として出征しているので、貧困層というわけではなかったらしい。デモステネスは、少年時代のアイスキネスが貧乏のどん底にあったように述べているが、これは誇張と見るべきである。もっとも、かなり裕福な家に生まれたデモステネスの目には、一教師の息子など、貧乏人の典型にしか見えなかったのかもしれないが。

ともかく、アイスキネスは公共奉仕を行なうような階層ではなく、富裕市民の子弟が学ぶアカデメイアやイソクラテスの弁論術学校にも通えなかったが、父が教える学校の手伝いをしながら、その学校で学ぶ中層市民の子弟たちと交流しつつ育っていったのである。

アイスキネスの前歴

成人してからのアイスキネスは書記と役者という二つの職業を経験するが、これらの職業は、その後の彼の政治家としての経歴において大きな武器となった。

アイスキネスは、弟のアフォベトスとともに、役人につく秘書のような書記役を務め、続いて、民会と評議会の書記に選出された。『アテナイ人の国制』の第五四章によれば、この当時のアテネの書記は、①公文書を管理する書記、②法律の記録のための書記、③民会と評議会で公文書を読み上げる書記、の三種類があり、①と②の書記は抽選で選ばれたが、③の書記は民会での挙手によって選出された。民会と評議会で文書を読み上げるためには、声がよく通る人物でなければならなかったからである。アイスキネスが務めたのは、この③の書記である。発音が不明瞭で声量も乏しかったデモステネスとは対照的に、アイスキネスは生まれながらの美声の持ち主だったという。露天のひろびろとした民会議場で何千人もの市民たちを前に公文書を読み上げる経験は、アイスキネスがのちに政治家として雄弁を振るうための貴重な訓練となった。

書記の任務を終えたアイスキネスは、今度は役者として生計を立てた。当時のギリシア世界では、アリストデモスやネオプトレモスといった有名な役者がしばしば外交使節として活躍しており、使節として手柄を立てた役者には冠が授与されることもあった。戦時下でも比較的自由に外国に出入りできる役者の身分と、彼らのもつ口演の能力が、外交において重視されたのである。

役者という職業は、成功すればかなりの名声と富をもたらすものだった。アイスキネスは役者としては三流以下で、観客から野次られて役者をやめるに至った、というデモステネスの中傷の言葉はおそらく誇張されているにしても、アイスキネスは、どうやら一流の役者にはなれなかったようである。しかし、彼の役者としての経験は、発声、効果的な口演、演技、記憶力など、弁論家に必要な資質を養うまたとない訓練の機会となった。

こうして、弁論術の正規の教育は受けずとも、アイスキネスが弁論家として立つための基礎は、天賦の才と、書記および役者という貴重な経験によって固められていったのである。そうした経験を積みながら、アイスキネスは、前三六二年のマンティネイアの戦いや前三五七年のエウボイア遠征に従軍し、兵士としても活躍した。とりわけ、前三四八年のエウボイア遠征の際には、二度も冠を授与されるほどの輝かしい武功を立てている。これが縁となり、その遠征の指揮官だったフォキオンの知遇を得ることになったらしい。

アイスキネスはこの頃、フィロデモスというかなり富裕な市民の娘を妻に迎えているが、社会的地位の高くなかったアイスキネスが富裕市民の娘と結婚できたのは、フィロデモスの息子フィロンと親交のあったフォキオンの仲介によるものではないかと推測されている。アイスキネスはその後、義兄弟となったフィロンから五タラントンの財産を相続したと伝えられる。

アイスキネスの政界デビュー

前三四八年のエウボイア遠征ののち、アイスキネスは、いよいよ政界へのデビューを果たす。このとき四二歳。政治家としてはかなりの遅咲きである。

通常、前四世紀のアテネで政界にデビューするための有効な手段としては、まず第一に弁論の能力、そして、公共奉仕の経験、政界における有力な親族や友人の存在、公訴裁判で大物政治家を告発することなどがあげられる。これらはいずれも、その前提としてある程度の財産が必要となった。富裕層ではないアイスキネスは、天賦の才によって弁論術を身につけてはいたが、それ以外の手段とは無縁だった。彼は告発も好まなかった。告発したりされたりが日常茶飯事だったアテネの政界で、アイスキネスは、政治家として成功してからもかなりの告発嫌いだったようである。アイスキネスがその生涯において告発したのは、後述する前三四六年のティマルコスに対する告発と、「冠の裁判」に至る前三三六年の告発だけであり、前者は、その直前にデモステネスとティマルコスによって告発された彼の、いわば自衛行為にすぎない。

そんなアイスキネスの政界入りの道を開いたのは、当時の国政の主導権を握っていたエウブロスだった。アイスキネスの最初の公務となる前三四八年末のアルカディアへの使節が、エウブロスの提案による反フィリポス戦線結成の企ての一環だったことはすでに述べたが、アイスキネスは民会でそのエウブロスの提案を支持する演説を行ない、提案が可決されたのち、すぐさま使節のひとりに抜擢されたのである。

デモステネスの場合は、前三五四年に三〇歳で初めて民会で演説を行なってから前三四六年にマケドニアへの使節に選ばれるまで八年を要しているが、アイスキネスは、四二歳で民会にデビューするや、ただちに使節に任命されるというスピード出世である。勿論、外交使節として活躍することもあった役者という前歴も大きく影響したのだろうが、エウブロスによる引きがいかに強かったかがうかがえる。

とはいえ、アイスキネスがどのようにしてエウブロスの後ろ楯を得るに至ったのかはよくわからない。エウボイア遠征を機縁に親交を結んだフォキオンが、彼をエウブロスに引き合わせたのかもしれない。エウブロス自身は、財政の専門家として有能な人物だったが、弁論家としての力量がとくに秀でていたわけではなく、そうしたエウブロスの目には、役者の経験まであるアイスキネスは心強い盟友と映ったのだろう。

エウブロスとアイスキネスの関係はその後も順調に続き、アイスキネスはすみやかに政界で頭角を現わしていった。もうひとりの有力者フォキオンとの親交も続いたようである。エウブロスとフォキオンは、ともに前三四三年の裁判でアイスキネスの弁護に立っており、アイスキネスがこの裁判で無罪を勝ちとることができたのは、この二人の大物の弁護によるところが大きい。

デモステネスとの対照

デモステネスの宿敵となるアイスキネスの政界デビューまでの歩みを追ってきたが、まもなく激しく対立することになるこの二人は、さまざまな意味で対照的である。

まず、声量や発音など、弁論家に必要とされる天分が大いに違う。天賦の才に恵まれず、厳しい修練を積んだデモステネスは即席で演説することはほとんどなかったが、生まれながらの雄弁家と言われるアイスキネスは即席の演説を得意とした。推敲に推敲を重ねたデモステネスの弁論は極めて凝った構成で、自問自答の直接話法や年代的順序を錯綜させる論法などが駆使されているが、それに比べると、アイスキネスの弁論はかなりシンプルである。アイスキネスの弁論は、文字で読むのではなく、彼の美声と豊かな身振りで演出された熱演を聴いてこそ、初めてその真価が伝わってくるのだろう。

家族の財産の違いは、二人が政治家として立つまでの道のりに大きく影響した。あくどい後見人に父の遺産を横領されるという不幸に見舞われはしたが、裕福な家庭に生まれ、弁論術の教育を受け、二〇代のうちにたびたび公共奉仕を果たしたデモステネス。公共奉仕経験の有無は、裁判で自らの公共奉仕を誇示できるかどうかという点にかかわってくるので、デモステネスの告発好き、アイスキネスの告発嫌いの背景になっていたとも言える。

さらに、ロゴグラフォスとして活躍して富を築いたデモステネスと、ロゴグラフォスとしては全く活動しなかったアイスキネス。軍務における功績はなく、その後のカイロネイアの戦いでは戦場から逃げ出してしまうデモステネスと、たびたび武功を立て、冠まで授与されたアイスキネス。そして、パトロンと言えるような大物政治家の庇護を受けることはなかったデモステネスと、エウブロスやフォキオンという重鎮を後ろ楯としてすみやかな出世を遂げたアイスキネス。

「フィロクラテスの講和」に続く時期、その反マケドニア、親マケドニアという立場の違いだけがクローズアップされるデモステネスとアイスキネスだが、こうして見ると、ほとんど共通点のない二人である。

ティマルコス裁判

前三四六年の講和交渉の過程で決裂したデモステネスとアイスキネスの対決の第一幕は、その年の後半（もしくは前三四五年初頭）に行なわれたティマルコスの裁判という形で幕を開けた。

第二次使節団がマケドニアから帰国したのち、使節の任にあった二人はともに執務審査を受けることになった。執務審査とは、使節を含む全ての役人がその任期満了時に在職中の執務について受けなければならない審査で、その際に、市民はその役人の執務に対して提訴することができた。すでに自分の執務審査を終えていたデモステネスは、ティマルコスという政治家と協力し、アイスキネスの執務審査の際に彼の行動がパラプレスベイア（外交使節の不正行為）に相当するとして告発したのである。

この告発は民衆法廷に回付され、裁判が行なわれることになったが、その前にアイスキネスが、ティマルコスには売色の前歴があり、提案者たる資格はない、と告発して反撃に出た。アテネでは、金銭を目的として同性愛行為を行なった者はいかなる役職にも就けず、民会で提案者となることはできない、と定められていたのである。

こうして行なわれたティマルコスの裁判は、デモステネスとアイスキネスの争いとしてというより、古代ギリシアの同性愛事情を教えてくれる裁判として関心を集めている。K・J・ドーヴァーの名著『古代ギリシアの同性愛』（一九七八年）も、この裁判に多くの頁を割いている。原告アイスキネスの弁論『ティマルコス弾劾』（第一弁論）が現存しており、当時のアテネの同性愛にかかわる法や市民の心性について豊かな情報を与えてくれる。

ティマルコスは若い頃に同性愛に耽《ふけ》って体を売ったという過去があるにもかかわらず、しばらく前に民会で提案を行なった、とアイスキネスは力強く糾弾した。デモステネスは、おそらく被告ティマルコスの共同弁論人として法廷に立ったと考えられているが、彼の弁論は残っていない。

裁判は、アイスキネスの勝訴に終わり、ティマルコスは市民権を失った。こうして、アイスキネスに対するデモステネスらの告発は頓挫してしまい、三年後の前三四三年まで、デモステネスとアイスキネスの直接対決は持ち越されることになった。

なお、この裁判におけるアイスキネスの勝訴は、アイスキネスがデモステネスに対して政治的勝利をおさめたということでも、親マケドニア派が反マケドニア派を圧したということでもない。アイスキネスの弁論にはフィリポスとの講和や使節の任務にかかわる議論はほとんどなく、この裁判は、あくまでも、同性愛をめぐるモラルとティマルコスの売色行為を焦点としているのである。

デモステネスは、アイスキネスに対する告発を再開する機が熟すのを以後も虎視眈々と待ち続け、その好機は、前三四六年とはかなり状況が変化した三年後に訪れることになる。

フィリポス二世の勢力伸長

前三四六年の「フィロクラテスの講和」は、結局、アテネに何の利益ももたらさなかったが、同年に第三次神聖戦争を終結させてデルフォイの隣保同盟の実権を握ったフィリポスの勢いは、以後もとどまるところを知らなかった。

フィリポスは、前三四四年頃から、スパルタと対立するメッセニアとアルゴスを支援してペロポネソスへの勢力伸長をはかっている。こうしたなかで、アテネはデモステネスをはじめとする使節団をペロポネソスに送り、フィリポスの進出に対する警戒を呼びかけたが、ほとんど効果はなかった。

その後まもなく、フィリポスはアテネに使節を派遣して、先の「フィロクラテスの講和」の条項を修正することを提案した。アイスキネスはこれを歓迎する姿勢をとったが、デモステネスやヘゲシッポスといった反マケドニアの政治家たちの働きかけによって、講和修正の交渉は失敗に終わった。

前三四三年になると、フィリポスはメガラに武力介入し、さらにエウボイアのオレオスとエレトリアに傀儡政権を樹立するなど、アテネ近隣の諸都市への進出をはかり、そうしたなかで、アテネでは反マケドニアの立場をとる人々が勢力を増していく。前三四三年初頭には、フィリポスとの講和の成立に貢献したフィロクラテスが、新進の反マケドニアの政治家ヒュペレイデスによって告発された。フィロクラテスは裁判を待たずに亡命し、欠席裁判で死刑を宣告された。そして同年夏、このフィロクラテスの死刑判決によって勢いづいたデモステネスは、ついにアイスキネスに対する告発の再開に踏み切ったのである。

最初の「弁論家の戦い」

前三四三年のアイスキネスの裁判は、デモステネスとアイスキネスが原告・被告として直接対決した裁判であり、両者の同名の弁論『使節職務不履行について』（デモステネス第一九弁論、アイスキネス第二弁論）から、三年前の講和交渉の過程における互いの行動を焦点として二人の弁論家が火花を散らすさまを、かなり詳しく知ることができる。

なお、現存する法廷弁論は、そのほとんどが原告か被告のどちらか一方の弁論であるが、デモステネスとアイスキネスの間で争われた前三四三年と前三三〇年の裁判は、同一の裁判における原告・被告双方の弁論が残っているという稀有《けう》な事例として知られる。

デモステネスは、講和交渉におけるアイスキネスの行動について、次の五点にしぼって糾弾した。①使節職務について虚偽の報告をしたこと、②民会でアテネの利益に反する勧告をしたこと、③使節職務を民会の指示通りに遂行しなかったこと、④使節職務において時宜《じぎ》にかなった行動をとらなかったこと、⑤フィリポスから収賄したこと、の五点である。

こうしたデモステネスの非難に、アイスキネスはひとつひとつ反駁《はんばく》した。エウブロスとフォキオンがアイスキネスの弁護に立ち、裁判は、三〇票の僅差でアイスキネスの勝利に終わった。

この裁判の結果をめぐっては、デモステネスが敗れたのはアイスキネスの収賄を立証できなかったためだと見る歴史家が多い。確かに、デモステネスの告発弁論には、アイスキネスの収賄の明確な証拠は含まれていない。アイスキネスがいかに卑しい育ちの不実な人物であるかを力説して、そんなアイスキネスだから当然収賄したに違いない、と主張し、当初は反フィリポス戦線結成の企てに力を尽くしていた彼がある時点で態度を豹変させてフィリポス寄りの言動を繰り返すようになったことを取り上げて、それこそが収賄の何よりの証拠である、と論じているにすぎない。

しかし、そもそも収賄事実の証明というのは、現代の収賄事件においてでさえ極めて困難である。明確な物的証拠か、贈賄した側の証言や収賄現場を目撃した人物の証言でもない限り、立証は不可能に近い。今回の事例では、賄賂《わいろ》を贈ったとされるフィリポスの証言などとれるはずもなく、当然のことながら、情況証拠を積み重ねた議論にならざるをえない。裁判において収賄事実の有無だけを争点として争うのは、実に難しいのである。

つまり、収賄事実の立証ができなかったから敗訴した、という説明にはあまり説得力はない。それよりも、はっきりと白黒をつけられるような問題を論じているのではない裁判において、エウブロスやフォキオンといった大物政治家の弁護を得ながらも、アイスキネスは三〇票の僅差で無罪を勝ちとったにすぎない、という事実に注目したい。この裁判は、エウブロスやフォキオンを敵にまわしながらも僅差まで迫ったという、デモステネス側の実質的な勝利と見なすべきだろう。

「フィロクラテスの講和」の締結以降とどまるところを知らないフィリポスの勢力伸長の過程で、アテネに程近いメガラやエウボイアまでもが彼の傘下に入るに及んで、アテネの世論は、急速にデモステネスら反マケドニアの政治家たちの方へと傾斜していったのである。

「時の人」デモステネス

こうして、カイロネイアの戦いへと至る、デモステネスの政治家としての全盛期とも言える数年間が訪れることになった。

この頃、ピラエウス港の船渠への放火を企んだアンティフォンという人物がデモステネスによって現行犯逮捕され、民会に連行されるという事件が起きた。デモステネスは民会で、アンティフォンがフィリポスに雇われて放火を企んだ、と主張するが、アイスキネスがこれに真っ向から抗議し、民会はアンティフォンを釈放した。しかし、その当時勢力を拡大しつつあったアレオパゴス評議会（一八七頁参照）がこの事件の調査を開始し、その調査報告を受けて行なわれた裁判はアンティフォンの死刑判決という結果に終わった。

その後まもなく、今度は、アイスキネスがデルフォイの隣保同盟の会議への代表から解任されるという事件が起きた。当時、デロスの住民がアテネに対する不満をデルフォイの隣保同盟に提起し、この件について審議する会議への代表として、当初、アイスキネスが民会で選出されていた。ところが、デモステネスが代表の選出をアレオパゴス評議会に委ねることを民会で提案し、これを受けて、アレオパゴス評議会はすでに代表に決まっていたアイスキネスを解任して、かわりに、先にフィロクラテスを告発した反マケドニアの政治家ヒュペレイデスを任命したのである。アレオパゴス評議会とデモステネスの連携をうかがわせるこれらの事件は、デモステネスの勢力の伸長とアイスキネスの威信の低下を物語っている。

フィリポスはその頃、エリスやメガラに傀儡政権を樹立し、すでに勢力下にあるテッサリアでは国制改革を行なって支配を固め、さらに、エペイロスを実質的な衛星国とすることにも成功している。こうしたなかで、デモステネスは反マケドニアの同志のヒュペレイデスやヘゲシッポス、ポリュエウクトスらとともにペロポネソス、エウボイア、アカルナニアなどにたびたび使節として赴き、マケドニアへの抵抗を呼びかけた。デモステネスらのそうした活動はアテネ国内でも実を結び、前三四三年末のフィリポスのアンブラキア遠征に際して、アテネはアンブラキアに近いアカルナニアに援軍を派遣している。

翌前三四二年、フィリポスはトラキア遠征に出発し、前三三九年夏にマケドニアに戻るまでトラキア地方で活動した。前三四〇年になると、彼はプロポンティス沿岸のペリントスやビュザンティオンにも矛先を向け始める。同じ頃、デモステネスはビュザンティオンへ赴き、同盟市戦争での争いを水に流して手を結ぶことに成功した。ヒュペレイデスもこの頃、使節としてロドスやキオスなどを訪れている。

同年夏、フィリポスはペリントス、次いでビュザンティオンの包囲を開始した。ボスポロス海峡に面したビュザンティオンの包囲戦の際、フィリポスは海峡を通るアテネの大穀物船隊を襲撃し、総勢二三〇隻の船隊のうち一八〇隻を拿捕《だほ》した。彼は積荷を売却し、総額七〇〇タラントンにのぼる利益を獲得する。これを受けて、アテネはデモステネスの動議により、フィリポスとの開戦へと突き進むことになった。市民たちは「フィロクラテスの講和」

を破棄し、講和の条項が刻まれていた石碑を粉々に打ち砕いた。

こうしてフィリポスに正式に開戦を通告したアテネでは、戦争へ向けての準備が進められていく。かつて最初の政治弁論『シュンモリアについて』においてトリエラルキア制度の改革を提案したが果たせなかったデモステネスは、このとき、艦隊出動の効率化のためにトリエラルキアの義務を三〇〇人の最富裕市民に限定するという提案を行ない、アイスキネスの反対はあったものの、ついに成功をおさめている。

同じ頃、これまでテオリカの基金に繰り入れられていた国庫の剰余金を全て軍事資金にあてることが、デモステネスの動議で可決された。この時期には、エウブロスの指導のもとで進められていたピラエウス港の船渠や兵器廠の建設工事も、その費用が軍事資金にまわされて、一時中断している。

今や、全てがフィリポスとの戦争へ向けて動き始めたのである。

第四次神聖戦争

そうしたなかで、カイロネイアの決戦に至る直接のきっかけとなる戦争がギリシア中・南部で勃発した。またしてもデルフォイの隣保同盟で起こった、第四次神聖戦争である。

この戦争は、前三四〇年秋の隣保同盟の会議において、テーベと同盟したアンフィッサがアテネを告発したことに始まる。これに対して、アテネの代表のひとりとして会議に出席していたアイスキネスは、アンフィッサを告発して反撃に出た。告発されたアンフィッサは武力行使に訴え、その年の冬の会議でアンフィッサに対する神聖戦争が宣言された。

翌前三三九年春、隣保同盟の軍勢はアンフィッサを制圧して罰金を科すが、アンフィッサがその支払いを拒絶したため、同年秋の会議においてアンフィッサへの二度目の出兵が決定された。そして、その年の夏にトラキア遠征から戻ったばかりのフィリポスが、その二度目のアンフィッサ出兵の司令官に任命されたのである。前回の第三次神聖戦争とは異なり、今回フィリポスは、隣保同盟の陣営のリーダーとしてギリシア中・南部に堂々と軍を進める絶好の機会を得ることになった。

このあとの展開が示すように、第四次神聖戦争によって最大の利益を得たのは、間違いなくフィリポスである。この戦争は、彼の策謀によって引き起こされたものなのか。残念ながらそれは判然としないが、事の始まりとなったアンフィッサによる告発やそれに対するアイスキネスの反撃をフィリポスが裏で操っていたということも、十分に考えられるだろう。

隣保同盟軍の司令官となったフィリポスは、同年一一月、大軍を率いて南下する。アンフィッサがフィリポスの敵ではないのは明らかだった。ところが、ギリシア中部への関門となるテルモピュライを迂回してフォキス地方に入ったフィリポスは、アンフィッサを攻めるより先に、テーベやアテネへ向かう途上に位置するエラテイアを突然占領したのである。

テーベとの同盟

フィリポスによるエラテイア占領の報は、アテネ市民たちを震撼させた。戦争の準備を進めてはいたが、アテネの領内でフィリポスと戦いを交えることになろうとは全く予期していなかった彼らに、決戦の恐怖を否応なく実感させたのである。

この報がアテネに届いた日のことを、デモステネスは、前三三〇年の「冠の裁判」における弁論のなかで詳細に語っている（『冠について』一六九―一七九節）。――夕方、エラテイア占領の報がアテネにもたらされると、街中がパニックになり、翌朝、緊急の民会が開かれた。狼狽《ろうばい》した市民たちは、誰も演壇に登ろうとしない。そのなかでただひとり立ち上がり、テーベと同盟を締結してフィリポスの進撃をくいとめよう、と提案したのがデモステネスだった。この提案はただちに可決され、彼自身も使節のひとりとしてテーベに赴いた。

アテネとテーベは、コリントス戦争期とその後の一時期を除き、激しい抗争を続けてきた間柄である。とりわけ前三六〇年代以降、エウボイアや国境付近のオロポスをめぐって熾烈な争いを繰り広げてきた。そんな両国が、長年の宿怨を忘れて手を結ぶことになった。このとき、フィリポスの使節もテーベを訪れ、アテネへの進撃に協力するよう、あるいは少なくともマケドニア軍の通過を認めるようテーベに迫っていたが、デモステネスはその力強い弁舌でテーベの人々を説得したという。

こうしてアテネとテーベの同盟が成立し、その年の冬は、両陣営とも支援を集めるための外交工作を続けた。フィリポスはペロポネソスの諸都市に使節を送って協力を呼びかけたが、最終的にペロポネソスの人々は中立を保つことになった。アテネとテーベの陣営は、エウボイア、メガラ、コリントス、アカイア、レウカス、コルキュラなどを味方につけることに成功した。

前三三八年春、フィリポスは今回の進軍の本来の目的だったアンフィッサの占領を果たし、これをもって第四次神聖戦争は終結した。ここから、フィリポスとギリシア陣営の戦いは、新たな、そして最終的な局面へと移っていく。フィリポスはその後もアテネとテーベに使節を送って外交的な決着を模索したが、アテネには、もはや軍事対決の道しか残されていなかった。アテネとテーベの陣営はカイロネイアの平原を決戦の場に選び、ここでフィリポスの軍勢を迎え撃つことにした。

こうして、あのカイロネイアの戦いの日を迎えたのである。

第二章　敗戦——マケドニアの覇権

1　戦後処理

カイロネイアでの敗北

本書の冒頭で見たように、決戦は、フィリポス二世の圧倒的な勝利に終わった。カイロネイアでの惨敗の報は、アテネを大きな動揺と混乱に陥れた。勝利したフィリポスはその勢いに乗ってアテネの領内へ軍を進めてくるに違いない。そうした非常事態において、国外逃亡が厳しく禁じられ、市民たちは総動員体制をとって包囲戦に備えた。五〇歳以下の市民は全員武装してアテネとピラエウス港の防衛にあたり、女子供はアテネの市壁内に避難した。

民会は、オレオスのカリデモスにアテネの防衛の指揮権を託した。カリデモスは、前三六〇年代から前三五〇年代にかけて傭兵隊長として活躍し、アテネ市民権も付与されていた人物である。まもなく彼はアレオパゴス評議会によって解任され、かわって、ベテランのストラテゴスのフォキオンに指揮権が委ねられた。

ヒュペレイデスはこのとき、兵力として動員できる市民数を増やすために、奴隷やメトイコイ、および市民権喪失者に市民権を与えることを提案している。この提案は、ただちにアリストゲイトンという人物によって違法であるとして告発された。ヒュペレイデスの提案の違法性は明らかで、彼自身も違法であることを認めていたが、敗戦直後の混乱状況のなかで、彼は無罪を勝ちとっている。

カイロネイアの戦い以降のアテネの政界でめきめきと頭角を現わすことになるデマデスは、カイロネイアで戦って捕虜になったアテネ人兵士のひとりだった。戦いが終わると、フィリポスは勝利を祝う饗宴を催し、大酒をくらって側近たちとともに練り歩きながら、捕虜を嘲《あざけ》る言葉を吐き続けたという。そのとき、大胆にもフィリポスの傲岸な振舞いをたしなめる言葉を発したのが、捕虜のひとりデマデスだった。

デマデスは、ホメロスの『イリアス』の登場人物にかけて、「王よ、運命はそなたにアガメムノンの姿を与えたのに、そなた自身はテルシテスの役回りを演じて恥ずかしいとは思わないのですか」と言い放ったという。アガメムノンは『イリアス』に謳《うた》われたトロイア遠征軍の総大将、テルシテスはその遠征軍の兵士で、毒舌で知られる嫌われ者である。その言葉で我に返って態度をあらためたフィリポスは、デマデスに一目置き、ただちに彼を釈放した。以後、このデマデスがフィリポスとアテネの講和の橋渡しをすることになる。

長年、ギリシア諸都市の和合とペルシアへの遠征という構想を訴え続け、前三四六年に発表した公開書簡『フィリポスに与う』以来、その構想の実現をフィリポスに期待していたイソクラテスは、カイロネイアの戦いののち、四日間（史料によっては、九日間とも一四日間とも言われる）絶食して命を絶ったと伝えられる。享年九八歳だった。死の間際にフィリポスに宛てた第三書簡をしたため、絶筆となるこの書簡のなかでフィリポスの勝利を祝し、ペルシアへの遠征の敢行を力強い筆致で促したイソクラテスは、自らの人生に静かに終止符を打ったのである。

「デマデスの講和」

フィリポスは、包囲戦を覚悟していたアテネに対して、極めて寛大な態度を示した。捕虜を身代金と引替えに釈放するのがギリシア世界の慣行だったが、フィリポスはアテネ人の捕虜全員を無償で釈放した。さらに、重臣アンティパトロスと王子アレクサンドロスをアテネに送り、カイロネイアで戦死したアテネ人兵士の遺骨を丁重に返還したうえで、講和締結の意向を伝えた。

先の一件によりフィリポスの覚えめでたいデマデスが講和の交渉という大任を果たすことになり、「フィロクラテスの講和」での交渉経験の豊かなアイスキネスと、カリデモスにかわってアテネ防衛の指揮権を委ねられたフォキオンも、これに加わった。

こうして成立したフィリポスとアテネの講和は、一番の立役者だったデマデスの名をとって「デマデスの講和」と呼ばれる。その内容は、敗戦国アテネにとって、予想外に寛大なものだった。アテネの民主政は手つかずのまま存続することになり、デロス、サモス、レムノス、インブロス、スキュロスなどの島々を引き続き保有することを認められたうえ、テーベが領有していたオロポスを獲得した（ただし近年は、アテネがオロポスを獲得したのは前三三五年にテーベの反乱が鎮圧された際のことだとする説も有力になっている）。さらに、アテネの領内にマケドニア軍が駐留せず、ピラエウス港にマケドニアの艦隊が入港しないことも確認された。第二次アテネ海上同盟の解散だけは強いられたが、同盟市戦争の敗北以降は名ばかりの存在となっていた海上同盟の解散は、アテネにとってさほど大きな痛手ではなかった。

アテネに対するフィリポスのこうした措置は、同じくカイロネイアでギリシア連合軍の中心となって戦ったテーベに対する苛酷な措置と比べると、その寛大さが際立つ。フィリポスは、テーベ人捕虜の多額の身代金を要求し、テーベの指導者を死刑もしくは追放に処して財産を没収したうえ、テーベのアクロポリスであるカドメイアにマケドニアの駐留軍を置いた。さらに、多くの亡命者を帰国させて三〇〇人のテーベ人による寡頭政権を樹立し、かつてテーベが占領して破壊したボイオティアの三都市プラタイア、オルコメノス、テスピアイを再建した。

同じようにカイロネイアで戦いながら、アテネとテーベが受けた扱いのこうした違いは、何を意味するのだろうか。フィリポスがアテネに対して寛大な講和条件を提示した理由として、彼がすでに計画を練っていたペルシア遠征のために海軍国アテネの強力な艦隊が必要だったことを指摘する歴史家もいる。しかし、その二年後の前三三六年春にフィリポスが小アジアに送り込んだ一万人の先発部隊による遠征において、アテネの海軍は何の役割も果たしていない。また、前三三四年に実際にペルシアへの遠征に着手したアレクサンドロスがギリシア諸都市から集めた一六〇隻の艦隊のうち、アテネの軍船は二〇隻にすぎず、ペルシア遠征のためにアテネの艦隊が必要とされたという見方には疑問が残る。もっとも、息子アレクサンドロスの行動からフィリポスの意図を推し量るのは慎重にならなければいけないが。

あるいはまた、フィリポスはギリシア文化への崇拝の念から、文化の中心地であるアテネに寛大な態度で接した、と考える歴史家もいる。マケドニア王家は前五世紀末頃からギリシア文化の積極的な導入を進めており、なかでも、アリストテレスの薫陶を受けたアレクサンドロスは、遠征中もホメロスの詩篇やギリシア悲劇を愛読するなど、ギリシア文化に心酔していたことが知られる。しかし、フィリポスの場合は、ギリシア文化を愛好したことは確かめられない。

フィリポスの思惑はどうあれ、熾烈な包囲戦を覚悟し、総動員体制をとっていたアテネは、フィリポスの提示した寛大な講和条件に感謝してフィリポスとアレクサンドロスにアテネ市民権を与え、さらにフィリポスの像をアゴラに建立することを決議した。

コリントス同盟の成立

その年の冬、フィリポスはスパルタを除くギリシア諸都市の代表をコリントスに招集して会議を開き、翌前三三七年にコリントス同盟を結成した。この同盟は、マケドニアの覇権下に置かれたギリシア世界の新たな秩序維持機構として、また、ペルシア遠征に向けての軍事協力機構としての役割を果たしていくことになる。

デモステネスの名のもとに伝わる前三三〇年代後半の政治弁論『アレクサンドロスとの盟約について』(第一七弁論)によると、コリントス同盟条約は、ギリシア諸都市の自由自治の保障、諸都市間の平和の遵守、諸都市の政体の変革や土地の再分配の禁止、海上航行の安全の保障などを定めていたという。

この同盟条約の本文は残っていないが、条約の末尾部分に相当する碑文がアテネで出土しており、ギリシア諸都市の代表による次のような誓約文が記されている。

誓約。ゼウス、ガイア、ヘリオス、ポセイドン、アテナ、アレス、ならびに全ての神と女神にかけて誓う。平和を遵守し、マケドニアのフィリポスとの条約を破棄せず、宣誓を守る者たちのなんぴとに対しても、陸上においても海上においても、敵意をもって武器を向けない。平和に参加する者たちのポリスも要塞も港も、いかなる手段によっても、戦争のために奪うことはしない。フィリポスおよびその子孫の王権を破壊せず、各々のポリスが平和の宣誓をしたときの国制を破壊しない。私自身、この条約に違反することを行なわず、またほかの者が違反することも可能な限り許さない。もしなんぴとかこの条約に違反することをなしたなら、害を受けた者たちの求めに応じて援助し、評議会の決定および総帥《ヘゲモン》の命令に従って、普遍平和を侵害した者に対して戦う。(以下、加盟国の名前と、会議で行使できるそれぞれの票数が記されている)

(IG II^3 1. 318 = RO 76)

こうして、マケドニアという強大な力のもとでギリシア諸都市の平和と自由自治が保障され、諸都市内部の現状維持がはかられたのである。この同盟条約は、以後、マケドニアがギリシア世界を統制していくための制度的な枠組みとなる。また、テーベのほかに、コリントス、カルキス、アンブラキアにもマケドニア軍が置かれ、これらの駐留軍はマケドニアによるギリシア支配の象徴と見なされるようになった。

コリントス同盟の総帥の地位に就いたフィリポスは、続いて、同盟の名のもとにペルシアへの遠征を宣言した。遠征の名目は、約一五〇年前のペルシア戦争においてペルシア軍がギリシアに侵寇《しんこう》したことへの報復だった。とりわけ、前四八〇年にペルシア王クセルクセスの軍がアテネのアクロポリスを占領し、神殿を略奪して神々に冒瀆《ぼうとく》を働いたことへの復讐が、遠征の目的として掲げられた。

こうした大義名分をギリシア人たちがどれほど真剣に受けとめたのかはわからないが、フィリポスの側からすれば、征服戦争という実体を覆い隠し、ギリシア人、とくにアテネ人を惹きつけて遠征に協力させるための格好のスローガンだったのだろう。そうすると、カイロネイアの戦い後の講和においてフィリポスがアテネに対して寛大な条件を提示したのは、ペルシア戦争の報復というこの大義名分のためにアテネを優遇しようとしたからだと考えることもできる。

マケドニアに戻ったフィリポスは、遠征の具体的な準備に取りかかり、前三三六年春には、重臣のパルメニオンやアッタロスらを指揮官とする一万人の先発部隊を小アジアに送り込んだ。ヘレスポントス海峡を渡って小アジアへ上陸した先発部隊は、ペルシア側の反撃はほとんどないままエーゲ海沿岸地域を南下していった。

同年初夏（もしくは秋）、フィリポス自身の率いる本隊の出発を目前に控えて、フィリポスの娘クレオパトラとエペイロス王アレクサンドロス（フィリポスの妻オリュンピアスの弟）の婚礼の祝典が、マケドニアの古都アイガイで盛大に執り行なわれた。後述するようにフィリポスの暗殺の舞台となるこの華々しい祝典に、ギリシア諸都市はこぞって代表を送り、フィリポスへの祝辞を述べて彼に黄金の冠を授けた。アテネの代表もそれにならい、さらに、フィリポスに対して陰謀を企てる者がアテネに避難してきた場合にはその者をすみやかに引き渡すことを約束した。

このように、カイロネイアでの敗北以来フィリポスから予想外に寛大に扱われたアテネは、これまでのところマケドニアと平穏で良好な関係を保ってきた。そうした約二年の間、あのデモステネスは何をしていたのだろうか。

2　デモステネスの活躍

敗戦直後の混乱

カイロネイアの戦場から逃亡したデモステネスは、敗戦の報を受けて混乱状態にあるアテネにいち早く逃げ帰った。包囲戦に備えて総動員体制がしかれるなかで、彼は塹壕《ざんごう》を掘って市壁を緊急修理することを提案した。また、このときデモステネスは穀物委員《シトナイ》に任命されている。穀物委員は、富裕な市民やメトイコイから穀物買付《シトニア》のための寄付を集めて穀物の調達にあたる役職で、彼は自腹を切ってこの職務を果たし、一タラントンを寄付したことが知られる。フィリポスとの講和の交渉においては、反マケドニアの立場を貫いてきたデモステネスには、当然のことながら出る幕はなかった。

この頃、デモステネスはたびたび告発されるが、一度も有罪にはならなかったという。マケドニアに惨敗した市民たちの無念を物語るかのように、敗戦直後のアテネでは告発があいつぐが、カイロネイアの戦いで指揮をとったストラテゴスのひとりであるリュシクレスも、このとき売国罪に問われている。告発したのは、このあとまもなく財政の実権を握り、一〇年以上にわたってアテネの国政を指導することになるリュクルゴスである。

リュシクレスという人物については、カイロネイアの戦いでストラテゴスを務めたこと以外は何も知られておらず、前四世紀後半の大半のストラテゴスと同様、政治には関与していない人物である。このときのリュクルゴスによる告発弁論の一節が、ディオドロスに引用されて残っている。リュクルゴスは、カイロネイアでの惨敗とその結果ギリシア全体に降りかかった運命は全てリュシクレスの指揮に責任があるとして、次のような厳しい口調で容赦なく糾弾した。

> リュシクレスよ、お前はストラテゴスだった。そして一〇〇〇人もの市民が死に、二〇〇〇人が捕虜になり、わが国の敗北で敵の戦勝記念碑が建ち、全ギリシアは奴隷の地位に落とされた。これら全てのことは、お前が指揮をとり、ストラテゴスの地位にあったことによって起こったのだ。そのお前が今、厚かましくも生き長らえ、日の光を仰ぎ、アゴラに足を踏み入れている。まさに祖国の恥と不名誉の記念碑となって。
>
> （ディオドロス『歴史叢書』一六巻八八章二節）

判決は有罪となり、リュシクレスは死刑に処された。講和条件が寛大なものだったとはいえ、一〇〇〇人もの同胞を失った敗北の衝撃は大きく、市民たちの鬱屈した感情は、マケドニアとの開戦を提案したデモステネスではなく、ひとりの無力なストラテゴスに向けられるという形で処理されたのである。

ところで、一〇年以上にわたってフィリポスとの全面対決を訴え続け、テーベとの同盟締結に力を尽くしてカイロネイアの決戦への道をしいた張本人であるデモステネスは、なぜその決戦の場から逃げ出してしまったのだろうか。彼のこの行動は、「冠の裁判」やハルパロス裁判において、敵方からさんざん非難されることになる。とくに、前三四八年のエウボイア遠征での武勲により冠まで授与されたアイスキネスの目には、決戦の場から逃げ去るなど、信じがたいほど臆病な行為と映ったのだろう。

デモステネスの逃亡については、彼はアテネ側の敗北がもはや避けられないことを見てとったので、市民たちの動揺を何とか鎮めて適切な対応策をとるためにいち早く戦場を離れてアテネに戻った、という説もあるが、これは、いささかデモステネスを理想視した見方のように思える。弁論術に長け、政治外交手腕にすぐれたデモステネスは、祖国のために献身する政治家だったが、戦場での一兵士としては決して勇敢ではなかった、と見るのが自然だろう。民会や法廷で雄弁を振るう勇ましい姿とは対照的だが、幼少の頃から病身で、母が体育を許さなかったというほど虚弱な体質だったことを考えれば、そんなデモステネスが勇敢な兵士でなかったとしても不思議はない。

市民たちも、民会や法廷におけるデモステネスの政治家としての振舞いと、戦場での兵士としての振舞いを区別していたようである。カイロネイアの戦場から逃亡したデモステネスが政治家としての信望を失わなかったのは、彼に対する告発がいずれも不成功に終わったことからも見てとれる。さらに、デモステネスの威信が依然として揺るぎないものだったことを如実に示すのは、その年の冬、カイロネイアでの戦没者を追悼する国葬において葬送演説を行なう大役に任じられたことである。

デモステネスの葬送演説

アテネ郊外の墓域ケラメイコスで戦没者たちの国葬を執り行なうのは、アテネの古くからの慣行である。そうした国葬の式典において、ペルシア戦争の直後から、戦没者を悼む葬送演説が行なわれるようになったらしい。こうした慣行はアテネ独自のもので、デモステネスも、初期の法廷弁論『レプティネスへの抗弁』のなかで「全人類のうちでアテネ人だけが戦没者を悼んで、国家公認のもとに葬送演説を行なう」（一四一節）と述べて、その慣行を讃えている。

アテネの葬送演説と言えば、トゥキュディデスの『歴史』の第二巻に引用されたペリクレスの葬送演説が有名である。ペロポネソス戦争の一年目の戦没者を追悼する国葬で、当時の傑出した指導者であるペリクレスが葬送演説を行なったことからも明らかなように、葬送演説を弁じる役に任じられるのは極めて大きな名誉だった。「これを述べる役割は、識見ひときわすぐれ、市民の高い尊敬を受けている者のなかから、ポリスが選んだ人間に与えられる」とトゥキュディデスも記している（二巻三四章六節、久保正彰訳）。

こうした名誉ある大役に、このときデモステネスが選出されたのである。アイスキネスは、これに強硬に反対したらしい。デモステネスは「冠の裁判」における弁論のなかで、アイスキネスが抗議したにもかかわらず、講和締結に貢献したデマデスをさしおいて自分がその大役に選ばれたことを大いに自慢している。

デモステネス顕彰提案

翌前三三七年、デモステネスは、敗戦直後に着手した市壁の修理に再度本腰で取り組むことを提案した。これが民会で可決され、一〇人の市壁修理委員《テイコポイオイ》の指導のもとに市壁の完全修復工事が進められることになった。デモステネス自身も市壁修理委員のひとりに選出され、ピラエウス港周辺の修復工事を担当した。そのための費用として国庫から約一〇タラントンがデモステネスに支給されたが、それでは足りなかったため、彼は一〇〇ムナを寄付してその不足を補い、工事にあたった。この年、デモステネスは祭祀財務官にも就任している。さらに神事使節《テオロイ》（神託伺いや神々への供犠献納品の奉納のために派遣される公的な使節）も務め、この任務のために一〇〇ムナを提供したという。

前三三六年春(もしくは初夏)、多額の私財を投じてこれらの任務を果たした功績を讃えて、デモステネスに黄金の冠を贈ることが評議会に提案された。提案を行なったのは、デモステネスの友人のクテシフォンである。この顕彰提案はただちに評議会で承認され、民会の最終決定を待つばかりとなった。ところが、このときアイスキネスが、クテシフォンの提案を違法であるとして告発した。前三四六年の講和交渉以来のデモステネスとアイスキネスの争いの、いよいよ最終章の幕開けである。

しかし、このアイスキネスの告発による裁判は、六年後の前三三〇年まで争われることはなかった。この裁判については、次章で詳しく見ていきたい。

3　アレクサンドロスの時代の幕開け

アレクサンドロスの即位

前三三六年初夏(もしくは秋)にマケドニアの古都アイガイで盛大に執り行なわれた婚礼の祝典は、その後の歴史の流れを大きく変える暗殺劇の舞台となった。ギリシア世界の覇者の座に上りつめ、まさに権勢の絶頂にあったフィリポスが、ペルシア遠征への出発を目前に控えて、華々しい祝典の場で暗殺者の凶刃に倒れたのである。享年四六歳。暗殺者は若い側

図7　アレクサンドロスの像。後1世紀の模刻。通称「アザラのアレクサンドロス」(パリ、ルーヴル美術館蔵。M. B. Sakellariou, ed., *Macedonia: 4000 Years of Greek History and Civilization*, Athens 1983, p. 127より）

近護衛官のひとりだった。志なかばで逝ったフィリポスのペルシア遠征計画は、息子のアレクサンドロスに受け継がれ、そして彼の手でみごとなまでに実現することになる。

　二〇歳になったばかりのアレクサンドロスは、ただちに父の重臣アンティパトロスと、小アジアにいる先発部隊の指揮官を務めるパルメニオンの支持を取りつけ、マケドニア国内の動揺をおさめて王位に就いた。国内の反対勢力の根絶がアレクサンドロスの焦眉の課題であり、このときの最大の敵は先発部隊のもうひとりの指揮官アッタロスだったが、パルメニオンの協力を得て、アッタロスの暗殺にも成功した。

　今やマケドニアは、フィリポスが王位に就いた頃のような北辺の小王国ではなく、大規模な軍隊を擁し、すでにギリシア世界における覇権を不動のものとした超大国である。アレクサンドロスは父が残した大きな遺産を受け継ぎ、空前の大遠征に着手することになる。そのなかで、アテネの運命はどのように変わっていくのだろうか。

ギリシアの不穏な情勢

フィリポス暗殺の報は、ギリシア各地でマケドニアからの離反の動きを引き起こした。カイロネイアでの惨敗から二年、フィリポスの突然の死が、一度はマケドニアの軍門に降ったギリシアの人々の目にかつての自由を取り戻す好機と映ったのは当然だろう。テーベやアンブラキアではマケドニアの駐留軍が追放され、また、フィリポスに追われた亡命者を帰国させたり、アレクサンドロスがコリントス同盟の総帥の地位を引き継ぐことを拒否したりする都市があいつぎ、コリントス同盟は自然解体の兆しを見せ始めた。

アテネでは、当時トラキアにいたカリデモスを通じてフィリポス暗殺の情報をいち早く入手したデモステネスが、アテネに正式の報が届く前に、「アテネに何か途方もなくよいことが起こりそうな夢を見た」と評議会で告げ、人々の期待をかき立てたという。まもなくフィリポス暗殺の報が届くと、市民たちはデモステネスの動議で、その吉報に感謝する供犠を執り行ない、暗殺者に冠を授けることを決議した。さらに、デモステネスは小アジアにいるアッタロスにも接触をはかり、反アレクサンドロス共同戦線の結成を企むが、アッタロスが暗殺されたことによってこの企ては失敗に終わった。

こうした不穏な動きが拡がるなか、アレクサンドロスはただちに精鋭部隊を率いて南下し、各地の騒擾《そうじょう》を次々と鎮めていく。反抗の拠点となっていたテーベにもすぐさま軍を進め、その素早い到着に驚愕したテーベの人々は、あっさりアレクサンドロスに屈服した。それを見たアテネ市民たちも、アレクサンドロスの勢いに恐れをなし、先の暗殺者顕彰の決議を取り消した。さらに、デマデスの動議でアレクサンドロスのもとへ弁解のための使節を送り、アレクサンドロスに謝罪してあらためて恭順の意を表した。デモステネスもこのときの使節団の一員だったが、途中で引き返してしまったという。

マケドニア以南の離反の動きをこうしてたちどころに鎮めたアレクサンドロスは、コリントス同盟会議を招集し、自らをギリシアの全権将軍に任命すること、ペルシアへの遠征を共同で遂行することを決議させた。フィリポスの突然の死によって一時は頓挫したかに見えたペルシア遠征計画は、ここから、アレクサンドロス自身の計画として新たなスタートを切ることになる。

テーベの反乱

同じ頃、ギリシア北部の情勢も急を告げていた。マケドニアに戻ったアレクサンドロスは、冬の間に軍備を整え、前三三五年春、一万五〇〇〇人の軍勢を率いてトラキア地方へ進軍した。このときの遠征はドナウ川を越える大がかりなものとなり、トラキア系諸部族の離反の動きをことごとく圧するに至った。続いて、イリュリアでの蜂起の報を受けたアレクサンドロスは、ただちに軍を南西に進め、これを平定した。

この頃、ギリシア中・南部では、アレクサンドロスが北部での激戦で戦死したという噂が流れた。アテネでは、デモステネスが、アレクサンドロスの軍が全滅したことを民会で報告し、さらに、その激戦で手傷を負い、やっとのことで生きて逃れてきたと称する血まみれの男を証人として連れてきて、マケドニアへの抵抗を呼びかけた。

結局、アテネは、こうしたアレクサンドロス戦死の虚報とデモステネスの熱弁に踊らされることなく、何の動きも起こさなかった。しかし、前三三八年の敗戦以来、アテネと異なって苛酷な扱いを受けてきたテーベは、このとき反旗を翻すに至ったのである。

テーベでは、フィリポスによって追放されていた市民たちが秘かに帰国を果たした。彼らはマケドニアの駐留軍兵士二人を殺害したうえで、民会でアレクサンドロス戦死の報を伝え、テーベの自由と自治の回復をめざして立ち上がることを呼びかけた。民会は即時蜂起を決め、マケドニアの駐留軍を包囲して反乱の火蓋を切った。さらに、アテネやペロポネソスの諸都市に使節を送って支援を求めた。

デモステネスの工作

テーベから支援の要請を受けたアテネでは、デモステネスが民会でテーベを援助することを強く訴えた。しかし、デマデスやフォキオンらの説得により、民会は最終的に不関与を決めた。

この頃、マケドニアの動静を警戒するペルシア王のダレイオス三世から、アテネに対して三〇〇タラントンという多額の戦費供与の申し出があった。民会はこれを拒絶したが、この金は、個人的にテーベを支援したデモステネスに託され、彼の工作資金として使われたらしい。デモステネスは個人的な贈与の名目でテーベに大量の武具を提供しているが、おそらくこれは、ペルシアからの資金によるものだろう。

さらにデモステネスは、テーベを支援するための裏工作として、コリントス近郊のイストモスに赴いている。イストモスには、ペロポネソスの諸都市からの支援を待ちわびるテーベの使節だけでなく、それを阻止しようとするマケドニアの使節も来ていたらしい。イストモスで何が起こったのか、デモステネスがそこで何をしたのかは判然としない。テーベから支援を求められたペロポネソスの諸都市のなかでは、アルカディアの都市が援軍を派遣しているが、結果として、アルカディアの援軍がテーベに届くことはなかった。

なお、ダレイオスがこのときデモステネスに託したとされる多額の資金は、その後、デモステネスの敵たちによる格好の非難材料となった。デモステネスがその三〇〇タラントンのうちのいくらかを着服した、とする非難である。その額については、三〇〇タラントンのうちの七〇タラントン、という具体的な数字があげられている場合もあれば、一五〇タラントン以上、あるいは、三〇〇タラントン全額を懐にした、とする史料もある。

プルタルコスは、デモステネスについて、「金銭を受けとることに対して、身を持すること全く堅いというわけではない」と述べ、「フィリポスやマケドニアからの金の虜《とりこ》にこそならなかったが、ペルシアからの金には溺れた」と伝えている（『デモステネス伝』一四章二節）。デモステネスがペルシアから金を受けとっているという噂は、かなり広く知られたものだったのだろう。デモステネスとペルシアの接触の形跡はカイロネイアの戦い以前にも確認できるが、敗戦後に彼がたびたび行なった国家への多額の寄付も、ペルシアから得た資金によるものだったのかもしれない。

古都テーベの壊滅

イリュリア遠征からの帰途、テーベの反乱の報を受けたアレクサンドロスは、およそ四〇〇キロの道程を全速力で駆け抜けて南下し、ただちにテーベに軍を進めた。彼はテーベに降伏を呼びかけたが、テーベ市民たちは耳を貸さず、マケドニア軍による容赦ない攻撃が始まった。激しい攻防戦が繰り広げられ、テーベ市内は血みどろの修羅場と化した。テーベの人々は、奴隷たちもこぞって武器をとり、死力を尽くして戦ったが、やはりアレクサンドロスの敵ではなかった。凄惨な無差別殺戮が行なわれ、神殿に避難していた女子供や老人たちも引きずり出されて犠牲となった。かつてテーベに破壊され、カイロネイアの戦い後にフィリポスによって再建されたプラタイア、オルコメノス、テスピアイの人々は、アレクサンドロスに積極的に協力し、この凶暴な殺戮に勇んで加わった。テーベの死者は六〇

○○人を超えたという。

テーベを完全に制圧したアレクサンドロスは、ただちにコリントス同盟会議を開き、テーベに対する処分を同盟に委ねた。実際に会議に集まったのは、テーベ制圧に協力したプラタイアやテスピアイの人々が中心で、アレクサンドロスの意を受けて、極めて苛酷な処分が下された。テーベの都市の徹底的な破壊、神殿領を除く土地の没収、カドメイアに再度マケドニアの駐留軍を置くこと、生き残った市民たち全員を奴隷とすることが決められた。このとき奴隷として売却されたテーベ市民は三万人を超えた。

まさに、容赦ない処罰だった。ミケーネ時代から栄え、神話や伝説に彩られ、詩人ピンダロスが「輝かしきテーベ」と謳った由緒ある古都テーベは、これをもって姿を消すことになった。その後のテーベは、後継者戦争のさなかの前三一六年にカッサンドロスによって再建されるものの、前八六年にはローマのスッラに領土の半分を没収され、かつての繁栄を取り戻すことはなかった。現在のテーベ（スィーヴァ）は中部ギリシア随一の都市として栄えているが、アレクサンドロスによる徹底的な破壊のため、古のテーベの栄華を偲ぶことができるような遺跡は残されていない。

ポリスの雄テーベの壊滅は、ギリシア全土にすさまじい衝撃を与えた。デマデスは、「ギリシアはテーベを奪われて片目になってしまった」という言葉を残している。テーベの反乱の顚末《てんまつ》を詳しく伝えているアリアノスは、これを「ギリシア人全体に大きな衝撃を与えた大厄災」と呼び、アテネのシチリア遠征の失敗やレウクトラでのスパルタの敗北など、ギリシア人たちがそれまでに経験してきた数々の厄災を列挙したうえで、それらとは比較にならないほどの衝撃を引き起こした厄災だった、と述べている（『アレクサンドロス東征記』一巻九章一――六節）。

アテネの指導者の引渡し要求

テーベの壊滅は、とりわけ、アテネにとてつもなく大きな衝撃を与えた。ともにギリシアの覇を争う有力ポリスとして長年抗争を繰り返しながらも、カイロネイアではそうした旧怨を忘れて手を携えて戦ったテーベが徹底的に破壊され、消滅してしまったことは、カイロネイアでの敗北に劣らぬ衝撃的な出来事としてアテネ市民たちの心に刻まれることになった。

テーベの無惨な敗北が伝えられたとき、アテネではちょうどエレウシスの大密儀が執り行なわれていた。驚愕した市民たちは、ただちに密儀を切り上げて市壁内に緊急避難し、民会で善後策を協議する。フィリポス暗殺後の動乱のときと同様、またしてもデマデスの動議でアレクサンドロスのもとへ使節を送ることになった。アレクサンドロスのトラキア・イリュリア遠征の成功を遅ればせながら慶祝するとともに、テーベの制圧に祝意を表することがその表向きの任務だった。

ところが、アレクサンドロスはそのアテネの使節をけんもほろろにあしらい、会談の場から足早に立ち去ってしまったという。さらにアレクサンドロスは、アテネに書簡を送って指導者たちの身柄の引渡しを要求した。このとき引渡しを要求された指導者の人数と顔ぶれは史料によってまちまちで、定かではない。アリアノスはデモステネスをはじめとする九人の名前をあげ、プルタルコスは、『デモステネス伝』では八人、『フォキオン伝』では一〇人と述べ、ディオドロスも一〇人と伝えている。

身柄の引渡しを要求されたことが同時代の史料から確認できるのは、デモステネスただひとりである。民会でテーベへの支援を訴え、テーベに個人的に武器を供与し、裏工作のためにイストモスまで赴いて奔走したデモステネスの身柄の引渡しが要求されなかったとは、勿論考えられない。

デマデスのとりなし

アレクサンドロスからこうした要求を突きつけられたアテネの民会では、議論が沸騰した。要求を断固拒否すべしとするデモステネスと、テーベの二の舞を避けるためには要求をのむのも致し方ないと訴えるフォキオンの主張が対立する。市民たちはフォキオンの主張を臆病だとして一蹴し、彼を民会議場から追い出してしまうという一幕も見られた。結局、またもデマデスの動議で、再度アレクサンドロスのもとへ使節を送り、引渡しを要求された人々の恩赦を嘆願することになった。デマデス自身もこの使節に加わり、フォキオンも同行した。

この使節団は、アレクサンドロスの怒りを解くことに成功する。かつてカイロネイアの勝利に酔いしれるフィリポスをたしなめ、彼の信任を得て寛大な講和の成立に貢献したデマデスが、このときもまた、得意の雄弁でアレクサンドロスを説得したのだろう。アレクサンドロスは引渡しの要求を撤回したが、ただひとりカリデモスの追放だけは譲らなかった。

カリデモスは、カイロネイアの戦い直後の混乱のなかで一時的にアテネの防衛の指揮権を託された人物で、フィリポスの暗殺時にはトラキアで活動しており、暗殺の報をいち早くデモステネスに伝えていた。テーベの反乱の際にカリデモスがどのような行動をとっていたのかは不明だが、おそらく、フィリポスの時代以来ペルシアとも通じながらギリシア北部で活躍していた彼の経歴が、アレクサンドロスを警戒させたのだろう。カリデモスはまもなくアテネを去ってダレイオスのもとへ亡命し、ペルシアの宮廷で厚遇されたが、前三三三年、ダレイオスの怒りを買って処刑されたという。

デマデスのとりなしによって事なきを得たとはいえ、隣国テーベの壊滅とアレクサンドロスの厳しい態度は、マケドニアの覇権という現実をアテネにあらためて突きつけた。テーベの反乱は、結果的にアテネには直接の被害をもたらさなかったが、市民たちは、カイロネイアで敗れたとき以上にマケドニアの強大な力に恐れおののくこととなった。以後のアテネでは、マケドニアに抵抗しようとする気運は消え失せ、デモステネスでさえも、もはやそうした動きを起こそうとはしなかったのである。一二年後、アレクサンドロスが突然世を去ってしまうまでは。

フィリポスの暗殺以来、文字通り東奔西走しながら各地の離反の動きを鎮めたアレクサンドロスは、こうして、マケドニアの力が依然として揺るぎないものであることをギリシア世界にまざまざと見せつけ、マケドニアの覇権を磐石なものとした。彼は、再度コリントス同盟会議を招集し、ペルシアへの遠征軍の出発をあらためて正式に決定した。ギリシア諸都市には派遣部隊が割り当てられ、出発は翌前三三四年春と決まった。アレクサンドロスはマケドニアに帰国し、遠征の具体的な準備に着手した。

いよいよ、アレクサンドロスの東方遠征によって始まる新しい時代の幕開けである。カイロネイアでの敗北、フィリポスの死による動乱、テーベの壊滅、といった激動の数年間を経験してきたアテネにとっても、そうした波瀾の時期が一段落し、新しい時代の幕が上がることになる。

4　マケドニアの傘の下で

アレクサンドロスの遠征の始まり

アレクサンドロスは、前三三四年春、アンフィポリスに集結した大軍を率いて遠征の途に

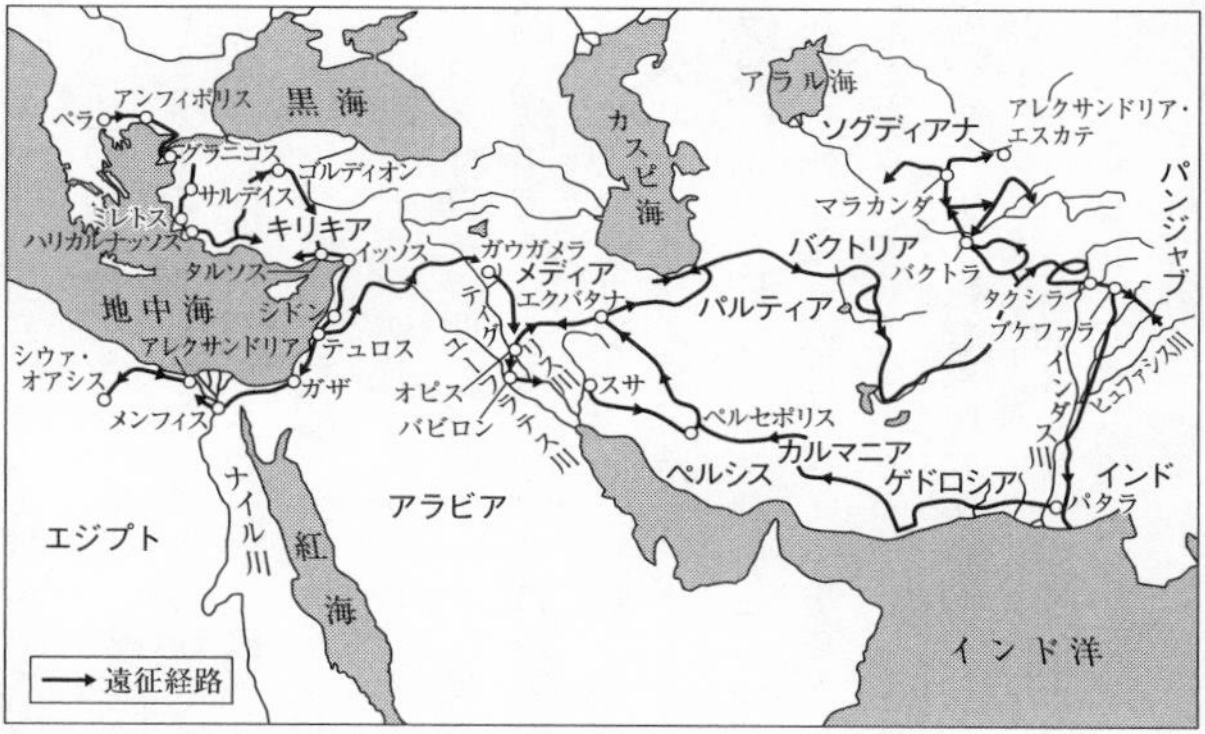

図８　アレクサンドロスの遠征経路（さくら工芸社作成）

ついた。三大陸にまたがる広大な領域の征服をもたらす、実に一〇年に及ぶ東方遠征の始まりである。アレクサンドロスの遠征については日本語で読める概説書も多いので、ここでは概略にとどめ、前三三〇年夏にダレイオスが側近に殺害されてペルシア帝国が滅亡するまでの過程を、アテネとのかかわりに着目しながら追ってみたい。

遠征出発時のアレクサンドロスの兵力は、歩兵約三万二〇〇〇、騎兵約五〇〇〇と推定され、これに、すでに前三三六年から小アジアで活動していた一万人の先発部隊が合流した。このうち、ギリシア諸都市の部隊からなるコリントス同盟軍は、歩兵七〇〇〇、騎兵六〇〇を数えた。

遠征軍の艦隊は一六〇隻の軍船と多数の輸送船からなり、これらは実質的に「ギリシア艦隊」だった、とアリアノスが伝えている（『アレクサンドロス東征記』一巻一八章四節）。一六〇隻の内訳は、アテネの二〇隻以外は不明である。当時三五〇隻を超える軍船を保有していたギリシア随一の海軍国アテネがたった二〇隻しか要求されなかったという事実は、アレクサンドロスがアテネの海軍に依存してはいなかったことを物語る。

遠征出発にあたって、アレクサンドロスはアンティパトロスを本国の代理統治者に任命した。フィリポスの代からの重臣であり、フィリポスが暗殺された際には真っ先にアレクサンドロス擁立を表明して強力な後ろ楯となったアンティパトロスは、アレクサンドロスよりも四三歳年長で、このときすでに六五歳である。留守をあずかるアンティパトロスのもとに残された軍は、歩兵一万二〇〇〇、騎兵一五〇〇だった。

アンフィポリスを出発し、ヘレスポントス海峡を越えて小アジアに渡ったアレクサンドロスは、前三三四年五月、緒戦となるグラニコス河畔の戦いでペルシア軍を敗走させ、最初の勝利を飾った。彼は、ペルシア軍から奪った数多くの戦利品のうち、三〇〇領の武具をアテネに送り、「フィリポスの子アレクサンドロス、およびスパルタ人を除くギリシアの人々が、アジアに住む異民族から獲得した」という銘文を刻んでアクロポリスのアテナ女神に奉納した。この遠征は、約一五〇年前にペルシア軍がアテネのアクロポリスの神殿を蹂躙《じゅうりん》したことへの報復である、という大義名分を、まずこの最初の勝利においてアテネに向けてアピールしたのである。

グラニコス河畔の戦いでは、約五〇〇〇人のギリシア人傭兵がペルシア陣営で戦ったが、彼らはペルシア騎兵が敗走したのちマケドニア軍に包囲され、三〇〇〇人が戦死し、二〇〇〇人が捕虜となった。アレクサンドロスは、この二〇〇〇人のギリシア人捕虜をマケドニアへ送り、強制労役につかせている。

前四世紀のギリシア世界では、ポリスを離れて傭兵となるギリシア人が多く、ペルシアは強力なギリシア人傭兵を積極的に雇い、この当時、ペルシア帝国には全体で二万人を超すギリシア人傭兵がいたという。グラニコスで捕虜になった二〇〇〇人のなかにはアテネ人も含まれており、アテネはこのあと、捕虜の釈放を求める使節をアレクサンドロスのもとへ二度にわたって派遣している。

グラニコスで勝利をおさめたアレクサンドロスは、続いて小アジアの拠点であるサルデイスを占領して南下し、エーゲ海沿岸のギリシア人都市を次々とペルシアの支配から解き放っていく。そうしたなかで、同年夏、彼は一六〇隻の軍船からなる艦隊の解散に踏み切った。しかし、この時点で艦隊を解散することは、エーゲ海から東地中海にかけての制海権を実質的に放棄するに等しい失策だった。事実、その直後から、メムノンという有能な指揮官が率いる三〇〇隻のペルシア艦隊によってエーゲ海の島々や諸都市を奪回されてしまう。アレクサンドロスは急遽《きゅうきょ》艦隊の再建を命じているが、結局、前三三三年夏にメムノンが病死したおかげで窮地を脱することになった。メムノンの死後は、ファルナバゾスとアウトフラダテスという二人の指揮官がペルシア艦隊を引き継ぎ、アレクサンドロスの後方を攪乱する作戦を継続していった。

メムノンがエーゲ海で活発な動きを見せていた前三三三年春頃、アレクサンドロスは小アジア南西部を制圧したのち、内陸のフリュギア地方の中心都市ゴルディオンを占領した。このゴルディオンで、アテネの使節がアレクサンドロスのもとを訪れ、グラニコスで捕虜になったアテネ人の釈放を求めている。アレクサンドロスはこのときは釈放の要請に応じず、「現状が好転すればもう一度使節を送るように」と指示した。

同年秋、アレクサンドロスはイッソスでダレイオス自らが率いるペルシアの主力軍と初めて対戦した。戦いはアレクサンドロスの勝利に終わり、ダレイオスは敗走した。続いてフェニキア地方へと進んだアレクサンドロスは、前三三二年一二月にエジプトを無血占領し、これによって東地中海域一円の征服が完了を見た。そして翌前三三一年春、ペルシア帝国の心臓部をめざしてエジプトを出発した。

その途上のテュロスにおいて、捕虜の釈放を求めるアテネの使節が再度アレクサンドロスのもとを訪れている。アテネのこのときの使節はアレクサンドロスの戦勝祝賀が表向きの任務だったが、これを受けて、アレクサンドロスはグラニコスでのアテネ人捕虜を全員釈放した。ダレイオスとの最終決戦はまだこれからとはいえ、東地中海域一円を征服し、背後の心配がなくなった前三三一年春は、メムノンの率いるペルシア艦隊の活動に脅かされていた二年前と比べれば、格段に「現状が好転」していたと言える。

ペルシア帝国の崩壊

前三三一年秋、アレクサンドロスはティグリス河畔のガウガメラでダレイオスの大軍と再度対決し、決定的な勝利をおさめた。ダレイオスはまたしても戦場から逃走したものの、これをもってペルシア帝国の支配は事実上崩壊した。アレクサンドロスはこのとき、「全ての僭主政治は滅びたので、ギリシア人はそれぞれの法に従って政治を運営できる」とギリシア世界に向けて書き送ったという。

続いて、アレクサンドロスはペルシア帝国の都であるバビロン、スサ、ペルセポリスを次々と占領する。そして前三三〇年五月、ペルセポリスを出発する直前にその壮大な宮殿群を焼き払った。東方遠征において最も劇的な事件と言われる、ペルセポリス宮殿炎上事件である。

ペルシア発祥の地に長い歳月をかけて建設されたペルセポリスの宮殿は、ペルシア人の精神的な支柱とも言うべき、ペルシア帝国のシンボルである。そんなペルセポリスの宮殿をアレクサンドロスがなぜ焼き払ったのかは、現代においても歴史家たちの興味の尽きないテーマであり、衝動的放火なのか計画的放火なのか、計画的だとしたらその動機は何だったのかについて、膨大な議論がある。なお、後述するように、この放火をアテネに対するアピールと見る見解もある。

ペルセポリスを発ったアレクサンドロスは、もうひとつの都エクバタナへと進む。ガウガメラから逃れてエクバタナに潜んでいたダレイオスは、アレクサンドロスがエクバタナに到着する直前に東へと出発したが、前三三〇年夏、側近のバクトリア総督ベッソスらに裏切られ、殺害されてしまう。アレクサンドロスはダレイオスの遺体をペルセポリスの王廟に手厚く葬るよう指示し、こののち、逆臣ベッソスの誅伐という新たな大義を掲げて中央アジアのバクトリアとソグディアナへ軍を進めていくことになる。

ダレイオスの死後、アレクサンドロスはペルシア戦争の報復という所期の目的を達成したことを宣言し、コリントス同盟軍の動員解除に踏み切った。引き続き従軍を希望する者とは、あらためて傭兵として契約を結んだ。これまでの数々の会戦において戦力としてはほとんど活用されなかったコリントス同盟軍は、ギリシア世界の平穏を保証する一種の「人質」であり、また、ギリシア人のための報復戦という大義の道具立てとしても不可欠な存在だったが、今やペルシア帝国は滅び、もはやこの大義を振りかざす必要はなくなったのである。

アギス戦争

アレクサンドロスが東方で輝かしい戦果をあげていた頃、ギリシア世界で唯一孤立を守っていたスパルタが、マケドニアに対して反旗を翻した。アレクサンドロスの治世におけるギリシア最大の反マケドニア蜂起と言われる、「アギス戦争」である。

スパルタでは、前三四四年以来、王アルキダモスが南イタリアに遠征していたが、前三三八年夏、王が戦死するという悲運に見舞われた。後を受けて即位した息子のアギス三世は、カイロネイアでの勝利の余勢を駆ってペロポネソスへ進軍したフィリポスに領土の一部を奪われるという打撃を被りながらも、南イタリアでの敗北の痛手から立ち直るために力を尽くした。コリントス同盟にも加盟しなかったスパルタは、フィリポスの暗殺直後や続くアレクサンドロスの北方遠征の際にギリシア各地で離反の動きが生じたときも一切同調せず、国力の回復に努めた。

アレクサンドロスが東方遠征に出発したのち、アギスは、メムノンやその後を継いだファルナバゾスとアウトフラダテスの率いるペルシア艦隊の活躍に刺激され、ペルシアとの連携工作を進めていく。彼はクレタの諸都市を味方につけ、アウトフラダテスから多額の資金援助の約束を取りつけることにも成功した。さらに、イッソスの戦いを生き延びた約八〇〇〇人のギリシア人傭兵がギリシア本土に帰り着いて蜂起に加わることになったのも、アギスにとって幸運だった。

こうしてアギスが着々と蜂起の準備を進めている頃、トラキアを管轄する将軍のメムノン（先のメムノンとは別人）が現地住民を煽動してマケドニアから離反し、マケドニア本国の留守をあずかるアンティパトロスはこの反乱への対応に追われた。さらに前三三一年夏、ペルシアとの最終決戦に向けて一万五〇〇〇人の増援部隊がマケドニアから東方へ出発し、これによって、アギスは蜂起の絶好のチャンスを得ることとなった。

アギスの軍勢は、歩兵二万、騎兵二〇〇〇と伝えられる。アンティパトロスのもとに残されていた歩兵一万二〇〇〇、騎兵一五〇〇の軍を大きく上回る規模である。その夏、「ギリシア人の自由のための団結」を呼びかけて蜂起したアギスは、コリントスに駐留していたマケドニア軍を破り、エリス、テゲア、アカイアなどペロポネソスの大部分とテッサリアの一部を蜂起に加えたうえで、蜂起にくみしなかったメガロポリスを包囲した。トラキアでの反乱のためにアンティパトロスの対応が遅れたことで、アギスの蜂起は一時はかなりの勢いとなった。

アレクサンドロスは、前三三一年一二月、スサでアギスの蜂起の報を受け、ただちに三〇〇〇タラントンもの戦費をアンティパトロスに送っている。ようやくメムノンの反乱を鎮圧したアンティパトロスは急遽兵を集め、前三三〇年春、約四万の大軍を率いてメガロポリスでアギスの軍勢と対決した。激戦の末、スパルタ側の戦死者は五三〇〇人を超えた。アギス自身もこの戦闘で命を落とし、ついに、蜂起は終息を見た。

こうして、これまで孤立を守り続けてきたスパルタも、以後はマケドニアの支配下に組み込まれることになった。

アテネの対応

アテネは、ペロポネソスの大部分が加わったこのアギスの蜂起に全く同調しようとはしなかった。強力な艦隊を有するアテネの支援を求めて、アギスは使節を送って蜂起への参加を呼びかけたが、アテネの協力は得られずに終わったのである。テーベの反乱の際には力を尽くして支援を訴えたデモステネスも、このとき、何の行動も起こしていない。蜂起の鎮圧後まもなく行なわれた「冠の裁判」における弁論のなかで、アイスキネスは、デモステネスが全く行動を起こさなかったことを冷笑するような口調で語っている。

デモステネスにとっても市民たちにとっても、テーベ壊滅の衝撃は、かくも大きかったのである。寛大な講和条件を提示され、第四章で見るようにリュクルゴスの指導のもとで経済的な繁栄を享受していたアテネには、テーベやスパルタのように蜂起するだけの覚悟も必然性もなかったのだろう。ディオドロスは、「アテネ人はほかの全てのギリシア人たちよりもアレクサンドロスから恩恵を受けてきたので、このとき動かなかった」と記している（『歴史叢書』一七巻六二章七節）。

なお、アレクサンドロスは前三三一年春にアテネ人捕虜を釈放しているが、これを、蜂起に向けたアギスの活動を知ったアレクサンドロスが、アテネの加担を防ぐために、それまでは拒絶していた捕虜の釈放に応じたものと見る見解がある。アレクサンドロスは、アテネが蜂起に同調することを恐れていたのだろうか。

この見方と同様に、先に触れたペルセポリス宮殿炎上事件も、アギスの蜂起に際してのアレクサンドロスのアテネに対するアピールだとする説がある。アギスの蜂起の拡大を懸念するアレクサンドロスは、この遠征がギリシア人のための、とりわけアテネ人のための報復戦であることをあらためてアピールし、ここで華々しくペルセポリスの宮殿を焼いた、という見方である。

東方遠征中の大事件をギリシアの政治情勢と関連づける魅力的な説だが、しかし、そうやってアレクサンドロスがあの手この手でなだめなければならないほど、アテネ市民たちが蜂起に加担しようとする強い思いをもっていたとは考えにくい。あのデモステネスでさえ、全く動こうとはしなかったのである。さらに、ここでアレクサンドロスがペルシア帝国のシンボルであるペルセポリスの宮殿を焼いたからといって、果たして、アテネ市民たちがそれに感銘を受けて蜂起への加担を思いとどまるだろうか。市民たちは、蜂起への加担は決して得策ではないという自らの現実的な判断に基づいて、アギスの呼びかけには耳を貸さなかったのである。

パクス・マケドニカ

前三三〇年夏、ダレイオスを殺害したベッソスを追撃してさらに東へと軍を進めたアレクサンドロスは、ベッソスをソグディアナまで追い詰めて前三二九年夏に処刑したのちも、バクトリアとソグディアナの平定に苦戦を強いられた。丸二年を費やしてようやくこの地域を制圧した彼は、前三二七年初夏、インドへと向かう。しかし翌前三二六年七月、インダス川支流のヒュファシス川に到達したとき、長年にわたる従軍に疲れ果てた兵士たちの強い拒絶に遭い、ついに撤退を決意した。

アレクサンドロスが遠征を終えてスサに帰り着く前三二四年二月まで、ギリシア世界は、総じて平穏な状況にあった。この時期の最大の反マケドニア蜂起であるアギス戦争も前三三〇年春に終息し、マケドニアという超大国の傘の下で「パクス・マケドニカ（マケドニアの平和）」とも呼ぶべき一種の安定が保たれていたのである。

この時期のアテネは、マケドニアの覇権がもたらす恩恵を享受し、リュクルゴスの指導によってめざましい経済復興を成し遂げていた。フィリポスの寛大な講和条件に始まるマケドニアのアテネに対する宥和《ゆうわ》政策、テーベの反乱やアギスの蜂起の鎮圧からも歴然としていたマケドニアの圧倒的な軍事力、そしてパクス・マケドニカのもとでのこれまでにない経済的な繁栄が、アテネとマケドニアの平穏かつ良好な関係を生み出していたのである。

穀物不足

この時期のギリシア世界にとっての敵は、アレクサンドロスではなく、深刻な食糧危機だった。とくに、前三三〇年以降の数年間は、当時ギリシア世界を襲った穀物不足が深刻化した時期として知られる。穀物自給率が低く、ギリシア最大の穀物輸入国であるアテネにとって、穀物不足の影響はとりわけ甚大だった。この時期、アテネでは一メディムノス（約五二リットル）あたりの小麦価格が通常の五ドラクマから一六ドラクマに高騰したという。

前四世紀において、アテネの主要な穀物輸入先は黒海沿岸の穀倉地帯だった。アテネは前四世紀を通じて黒海北岸のボスポロス王国と密接な関係にあり、ボスポロス王と協定を結んで穀物交易の特権を獲得し、さらに、ボスポロス王をたびたび顕彰するなどして友好関係の維持に努めていた。

カイロネイアの戦い以降もボスポロス王国との親密な関係は健在で、アテネは前三三〇〜三二四年頃にボスポロス王パイリサデス一世と王子たちを顕彰し、アゴラに彼らの像を建立したことが知られている。穀物不足に悩むアテネは、像の建立という破格の顕彰によって、ボスポロス王国との良好な関係を保とうとしたのである。

この時期のアテネでは、ボスポロス王国からだけでなく、キプロスやシチリアからも大量に穀物が輸入され、そうした穀物輸入に携わった外国人商人がたびたび顕彰されている。穀物監督官《シトフユラケス》という役職が大幅に増員されたのもこの頃である。穀物監督官は、市内とピラエウス港の穀物市場において穀物が適正な価格で売買されるように監督する役人で、『アテナイ人の国制』の第五一章によれば、それまでは一〇人の穀物監督官が抽選で選ばれ、市内に五人、ピラエウス港に五人置かれていたのが、この時期には市内に二〇人、ピラエウス港に一五人にまで増えたという。

デモステネスがカイロネイアの戦いの直後に務めた穀物委員は、それまでは臨時に任命される役職だったが、穀物不足に見舞われた前三三〇年代には常設されるようになったらしい。デモステネスは、穀物不足が深刻化した前三二八年頃にもこの穀物委員に任命され、自身も一タラントンの寄付をして穀物の調達にあたっている。

ギリシア世界を襲ったこうした穀物不足に、アレクサンドロスはどのように対応したのだろうか。北アフリカのキュレネで発見されたある碑文は、前三二〇年代前半にキュレネが四〇を超えるギリシアの都市や共同体に穀物を提供し、そのうちアテネが全体のおよそ八分の一にあたる一〇万メディムノスを配分されたことを伝えている（RO 96）。碑文からは大麦か小麦かは不明だが、これは、二万人から三万人を一年間養うに足ると推定される膨大な量である。キュレネは前三三一年にアレクサンドロスと条約を締結しているので、この大量の穀物提供は彼の意向によるものだったらしい。バビロンでアレクサンドロスから国庫の管理を任されていた財務長官のハルパロスがアテネに大量の穀物を提供してアテネ市民権を付与されたのも、この頃のことである。

このように、アレクサンドロスはアテネに対して穀物提供の便宜をはかっており、この時期のアテネとマケドニアの平穏で良好な関係は、穀物不足という危機においても損なわれることなく存続していた。しかし、そうした安定した状況も、前三二四年二月にアレクサンドロスがスサに帰還するに及んで雲行きが怪しくなってくるが、それはまた、第四章以降で見ることにしたい。次章では、パクス・マケドニカのもとでの平穏なアテネで行なわれた名高い「冠の裁判」に目を向けてみよう。

第三章　対決――「冠の裁判」

1　裁判が始まるまで

親マケドニア派と反マケドニア派の対立？

前三三〇年夏、デモステネスとアイスキネスの長年にわたる争いの最終幕となる「冠の裁判」が、ギリシア中の注目を集めて繰り広げられた。

アイスキネスによる六年前の告発に始まる「冠の裁判」は、アイスキネスが親マケドニアの政治家、対するデモステネスが反マケドニアの政治家だったことから、マケドニアの覇権下のアテネにおける親マケドニア派と反マケドニア派の争いとして理解されてきた。序章で触れた、この時期の政治を親マケドニア派と反マケドニア派の対立の構図で捉える見方は、この裁判をめぐる解釈に顕著に現れている。

たとえばW・W・ターンは、親マケドニア派が反マケドニア派に打撃を与えるために裁判を企てたと論じたし、近年においても、C・ハビヒトは、この裁判でのデモステネスの勝利を親マケドニア派に対する反マケドニア派の勝利と捉えている。

この名高い「冠の裁判」は、親マケドニア派と反マケドニア派の対決の場だったのだろうか。デモステネスとアイスキネスは、いったい何を争点として火花を散らしたのか。これらの点に着目しながら、東方遠征のさなかの平和なアテネで繰り広げられた「弁論家の戦い」に迫ってみたい。

グラフェ・パラノモン

「冠の裁判」は、前三三六年、クテシフォンによるデモステネスの顕彰提案をアイスキネスが違法であるとして告発したことに始まる。まず、アイスキネスが用いたグラフェ・パラノモン、すなわち「違法提案に対する公訴」という訴訟手続きについて触れておきたい。

アテネ民主政の存立を支える重要な制度のひとつであるグラフェ・パラノモンは、現行の法律に反する決議およびその決議を提案した者に対する告発手続きで、すでにペロポネソス戦争時には制度として成立していたと考えられている。前四世紀に入り、民会決議と法が厳密に区別されて民会決議に対する法の優位が確立し、アテネ民主政が「法の支配」の原理によって安定を見ると、グラフェ・パラノモンはその「法の支配」を保障する制度となる。前四世紀のグラフェ・パラノモンは「民主政の番人」とも呼ばれ、民会の暴走を制御する装置としての役割を期待されるようになった。

しかし、実際には、グラフェ・パラノモンは政敵の提案をことごとく告発するという「政争の具」として用いられることが多くなる。政治家のアリストフォンは、生涯に実に七五回もグラフェ・パラノモンにかけられたが、一度も有罪にならなかったことを自慢していたという。

グラフェ・パラノモンの手続きは、民会もしくは評議会で提案がなされたのち、それを告発しようとする市民がグラフェ・パラノモン提起の宣誓を行なうところから始まる。グラフェ・パラノモンの提起はその提案が可決される前でも後でも可能で、告発と同時にその提案の採決は中断し、可決後であればその決議は一時的に失効する。そして民衆法廷で裁判が行なわれ、有罪になるとその提案の廃案もしくは決議の失効が確定し、提案者には罰金額が査定された。罰金は、最も重い例として一〇タラントン、最も軽い例として二五ドラクマという少額のものが史料から知られている。罰金が高額で支払い不能であれば、国家に対する債務者となり、結果として市民権を失った。また、原告が陪審員の票の五分の一を獲得できずに敗訴した場合は、一〇〇〇ドラクマの罰金を科され、さらに市民権喪失となった。

アイスキネスは、こうした手続きに則って、デモステネスの顕彰を提案したクテシフォンを告発したのである。

裁判の遅延

前三三六年春(もしくは初夏)のクテシフォンによる顕彰提案は、デモステネスの徳と人格、そしてアテネに対する多大なる献身ゆえに、次の大ディオニュシア祭の折にディオニュソス劇場においてデモステネスに黄金の冠を贈る、というものだった。毎年三月に催される大ディオニュシア祭は、パンアテナイア祭と並ぶアテネの中心的な祭で、市民だけでなく多くの外国人も参加した。祭列と供犠に続いて、祭のクライマックスは、ディオニュソス劇場での演劇の競演である。クテシフォンは、その劇の上演に先立ってデモステネスへの冠授与を執り行なうことを提案したのである。

彼の提案は評議会で承認され、民会にまわされた。そのとき、アイスキネスが宣誓を行ない、クテシフォンの提案が三つの理由(一四四頁参照)から違法だとしてグラフェ・パラノモンを提起した。このアイスキネスの告発によってクテシフォンの提案の採決は中断し、民衆法廷で裁判が行なわれることになった。しかし、裁判は六年後の前三三〇年まで争われることはなかった。

なぜ、アイスキネスの告発に続いて裁判がすみやかに行なわれなかったのか。この問題に直接答えてくれる史料はないが、この年のフィリポス二世の暗殺に始まる非常事態によって裁判の実施が妨げられたと見るのが通説である。フィリポスの暗殺から翌年のテーベの壊滅に至る激動の日々のなかで、アイスキネスの告発によるグラフェ・パラノモンの裁判がうやむやになってしまったのだろう。

前三三六年に裁判が行なわれなかったのはそれで説明がつくとしても、この裁判をめぐる最大の謎は、なぜ六年も経った前三三〇年になって裁判が始まったのか、という問題である。六年間もうやむやになっていた裁判が、なぜ、このとき突然幕を開けたのか。

これについても直接答えてくれる史料はなく、デモステネスもアイスキネスも、その理由については全く触れていない。歴史家たちの見解はさまざまだが、ここではまず、前三三〇年に裁判を開始するイニシアティヴをとったのはデモステネスとアイスキネスのどちらだったのかを考えてみたい。

言うまでもなく、「冠の裁判」の原告はアイスキネスであり、デモステネスは被告クテシフォンの共同弁論人にすぎない。当然のことながら、裁判開始の手続きを始めたのは原告であるアイスキネスにほかならないが、ここで言う「イニシアティヴ」とは、六年間もうやむやになっていた裁判を始めるように策謀をめぐらしたのはデモステネスとアイスキネスのどちらの側だったのか、という意味である。裁判の開始に向けて積極的に動いたのは、どちらの側だったのだろうか。

イニシアティヴはアイスキネス？

この問題をめぐっては、アイスキネスがイニシアティヴをとったとする見解が圧倒的に有力である。勿論、常識的に見れば、被告の側が裁判開始に向けて動くとは考えにくく、原告のアイスキネスが時機を見はからって中断していた六年前の裁判を開始した、と見なすのが自然な解釈だろう。しかし私は、この裁判開始のイニシアティヴをとったのはデモステネスの方だったと考えている。その根拠をかいつまんで説明しながら、この裁判の背景に迫ってみよう。多少細かい議論になるが、しばらくお付き合い願いたい。

アイスキネスがイニシアティヴをとったとする通説では、アイスキネスはデモステネスの立場が弱くなったと判断したので裁判の開始に踏み切った、と解釈されている。なぜこのとき、デモステネスの立場が弱くなったというのか。

これについては、次の二通りの説がある。前三三一年秋のガウガメラでのアレクサンドロスの勝利と前三三〇年春のアギス戦争の終息によって、アテネでは親マケドニア派の勢力が強くなり、デモステネスの反マケドニア政策を攻撃する好機が到来した、という説と、アギス戦争の際に市民たちの期待に反して何の行動も起こさなかったデモステネスは彼らの信頼を失った、という説である。

ガウガメラでのアレクサンドロスの勝利とアギスの蜂起の鎮圧は、確かにマケドニアの圧倒的な力を見せつけるものではあったが、これまで見てきたように、この時期に親マケドニア派と反マケドニア派の対立が生じていたことを示すものはない。また、デモステネスが前三三五年のテーベの反乱以降は反マケドニア活動を手控え、アギス戦争の際にも行動を起こさなかったのは、当時のアテネにおける世論の動きに沿うものだったのである。

そもそも、デモステネスの立場は、カイロネイアでの敗北を経ても揺らぐことはなかった。カイロネイアでの戦没者を悼む国葬で葬送演説を行なう大役に任じられたことや、穀物委員、市壁修理委員、祭祀財務官などの数々の役職を務めたことからも、デモステネスに寄せる市民たちの信頼の厚さがうかがえる。

それにひきかえ、カイロネイアの戦い以降にアイスキネスが果たした公務は、敗戦直後の講和交渉の一度きりである。その後まもなく、デモステネスが葬送演説者に選出されたことに抗議し、前三三六年にクテシフォンを告発したのを最後に、一切活動は知られていない。前三三六年の時点で五四歳。政治家として脂の乗り切った年齢であるが、このあとは、「冠の裁判」に登場するまで彼の姿を見ることはない。アイスキネスにとって最大の後ろ楯だったエウブロスがすでに引退し、亡くなってしまっていたことも大きかったのだろう。デモステネスが「冠の裁判」における弁論のなかでアイスキネスの仲間に言及する際には常にカイロネイアの戦い以前の時期について述べていることからもうかがえるように、敗戦以降のアイスキネスは孤立した存在だったらしい。

すでに政界から退き、孤立していたアイスキネス。そんな彼が、カイロネイアでの敗北を経ても信望を失わずに活躍していたデモステネスに対し、自分の立場の方が強いと判断して裁判の開始に踏み切ったのだろうか。もともとの原告であるからアイスキネスが裁判開始に向けて動いたに違いない、と安易に決めつけてしまうのは、やはり疑問が残る。では、アイスキネスではなくデモステネスがイニシアティヴをとったと考えるに足る根拠はあるだろうか。

「違法性」

「冠の裁判」のそもそもの争点であるクテシフォンの提案の「違法性」に関しては、原告と被告のどちらが強い立場にあったのだろうか。

アイスキネスは、クテシフォンの提案が違法であるという理由として、①執務審査を済ませておらず、まだ現職の公務にあるデモステネスに冠を授けるのは違法である、②ディオニュソス劇場で冠の授与を執り行なうのは違法である、③デモステネスの徳と功績を顕彰することは虚偽の行為であり、虚偽を公文書の記録に残すのは違法である、という三点をあげている。

これらのうち、①と②は、冠授与の手続きにおける違法性を問題にする純粋に法的な議論であるが、③は、そもそもデモステネスが冠授与の名誉に値するかどうかという、法的な次元を離れた議論である。

この裁判では、デモステネスの政治家としての是非を問う③の議論が最大の焦点となっているが、アイスキネスの告発弁論は冒頭部分で①と②の法的な議論にもかなりの節を費やしているのに対し、デモステネスは①と②の議論を弁論の途中にはさんでごく簡潔に済ませ、弁論のほとんどを③の議論にあてている。デモステネスは、自分の「徳と功績」が冠の授与に十分値するものであることを、カイロネイアの戦いに至るまでの自らの政治活動に焦点をしぼって訴えているのである。

①と②については、これらを詳しく論じているアイスキネスに対し、デモステネスはごく簡潔にしか反論していないことから、違法性をめぐるアイスキネスの議論は法的に正当性をもつものだったので、デモステネスはそれらを軸にして争うのを避け、法的な議論ではなく、政治家の「徳と功績」という主観的な議論を弁論の中心にした、と見るのが通説になっている。この裁判は結果としてデモステネスの圧勝に終わるが、法的にはアイスキネスの方が強い立場にあったにもかかわらず、デモステネスは強力なレトリックによってアイスキネスの正当な法的議論を打ち破った、と捉えられているのである。デモステネスの勝利は、法に対するレトリックの勝利だった、と。

しかし、現存する法廷弁論において、被告が原告の非難に対して十分に反駁していないからといって、原告の非難が正当であるとは限らない。裁判後に弁論が改訂された可能性もあるし、そもそも原告の非難が取るに足らないものだったので、被告はそれに対する反論に時間を割く必要はないと判断した、ということも考えられる。

ここでは、アイスキネスの議論に法的な正当性があるとする通説に対して異論を唱えたアメリカのE・M・ハリスの研究（一九九四年）を参考にしながら、①と②の法的な議論について詳しく見てみよう。

まず、①の「現職の公務にあるデモステネスに冠を授けるのは違法である」という点に関しては、問題となる「現職の公務にある者への冠授与に関する法」について、アイスキネスは、その法は現在公務に就いている者への冠授与を一切禁じている、と述べている。他方デモステネスは、その法は現在就いている公務ゆえに冠を授与することを禁じているにすぎない、と主張する。つまり、自分への冠授与の提案は、市壁修理委員や祭祀財務官など、その年にデモステネスが就いていた特定の職務ゆえではなく、多額の私財を投じて国家に貢献した一連の活動ゆえであるから違法ではない、と述べているのである。

この両者の対立する主張について、ハリスは、公務に就いている間に実際に冠を授与されたフォキオンやカリデモスなどの数多くの事例をあげて、デモステネスの解釈の方が正しいことを論証しようとする。アイスキネスがこの①の議論にかなりの時間を割いたのは、自分の解釈が正しいものだと陪審員に信じ込ませるためのトリックにすぎない、という。

②の「ディオニュソス劇場で冠の授与を執り行なうのは違法である」という点に関しては、問題となる「劇場での冠授与に関する法」について、アイスキネスは、外国からの冠授与の場合を除いて劇場での授与は禁じられていた、ということを長々と論じるのに対し、デモステネスはわずか二節の短い議論でこれに反論している。デモステネスによれば、民会あ

るいは評議会で許可された場合には劇場での冠授与は可能であり、実際にこれまで劇場で冠授与がたびたび執り行なわれ、自身もかつて劇場で冠を授けられたという。民会あるいは評議会で許可された場合は劇場で冠授与ができるというその例外規定の実在については議論があるものの、実際に劇場で冠授与が執り行なわれた例は、確かにいくつも確認できる。とすると、②に関するアイスキネスの議論の法的な正当性も怪しくなってしまう。

以上のことから、ハリスは、従来は「法に対するレトリックの勝利」と見なされてきたデモステネスの勝利は、実際には「法とレトリックの両方による勝利」だった、と捉えるのである。ハリスの見解が妥当だとすれば、政界入りする前に書記を務め、アテネの法や決議に精通していたアイスキネスは、当然、自分の法的な議論が正当性をもたないことを自覚していたのだろう。

そうすると、デモステネスは、アイスキネスとは対照的に、政治的のみならず法的にも有利な立場にあったことになる。もっとも、法的に強い側が勝つとは限らないのがアテネの裁判である。提案の違法性を問題にするグラフェ・パラノモンの裁判は、一見、その提案が現行の法律に照らして違法であるかどうかさえ明確にすれば容易に白黒のつく合理的な裁判、という印象を受ける。しかし、票を投じる数百人以上の陪審員は法律に精通したプロではなく、抽選で選ばれた一般市民であり、裁判では当事者尋問も証人尋問も一切なく、原告と被告の弁論が終わると、陪審員たちは互いに議論を交わすこともないままただちに票決を行なうのである。グラフェ・パラノモンの裁判の弁論であっても、違法性の議論はそこそこに、裁判の争点とは直接関係のない政治問題を論じたり、激しい個人攻撃に終始したり、自分がこれまでに行なった公共奉仕を延々と自慢したり、と陪審員の関心や共感を得ようとする議論が展開されるのはそのためである。その意味では、アイスキネスの告発の法的な根拠が強力なものだったにせよ、そうでなかったにせよ、デモステネスが法的な議論はそこそこに、自分の政治家としての経歴を論じる③の議論に焦点をしぼったのは正解だったと言える。

公訴の取り下げに対する罰則

デモステネスが、政治的に、そしておそらくは法的にも有利だったとすると、彼はアイスキネスとは対照的に、裁判の開始を積極的に望む立場にあったことになる。その場合、すでに政界から退き、孤立した存在だったアイスキネスが、何らかの外的圧力なしに裁判を開始したとは考えにくい。私は、その「外的圧力」とは、「公訴を取り下げた者は一〇〇〇ドラクマの罰金と市民権喪失に処される」という罰則規定だったのではないかと考えている。アテネの裁判においては、私訴の場合は取り下げが認められていたが、公訴の取り下げは厳しく処罰される定めとなっていた。被害者訴追主義の原則に基づく私訴と異なり、市民であれば誰でも提訴できるという民衆訴追主義の原則に基づく公訴の場合、ともすればその原則を悪用して、シュコファンテスと呼ばれる告発常習者が報酬や示談金を目当てに際限のない告発を繰り返すことになりがちだった。そうした事態を防ぐために、公訴を提起しておきながら取り下げた者に対しては、厳しい罰則が定められていたのである。

一〇〇〇ドラクマの罰金と市民権喪失という処罰は、公訴において原告が票数の五分の一を獲得できずに敗訴した場合に科される処罰と同じである。一〇〇〇ドラクマの罰金、というのはわかりやすいが、ここで言う「市民権喪失」とは、どのような処罰だったのか。

市民権喪失とは

古典期のアテネにおける「市民権喪失《アティミア》」とは、市民身分（citizenship）そのものを喪失してメトイコイや奴隷の身分に転落してしまうことではなく、市民身分にともなって発生する公的な諸権利（civic rights）を喪失することである（「公民権停止」という訳語を用いることもある）。

公訴を取り下げた場合にせよ、公訴において原告が票数の五分の一を獲得できなかった場合にせよ、その結果として科される市民権喪失は「部分的市民権喪失」だった、と考える歴史家が多い。つまり、同様のタイプの公訴を提起する権利を失うという「部分的市民権喪失」である。

実は、市民権喪失に「全面的市民権喪失」と「部分的市民権喪失」という二種類があったのかどうかについては、多くの議論がある。「部分的市民権喪失」などというものは実在せず、市民権喪失には「全面的市民権喪失」しかなかった、と主張する歴史家たちもおり、彼らは当然、公訴を取り下げた者に科される市民権喪失も、同様のタイプの公訴を提起する権利を失うというようなものではなく、「全面的市民権喪失」だった、と考える。

ここでは、アイスキネスに対する「外的圧力」となったかもしれない、「公訴を取り下げた者は一〇〇〇ドラクマの罰金と市民権喪失に処される」という罰則規定のなかの「市民権喪失」が、いったい何を意味するものだったのかを見極めるために、もう少しだけ市民権喪失をめぐる議論を紹介しておきたい。

市民権喪失に「全面的市民権喪失」と「部分的市民権喪失」の二種類があったことを示唆する史料は、前四〇五年の「パトロクレイデスの決議」について触れたアンドキデスの弁論『秘儀について』の記述（七三—七六節）だけである。ペロポネソス戦争の末期、市民権喪失者を再び市民権保有者とすることを定めたこの決議について説明する際、アンドキデスは、「完全な市民権喪失者」と「追加規定による市民権喪失者」を区別している。そして、後者は前四一一年の寡頭政権のときにアテネにとどまった兵士たちなどであり、彼らは、民会で発言することや公訴を提起することを禁じられた者など、自らの権利を部分的に剝奪された者である、としている。

「部分的市民権喪失」の実在を否定する歴史家たちは、アンドキデスが言及しているのは寡頭政権にかかわる事例であり、「追加規定」によって決められた特殊なケースであって、通常の市民権喪失は「全面的市民権喪失」しかなかった、と考える。もしそのような区別があったなら、法廷弁論などの同時代史料に頻繁に言及されているはずだ、という指摘ももっともである。

通常、「全面的市民権喪失」という処罰を科されるのは、兵役を忌避した者や両親を虐待した者、姦通した妻を離縁しなかった者、国家に対して借財を負っている者、偽証罪やグラフェ・パラノモンで三度有罪になった者などである。この処罰を科されると、民会に参加したり、裁判を起こしたり、公職に就いたりする政治的権利が剝奪されるのみならず、神域やアゴラに出入りすることも禁じられた。

ただし、公訴を取り下げたり、五分の一の票を得られずに敗訴したりして市民権喪失という処罰を科された場合は、その時点で自動的に権利を剝奪されるわけではなく、そのあとに何か行動を起こした際にそれを告発しようとする者がいて初めて、実質的に市民権喪失という状態が生じたようである。とくに、裁判に至らずに公訴を取り下げた場合には、以後は行動を慎み、その取り下げの事実を指摘して告発するような敵がまわりにいなければ、あたかも市民権を保持しているかのようにアテネで暮らし続けることも可能だったのである。

実際、公訴を取り下げたことが明らかな事例において何の咎《とが》めも受けていない例が前四世紀に少なくとも一五例あり、逆に、公訴を取り下げて罰金なり市民権喪失なりに処された例は四例しか確認できない。こうした状況は、その取り下げの事実を告発しようとする者が稀だったことから生じたと考えられる。

なお、「冠の裁判」の結果、五分の一の票を得られずに敗訴して一〇〇〇ドラクマの罰金と市民権喪失に処されたアイスキネスが亡命という道を選んだことも、その「市民権喪失」が、同様のタイプの訴訟、つまりグラフェ・パラノモンの提起だけを禁じられる「部分的市民権喪失」ではなく、「全面的市民権喪失」だったことを示唆する。一〇〇〇ドラクマの罰金は、富裕市民の娘と結婚し、妻の兄弟から五タラントンの財産を相続していた裕福なアイスキネスにとっては、さほど問題ではない。すでに政界から引退していた彼にとって、今後グラフェ・パラノモンを提起できないことも大した痛手ではない。市民としての権利を失ってしまう、つまり、今後デモステネスのような敵から攻撃を受けた際に身を守るすべがない「全面的市民権喪失」という状態で暮らすことへの恐怖こそが、アイスキネスにアテネから去る道を選ばせたのだろう。

デモステネスの脅し

アイスキネスに裁判を開始させるための「外的圧力」として、私は、デモステネスがこの公訴の取り下げに対する罰則規定を用いたのではないかと考えている。前三三六年に裁判が行なわれなかったこと自体は、先に述べたように、フィリポスの暗殺に続く非常事態のためだったとすれば、アイスキネスの故意によるものではないことになる。従って、厳密にはアイスキネス自身による「取り下げ」とは言えないかもしれないが、彼が自らの告発を最後までやり遂げなかったことは事実である。冠授与という光栄な機会をアイスキネスに妨害されたデモステネスは、いずれその「取り下げ」を攻撃してやろうと虎視眈々と狙っていたのだろう。そして、ついに前三三〇年、彼はその「取り下げ」の事実を持ち出してアイスキネスを脅し、裁判の開始を強いたのではないだろうか。

六年前の公訴の「取り下げ」を咎められたアイスキネスには、とるべき道は次の二つしかない。裁判の開始を拒み、それによって一〇〇〇ドラクマの罰金と市民権喪失という罰を受けること。あるいは、デモステネスが望むように裁判を開始すること。

後者の場合、五分の一の票を得られずに敗訴してしまうと、前者と同じ結果になる。しかし、勝訴はしないまでも五分の一以上の票を獲得できれば、何の罰も受けることはない。アイスキネスは、市民権喪失という結果だけは何としても避けようとし、勝ち目はないにしても少なくとも五分の一の票は得られると考えて裁判を開始したのだろう。こうした意味において、「冠の裁判」を開始するイニシアティヴをとったのはデモステネスだった、と思うのである。

ところで、デモステネスがイニシアティヴをとったとすると、彼はなぜ、前三三〇年夏という時期を選んだのだろうか。おそらくそれは、前三三三年頃から準備が進められていたアギス戦争が前三三〇年春に終息したことがひとつの契機になったのではないか。先に見たように、アテネはアギスに一切支援をしなかったし、デモステネスも行動を起こさなかった。しかし、デモステネスもアテネ市民たちも、アギスの蜂起の帰趨に大いに関心を払っていたに違いない。もしこの蜂起が成功し、ギリシア中を覆うような動きにまで発展したら、マケドニアの覇権のもとで平穏な状況にあったギリシア世界の情勢は大きく変わり、アテネの政界も波立つことになっていただろう。ところが、アギスの蜂起はアンティパトロスによって鎮圧され、アテネを取り巻く状況は何も変わらず、市民たちはこれまでと同じように平和と繁栄を享受することになった。デモステネスは、そうしたタイミングを見極めたうえで、前三四〇年代からの宿敵であり、六年前に冠の授与という晴れ舞台を台無しにしたアイスキネスと決着をつけるために、裁判の開始に向けて動き出したのだろう。

そして、アイスキネスはすでに政界から引退していたのであるから、デモステネスにとって、もはや彼を政界から排除する必要はなかった。デモステネスが裁判の開始を企てたのは、現在の政治や政策とは関連のない、アイスキネスに対する個人的な敵意ゆえだったと見るべきだろう。

この裁判は、親マケドニア派と反マケドニア派の政治的対立とは無縁の次元で、こうしてデモステネスとアイスキネスの間で始まったのである。

2 「弁論家の戦い」

「冠の裁判」のような公訴裁判では、抽選で選ばれて陪審員として登録された六〇〇〇人のなかから五〇一人が再抽選されてひとつの小法廷を構成し、裁判の性格に応じて複数の小法廷が組み合わさって大人数で審理にあたった。「冠の裁判」の陪審員の数は、一〇〇〇人もしくは一五〇〇人と推定されている。

公訴裁判は、一日に数件の裁判が行なわれる私訴と異なり、一日に一件のみが裁かれ、六時間半強の時間が一件にあてられた。この時間は陪審員たちの投票の時間なども含むので、原告・被告の双方とも、弁論の持ち時間は二時間半前後だったと考えられている。「冠の裁判」では、被告クテシフォンの共同弁論人のデモステネスが、被告の持ち時間全てを使って雄弁を振るった。言うまでもなく、クテシフォンは名ばかりの被告であり、この裁判は、まぎれもなくデモステネスとアイスキネスの激突の場だったのである。

ギリシア中の注目を集めたというこの裁判での二人の論戦に耳を傾けてみよう。

アイスキネスの『クテシフォン弾劾』（第三弁論）

アイスキネスは、冒頭の三〇節ほどで、現職の公務にある者への冠授与の違法性と、劇場で冠授与を執り行なうことの違法性についての議論を展開したのち、デモステネスのこれまでの経歴を年代順に論じ、デモステネスはとうてい冠授与に値する人物ではないことを論証しようとする。弁論の構成においても叙述の順序においても人を驚かすような不意打ちはしない、アイスキネスらしい手堅い議論展開である。

アイスキネスは、デモステネスの政治家としての経歴を、①「フィロクラテスの講和」の締結に至る時期（前三四六年まで）、②「フィロクラテスの講和」の締結から講和の破棄までの時期（前三四六～三四〇年）、③カイロネイアの戦いに至る時期（前三四〇～三三八年）、④カイロネイアの戦い以降の時期、の四つに分けて順に論じている。

①の時期についての非難は、「フィロクラテスの講和」の交渉過程における互いの行動を焦点に争った前三四三年の裁判での弁論の内容とほぼ重なる。今回の弁論では、アイスキネスは②と③の時期のデモステネスの行動に攻撃を集中させ、この時期の彼の反マケドニア政策がアテネを破局へと導いた、と繰り返し訴えた。

とりわけ、③の時期におけるテーベとの同盟締結前後のデモステネスの行動が、カイロネイアでの惨敗という厄災を引き起こした直接の原因である、と痛烈に非難している。フィリポスはアテネよりもはるかにテーベに対して敵意を抱いていたのに、デモステネスはその事実を巧みに隠して民会を説得し、テーベとの同盟締結を可決させ、そのうえ、フィリポスがその後も交渉の意向を示したにもかかわらず、市民たちを煽動してカイロネイアの決戦に至る道を突き進ませた、と糾弾する。

④の時期については、うってかわって、デモステネスがアレクサンドロスに対する反乱の好機をみすみす逃し、何の行動も起こそうとしなかったこと、市民たちを抵抗に駆り立てなかったことを非難する。これまでアレクサンドロスに対して反旗を翻す絶好の機会が三度あったが、つい先頃のアギス戦争の際も含めて、いずれの好機においてもデモステネスはただ手をこまぬいて眺めていただけだった、と鋭く責め立てる。

アイスキネスは、デモステネスを打ち負かそうとするあまり、カイロネイアの戦い以前と以後のこうした彼の対照的な態度をかわるがわる攻撃しており、この弁論におけるアイスキネス自身の政治的立場は極めて曖昧《あいまい》なものとなっている。カイロネイアの戦いに至るまでマケドニアと戦うことを強く呼びかけたデモステネスが、敗戦以降、たとえそれが市民たちの意向に沿うものだったにせよ、マケドニアに対する抵抗を手控える態度をとったことを批判するのは、デモステネスの政策の非一貫性を示すためには有効な議論である。しかし、デモステネスの態度と行動を激しく責め立てるアイスキネスは、それにかわる一定の政策なり方針なりを提唱しているわけでも、デモステネスの政策と対比させて自らの政策の正当性を訴えているわけでもない。彼の弁論は、著しく政治性を欠いているのである。

カイロネイアの戦い以降のアイスキネスがもはや政治家としてはほとんど活動していないことを考えれば、それも当然かもしれない。そうしたアイスキネスの弁論は、次に見るように、カイロネイアの戦い以前の自分の反マケドニア政策を前面に押し出し、結局は敗戦という結果に至ったけれども自分の政策は間違ってはいなかった、と自らの政策の正当性を力強く訴えるデモステネスの弁論の前に、色褪《あ》せて聞こえてしまうのである。

デモステネスの『冠について』(第一八弁論)

「古代ギリシアの雄弁術の粋」と言われる『冠について』は、デモステネスの数多くの弁論のなかでも傑作中の傑作として名高い。

この弁論において、デモステネスは、カイロネイアの戦いに至るまでの自分の政治活動に焦点をしぼって熱弁を振るっている。彼は、アイスキネスによる四つの時期区分(①〜④)をそのまま用いているが、④のカイロネイアの戦い以降の時期についてはほとんど触れていない。

まず、①と②の時期における自らの政策から語り起こし、続いて、冠授与の手続きに関してアイスキネスが指摘した二点の違法性についてわずか一〇節ほどで手短かに反論する。そして、アイスキネスの家族や生い立ち、および彼の政治家としての活動に攻撃の矢を放ったのち、デモステネスが文字通り「時の人」だった③の時期について詳しく論じるのである。この部分が、彼の弁論の中核を成している。第一章でも触れたように、フィリポスによるエラテイア占領の報がアテネにもたらした恐慌や、誰ひとりとして発言しようとしないなかで自分が演壇に登ってテーベとの同盟締結を提案した民会のありさまが臨場感のある筆致で再現されているのも、この部分である。

デモステネスにとって、テーベとの同盟締結に結実した自分の反マケドニア政策が、結果としてカイロネイアでの敗北に至ったことは否定できない事実である。デモステネスは、カイロネイアの戦いに至るまでの自分の政策は間違ってはいなかった、そして、敗北の責任は自分にはなかったと訴えることによって、アイスキネスに反撃する道を選んだ。

彼は、フィリポスに対する自分の政策について、次のように言う。

アイスキネスよ、フィリポスがギリシア人を独裁支配のもとに置こうとしているのを目にしたとき、アテネは何をなすべきであったのか。アテネの助言者は何を発言し、何を提案すべきであったのか。私はよく知っていた。アテネは、私が初めてこの演壇に登った日に至るまで、絶えず第一位の誉れと栄光をめざして戦い、ほかのギリシア人が各々自己のために犠牲にした以上の財産と生命とを、名誉と万人の利益のために捧げたことを。私は見ていた。われわれの戦いの相手であるフィリポスが、支配と権力のために片目をえぐり出され、鎖骨を砕かれ、手足を不具にし、運命のままに身体のいかなる部分を犠牲にしても、その残りの部分で名誉と栄光の生を送ろうとしていたのを。確かに、誰ひとり、このようなことをあえて言いはしないだろう――当時知る人もない小さな町ペラで育った男が、大胆不敵にも全ギリシアの支配を欲してそれを目標とする一方、アテネ人である諸君が、耳目に触れる全ての点で先祖の勇気を想い起こさせるものに日々接しながら、フィリポスに自ら進んで自由を引き渡すほど怖気《おじけ》づいてしまうべきであった、と。そのようなことを言う者は誰もいないだろう。かくして、やむなく残された道は、彼が諸君に加えたあらゆる不正行為に対し、正義のために抵抗することであった。（六六―六九節）

このように、アテネが直面した状況においてはフィリポスに抵抗するしかとるべき道はなかったことを強調したうえで、カイロネイアの戦いへの道をしいた自分の反マケドニア政策が根本において正しかった、と主張するのである。アテネの名誉と誇りを守り抜くためには自分のとった政策が唯一可能な正しい道だった、と訴えるデモステネスは、その結果としてのカイロネイアでの敗北については、次のように語る。

物事の全ての結末は、神《ダイモン》の意志のままに起こる。それに対し、政策こそが助言者の意図を明らかにするのである。戦いの勝利がフィリポスのものになったからといって、これを私の罪としないでほしい。この戦いの帰趨は神の手にあり、私の手にはなかったのであるから。もし私が、人間の判断で可能なあらゆることを決断しなかった、正しく熱意をもって私の力を超える勤勉さによってそれを実行しなかった、あるいは、気高く、この国家にふさわしいこと、必要であったことに着手しなかったというのなら、それを私に示して、非難していただきたい。（一九二―一九三節）

さらにデモステネスは、カイロネイアの戦いを激烈な嵐に、そしてアテネを、万全の備えをしながらもその嵐に遭遇して難破してしまった船にたとえて、次のように言う。

あたかも船主があらゆる安全策を実行し、安全のためのあらゆる装備を船に施したにもかかわらず、嵐に遭遇して、船具がそれに耐えきれず全て打ち砕かれてしまったというときに、船主が難破を非難されるようなものである。船主はこう言うだろう、「しかし、私は船の舵取りではなかった」――実際、私も戦場で指揮をとってはいなかった――「運命《テュケ》を操る者でもなかった。運命《テュケ》が全てを操っていたのだ」と。（一九四節）

デモステネスは、自らを万全の備えをした船主になぞらえ、その船主の口を借りて「運命《テュケ》が全てを操っていた」と述べ、カイロネイアでの敗北という結果は人間の力を超えたテュケ（運命）とダイモン（神）の采配によるものだったことを力強く訴えるのである。

ドイツの古典学者H・ヴァンケルが指摘するように、『冠について』は、テュケとダイモンが際立った存在感を放つ弁論である。この弁論には、デモステネスの現存する全ての弁論で九四回現れる「テュケ」のうち三分の一近くの二九例、全弁論で九回現れる「ダイモン」のうち三例が登場する。テュケとダイモンに繰り返し論及するデモステネスは、フィリポスをそうしたテュケとダイモンの道具として描き出すことによって敗戦という破局の不可避性を強調し、自らの責任を回避しようとするのである。

デモステネスは、さらに現在の状況について触れ、苛酷なものである全世界のテュケに比べ、アテネのテュケは恵まれていると述べる。

私はアテネの運命《テュケ》は恵まれたものであると考える。ドドナのゼウスの神託もそのように告げていた。しかし今、あらゆる人間たちを支配している運命《テュケ》は、厳しく苛酷なものである。ギリシア人であれ、外国人であれ、現在数多くの災いを被っていない者がいるだろうか。われわれが最善の道を選びとってきたこと、そしてわれわれを見捨てることで繁栄のときを予期していたギリシア人たちよりもわれわれが恵まれていることを、私は、アテネの幸運《アガテ・テュケ》によるものと考える。（二五三―二五四節）

デモステネスはこのように、彼の行動がアテネを苛酷な状況に陥れたとするアイスキネスの非難に対して、カイロネイアでの敗北はアテネにそれほど厳しい現実をもたらしたわけではない、と主張するのである。実際、敗戦後のアテネは、第二章で見たように、苛酷な状況に置かれたわけではなかった。ほかの諸都市に比べてアテネのテュケは恵まれていたというデモステネスの言葉は、陪審員たちの耳に説得力をもって響くものだったのである。

さらに、アメリカの古典学者G・O・ロウのように、テュケやダイモンの力を強調することの弁論を一篇の「悲劇」に見立てることも可能だろう。デモステネスは、マケドニアとの戦争とその結末をギリシアの自由に殉じた戦いという壮大な「悲劇」として再現し、自身を主人公とするその「悲劇」に陪審員たちを引き込んでいったのである。デモステネスがそうして高らかに謳い上げた「悲劇」は、彼がカイロネイアでの敗北という破局をもたらしたと糾弾するアイスキネスをみごとに圧したが、同時に、現実の政治や政策という次元からかけ離れてしまうことにもなった。

デモステネスは、過去における自らの反マケドニア政策の正当性を力強く訴えるが、その一方で、この弁論にはアレクサンドロスや現在のマケドニアについての言及はほとんど見当たらず、現在いかなる政策をとるべきかといった議論も全く見られない。著しく政治性を欠いたアイスキネスの弁論が親マケドニアのプロパガンダではないのと同様に、現実の政治の次元から遊離したデモステネスの弁論も、反マケドニアのプロパガンダでは決してないのである。

デモステネスの完勝とアイスキネスの亡命

裁判は、デモステネス側の圧勝に終わり、アイスキネスは陪審員の票の五分の一も得られずに敗訴した。アイスキネスの弁護に立つ者は誰もいなかった。アイスキネスが孤立していたこと、この裁判が親マケドニア派の企てたものではなかったことは、こうした結果からも明らかである。

デモステネスの圧倒的な勝利は、市民たちが現時点で反マケドニア政策を是としたということでも、反マケドニア派が親マケドニア派に対して勝利をおさめたということでもない。この勝利は、あくまでも、カイロネイアの戦いに至るまでのデモステネスの反マケドニア政策が間違ってはいなかったこと、そして、カイロネイアでの敗北の責任がデモステネスにはないことを市民たちが認めた証と捉えるべきだろう。デモステネスという現役の政治家と、アイスキネスというすでに引退した政治家が、現在の政治的主義主張とは離れた次元で争った裁判、それがこの「冠の裁判」だったのである。

勝利したデモステネスは、その後、冠を授与されたのだろうか。史料は何も語らないが、おそらく翌前三二九年春の大ディオニュシア祭でおごそかに冠を授けられたのだろう。

孤立無援で敗れたアイスキネスは、一〇〇〇ドラクマの罰金と市民権喪失に処され、アテネを去る道を選んだ。このとき六〇歳である。彼は小アジアのエフェソスでアレクサンドロスの帰還を待ったと伝えられるが、アレクサンドロスの死後はロドスで弁論術の学校を開き、余生を過ごしたという。のちにサモスに移り、その地で生涯を閉じることになる。

第四章　平穏――嵐の前の静けさ

1　デモステネスの隣人たち

カイロネイアでの敗北から隣国テーベの壊滅に至る激動の日々を経て、アテネでは新しい時代が幕を開けた。その新しい時代のアテネの舵取りをしたのは、デモステネスをはじめとする五人の男たちである。デモステネス、リュクルゴス、ヒュペレイデス、デマデス、フォキオン。ここで、デモステネスを除く四人の経歴と活動を跡づけ、この時期のアテネの政界における主役たちの実像を探ってみよう。

リュクルゴス

カイロネイアの戦い以降のアテネにおいて、かつてのエウブロスのように財政の専門家として国政の中枢を占めたのがリュクルゴスである。リュクルゴスは、エテオブタダイという名門氏族の出身で、前三九〇年にポセイドン・エレクテウスの神官職を世襲する家系に生まれた。商工業経営などによって資産を築いた新興の富裕層が大半を占めるようになった前五世紀末以降のアテネの政界においては、やや異色の存在である。

リュクルゴスの同名の祖父は、アリストファネスの喜劇『鳥』(前四一四年上演)にも名前が現れる前五世紀末に活躍した政治家で、「三〇人僭主」による恐怖政治のもとで処刑されている。この祖父の悲劇は、リュクルゴスが民主政に強く傾倒するようになった一因だったのだろう。

リュクルゴスは青年期にプラトンとイソクラテスに師事したと伝えられるが、カイロネイアの戦い以前の彼の活動は不明であり、彼がアテネの政界で頭角を現わすようになる経緯は、実はよくわからない。彼は、敗戦後のアテネにおいて一二年の長きにわたって財務総監とも言うべき役職(正式の役職名は不明)に就き、財政の実権を一手に握った。カイロネイアの戦い以降の時期を「リュクルゴス時代」と呼ぶ歴史家もいる。リュクルゴスの一二年の在職期間は、前三三八/七年から前三二六/五年まで、もしくは、前三三七/六年から前三二五/四年までと推定されている(ただし、この役職は四年任期で再任や重任が許されなかったと見て、リュクルゴスは一期目を務めたあとは盟友の名前を借りてその職務を果たしたとする説もある)。

リュクルゴスは財政に才腕を振るい、経済復興を成し遂げてアテネに大きな繁栄をもたらした。内政全般にわたる彼のさまざまな事業については、次項で詳しく見ていきたい。

リュクルゴスは、カイロネイアの戦いでストラテゴスを務めたリュシクレスを告発し、鋭い言葉で糾弾して死刑判決を勝ちとったように、厳格な告発者としても知られていた。リュシクレス以外にも、カイロネイアでの敗北の報が伝えられたときに妻子をアテネから避難させたアウトリュコス、同じときに家族とともに家財もろともアテネから逃亡したレオクラテスなどが、リュクルゴスに告発されている。

リュクルゴスが告発したのは、政治家ではなく、アテネに背を向けるような行動をとった一般市民である。相手を政治指導者の地位から追い落とそうとして政治家が政治家を告発し、激しい政争の場となるのが常だったアテネの法廷において、彼はもっぱら普通の市民による国家への背信行為を糾弾し、人々の愛国心を鼓舞することをめざしたのである。

リュクルゴス自身もしばしば告発されたが、一度として有罪にはならなかったという。たびたび冠を授けられて顕彰されたリュクルゴスは、全生涯を通じて、その志操堅固で清廉《せいれん》な人格が市民たちの尊敬を集めたと伝えられる。リュクルゴスは十数篇の弁論を残したと言われるが、完全に伝わるのは、レオクラテスを告発した際の弁論『レオクラテス弾劾』だけである。

リュクルゴスの事業

リュクルゴスが手がけた事業は、財政・軍事・公共建築・宗教・文化など、内政のあらゆる分野に及んだ。彼は、アテネの歳入を一二〇〇タラントンに引き上げた。エウブロスのもとで復興を遂げた前三四〇年代半ばのアテネの歳入額は四〇〇タラントンだったが、リュクルゴスはその三倍にまで歳入を増やしたのである。彼が一二年間の在職期間を通じてアテネにもたらした収入の総額は、一万四〇〇〇タラントンとも一万八九〇〇タラントンとも伝えられている。

リュクルゴスはエウブロスの政策を継承し、通商の振興や鉱山採掘の奨励によって経済復興を推し進めた。エジプトやキプロスの商人たちに彼らの神々を祀る神殿造営の用地を取得する特権を与えるなどして、海上交易を担うメトイコイを積極的に誘致したことも知られている。また、前三三五／四年には、リュクルゴスとアリストニコスの提案により、二隻の軍船が海賊を取り締まるために出航している。当時のエーゲ海やアドリア海では海賊による被害が目立っていたが、リュクルゴスがとったこの海賊対策も、海上交易の振興に寄与するものだった。

緊縮財政策としては、テオリカ（観劇手当）の削減をはかっている。リュクルゴスが実権を握ってまもない頃に彼の協力者のひとりヘゲモンの提案で制定された「ヘゲモンの法」は、かつてエウブロスのもとでアテネの収入と支出の全般を統括する地位にまで高められた祭祀財務官の権限を大幅に縮小するもので、これによって祭祀財務官の職はテオリカの分配だけを扱う一財務官の地位に引き下げられた。テオリカの分配自体は以後も続けられたが、ルゴスの諸事業の円滑な遂行を可能にするとともに、アテネの支出を減らす緊縮財政策としても重要な方策だったのである。

こうしてアテネの歳入を増やし、多額の資金を掌握したリュクルゴスは、その資金を用いて大々的な公共建築プロジェクトを推進した。前四二〇年代に着工されたアクロポリスのニケ神殿やエレクテイオン以来、アテネには目立った建築物がなかったが、リュクルゴスはさまざまな公共建築の建造や改築を進めてアテネを美しく飾り、同時に、その公共建築事業によって多くの市民たちに職を与えた。リュケイオンの地に体育施設であるギュムナシオンとパライストラを建造し、アゴラにはアポロン・パトロオス神殿を造営している。

また、それまではパンアテナイア祭の運動競技はアゴラで行なわれていたが、リュクルゴスは大規模なパンアテナイア競技場を建造した。この競技場は、後二世紀にアテネの大富豪ヘロデス・アッティコスによって大理石で改装され、現在まで残っている。一八九六年の第一回オリンピックや二〇〇四年のアテネ・オリンピックの会場にもなった、あの白亜の大理石造りのスタジアムである。アクロポリス南麓のディオニュソス劇場も座席が大理石製になり、新たに特別席が設けられるなどして改築された。

リュクルゴスは、民会議場の拡張にも着手している。前五世紀半ばから民会議場として使われていたプニュクスの丘の岩盤を大々的に掘削し、約五五〇〇平方メートル、収容人数は約一万三八〇〇人という、それまでの倍近い規模に拡張した。

リュクルゴスによるこうした建築プロジェクトは、ペリクレス時代以来の大公共建築事業であり、また、アテネ市民が手がけた最後の公共建築事業でもあった。ヘレニズム時代以降もアテネはみごとな大建築物で飾られていくが、これは前二世紀のペルガモン王国の王たちや後二世紀のローマ皇帝ハドリアヌスの手によるものであり、市民たちが自らの手でアテネを飾ったのは、この時期が最後となった。

リュクルゴスは港湾施設の整備や軍船の建造にも力を注いだが、これもエウブロスの政策を継承するものである。エウブロスが着手したピラエウス港の船渠や兵器廠の建設工事は、マケドニアとの決戦が迫った前三三九年以来中断していたが、これを再開して完成させた。また、前三三〇／二九年には四一〇隻、前三二五／四年には四一七隻の軍船を保有していたことが、この時期の碑文から確認できる（*IG* II^2 1627, 1629)。アテネの軍船は、前三五三／二年にはエウブロスのもとで三四九隻まで増えていたが、リュクルゴスもその方針を受け継いで順調に隻数を増やしていったのである。

リュクルゴスは、アテネの種々の儀式を再編するなど、宗教政策にも積極的にかかわっている。テーベから獲得したオロポスではアンフィアラオスの神域を整備し、競技会をともなう祭典を創始した。前三二九／八年にその初回の祭典が催されている。後述するように、アテネでは前三三三年頃からデモクラティア（民主政）信仰が盛んになっているが、これも、おそらくリュクルゴスの政策によるものだろう。

神殿装飾の改修も、この時期、精力的に進められている。ペリクレス時代には一〇体あったアクロポリスの黄金のニケ像は、ペロポネソス戦争の後半期に鋳つぶされて三体しか残っていなかったが、リュクルゴスは七体を新たに作って再び一〇体を揃えた。

また、三大悲劇詩人アイスキュロス、ソフォクレス、エウリピデスの劇の公式版を定め、原作に忠実な公式版のみの上演を許可してアテネの豊かな文化遺産を守るなど、文化政策も推進した。リュクルゴスが改築したディオニュソス劇場には、三大悲劇詩人の像も建立されている。

さらに、リュクルゴスの功績として、エフェベイア制度の整備があげられる。エフェベイアとは、一八歳の成人年齢を迎えた男子市民に体育と軍事訓練を課し、エフェボイ（見習い兵）として国境警備にあたらせるという二年間の徴兵制度で、『アテナイ人の国制』の第四二章にその内容が詳述されている。この制度がいつからアテネに存在していたのかは判然としないが、当初のエフェベイアは市民の義務ではなく志願制だった。エフェベイアが市民の義務となり、『アテナイ人の国制』に詳述されているような整ったシステムになったのは、リュクルゴスが実権を握ってからのことだったらしい。前三三六／五年、リュクルゴスの協力者のひとりエピクラテスの提案で制定された法によって、エフェベイアは軍事訓練を主眼とする制度として確立したと考えられている。プラトンの弟子で、スパルタを崇拝していたと伝えられるリュクルゴスにとっては、若者の教育が大きな関心事だった。この制度によって若者たちの愛国心と誇りを呼びさまし、市民としての意識を活性化することが、彼の主たる目的だったのだろう。

しばしば指摘されるように、リュクルゴスが理想としたのは、ペリクレス時代のアテネだった。彼が推し進めたさまざまな事業は、いずれも、そうした古き良き時代のアテネの復興という理想に根ざしていたのである。

ヒュペレイデス

前三二三年のハルパロス裁判でデモステネスと激しく争うことになるヒュペレイデスは、カイロネイアの戦い以前はデモステネスの同志として活動していた。ハルパロス裁判でのデモステネスとの対決とその後のラミア戦争での活躍ゆえ、前三三五年のテーベの反乱以降は反マケドニア活動を手控えたデモステネスと異なり、終生反マケドニアの立場を貫いた「急進的反マケドニア派のリーダー」と見なされることが多い。この見方の妥当性については、次章でも触れることにしたい。

前三八九年に裕福な市民の家に生まれたヒュペレイデスは、富裕市民の子弟の常として、アカデメイアとイソクラテスの弁論術学校で学んだ。前三四〇年頃には、公共奉仕のトリエラルキアとコレギアを果たしている。アテネ市内、エレウシス、ピラエウスの少なくとも三ヵ所に不動産を所有していたことも知られ、かなりの資産を築いていたらしい。

ヒュペレイデスの富は、初期のデモステネスと同じく、ロゴグラフォスとしての活動によるものだったが、政治家として名をあげてからはロゴグラフォスとしてはほとんど活動しなかったデモステネスと異なり、彼は終生ロゴグラフォスとして活動した。弁論家としての名声も高く、「アッティカ十大雄弁家」にも数えられ、しばしばリュシアスと比較された。ヒュペレイデスの名のもとに七十数篇の弁論が伝わると言われていたが、一九世紀半ばにエジプトでパピルス写本が発見されるまで、彼の弁論の内容は一切知られていなかった。現在、まとまった形で残っている彼の作品は、二一世紀になって新たに見つかった二篇を含む七篇の法廷弁論、およびラミア戦争の際の葬送演説である。

ヒュペレイデスは、第一章で見たように、前三四三年にフィロクラテスの死刑判決を勝ちとって政界で頭角を現わすことになるが、彼の政界デビューは、有力な政治家アリストフォンを告発した前三六二年にさかのぼる。その二年後の前三六〇年には、ストラテゴスのアウトクレスを告発している。大物政治家を告発することによって政界にデビューを果たすという常道を行ったヒュペレイデスだが、それ以降は、前三四三年にフィロクラテスを告発するまで政治活動は知られていない。前三四六年のフィリポス二世との講和の交渉にも登場することはなく、政界にデビューしたものの、注目を浴びる機会のないままロゴグラフォスとしての活動を続けていたのだろう。

前三四三年以降は、カイロネイアの戦いに至るまでデモステネスと足並みを揃え、反マケドニアの政治家として活躍した。前三四〇年頃には使節としてロドスやキオスなどを訪れ、フィリポスに対する抵抗を呼びかけている。

カイロネイアの戦いの直後には、メトイコイや奴隷に市民権を与えて武装させるという緊急措置を提案し、アリストゲイトンに告発されるも無罪になった。前三三五年にテーベから支援を求められた際のヒュペレイデスの行動は伝えられていない。この時期のヒュペレイデスは、マケドニアとはかかわりのない裁判で共同弁論人として活動したり、ロゴグラフォスとして弁論を代作したりすることに終始していたらしい。アレクサンドロスの死後にラミア戦争へと向かうなかで大きな活躍を見せるまで、彼の反マケドニア活動は知られていない。

ヒュペレイデスという人物は、大酒飲みで食い道楽、ばくち好きのうえに大の遊女好き、という相当に奔放な道楽者だったらしく、喜劇における格好の揶揄《やゆ》の種にされたことでも有名である。今は失われた古典作品からの引用の宝庫であるアテナイオスの『食卓の賢人たち』には、数多くの喜劇作品が引かれているが、そのなかでヒュペレイデスの道楽ぶりが大いに揶揄されている。大の魚好きで、いつも早朝に魚市場をぶらついていたという彼は、「魚屋を金持ちにし、カモメをひもじくさせるほどの魚っ食い」（三四二A）とまで呼ばれている。賽《さい》振りにも精を出し、また、方々《ほうぼう》に遊女を囲い、法廷でもたびたび遊女を弁護したという。

図9　ジャン＝レオン・ジェローム作『法廷のフリュネ』(1861年、ハンブルク市立美術館蔵)

ヒュペレイデスの遊女好きはとくに有名で、彼は息子のグラウキッポスを先祖代々の家から放り出し、三ヵ所に所有する家にそれぞれ別の遊女を住まわせていた。フリュネという名高い才色兼備の高級遊女にも溺れた。フリュネが裁判にかけられた際、ヒュペレイデスが弁護に立ち、彼女の着衣を引き裂いてその裸体の美しさで陪審員たちを眩惑し、無罪判決を勝ちとった、という逸話もよく知られている。フランスの画家ジェロームの『法廷のフリュネ』(一八六一年)は、この有名なシーンを描いた作品である(**図9**)。

デマデス

五人の男たちのなかで最年少のデマデスは、後世において最も評判の悪い政治家である。とりわけ、「愛国の士」デモステネスと対照的な人物と見なされることが多く、古代以来デモステネスと対比され、「売国の徒」「マケドニアの追従者」などというレッテルが貼られてきた。

デマデスは収賄を公言してはばからず、また、かなりの道楽者でもあったらしい。「女郎にうつつを抜かして、来る日も来る日も酔いつぶれ、それで腹が出っ張って、集会（民会）ではわれわれに喚き散らしている」（四四F、柳沼重剛訳）とアテナイオスの『食卓の賢人たち』で揶揄されるようなところは先のヒュペレイデスと同じだが、ラミア戦争で活躍し反マケドニアの闘士として生涯を終えたヒュペレイデスと異なり、第六章で見るように、ラミア戦争後にデモステネスやヒュペレイデスの死刑を提案した張本人であり、自身はその後マケドニアの手にかかって処刑されるという惨めな最期を迎えたことが、後世の評判を決定的に分けたのだろう。

アイスキネスと同じく即席の演説に長けていたと言われるデマデスは、ほとんど弁論を残しておらず、彼の名前で伝わる唯一の弁論『一二年について』は偽作である。天賦の弁論の才に恵まれたデマデスは、古代においては弁論家としての評価が高く、テオフラストスは、デモステネスを「アテネにふさわしい弁論家」、デマデスを「アテネに過ぎたる弁論家」と評し、クインティリアヌスは、デマデスをペリクレスと並び称したという。デマデスは当意即妙の比喩表現を得意としたようで、彼の機知に富む名言がほかの著作家に引用されて数多く残っている。第一章で触れたように、テオリカを「民主政の膠」と呼んだのもデマデスである。

前三八〇年に船乗りの息子として生まれたデマデスは、アイスキネスと同じく、本書に登場する政治家たちのなかでは例外的に貧しい階層の出身である。弁論術の教育を全く受けずに弁論家として身を立てたデマデスは、後年、「アテネの演壇が私の教師である」と自慢したという。カイロネイアの戦い以前の彼の活動は知られていない。

そんなデマデスが政治家として突如注目を浴びるようになる機会は、カイロネイアの戦いで捕虜になった際に訪れた。このときフィリポスをたしなめて彼の信任を得たデマデスは、続くアテネとフィリポスの講和の成立に貢献し、一躍、アテネの政界において重きをなすようになった。それ以降、テーベの反乱やラミア戦争の敗北といった国家の一大事には、マケドニアとの仲立ちをする使節として決まって登場することになる。

テーベの壊滅後にアレクサンドロスがアテネの指導者の引渡しを要求した際、アレクサンドロスを説得してその要求を撤回させたデマデスは、シテシスを付与され、さらにアゴラにおける像の建立という破格の顕彰を受けている。シテシスとは、国家が振舞う食事に終生あずかることができる特権で、シテシスの付与と像の建立という栄誉は、それまでは大きな戦功を立てたストラテゴスに限られていたが、このとき初めて政治家に与えられたのである。

この時期、たびたび民会で提案を行なったデマデスは違法提案のかどでしばしば告発され、最終的に三度有罪となり（史料によっては、二度とも七度とも）、市民権を一時失うことにまでなるが、彼が他人を告発したことは知られていない。

この時期のデマデスは、公共奉仕のコレギアを行なったり、オリュンピア祭の競馬に持ち馬を出場させたり、とかなり羽振りがよかったようだが、ロゴグラフォスとしては一切活動しなかったという彼は、どのようにしてその富を築いたのだろうか。デマデスを悪しざまに罵《ののし》る史料は、彼がしばしば賄賂を受けとったと伝えている。テーベの壊滅後にアレクサンドロスのもとへ使節として赴くにあたってデモステネスから五タラントンの賄賂を受けとったとか、アンティパトロスは「アテネには友人が二人あるが、フォキオンの方は物を取らせようとしてもきいたことがないし、デマデスの方は与えても足りたことがない」と言っていたとか、さまざまな「黒い噂」がある。ハルパロス裁判においても、デマデスは、約二〇タラントンを収賄した被告として名を連ねることになる。

「愛国の士」デモステネスと対照的な人物として語り継がれ、自身が書いたものは全く残っていないデマデスの実像を見極めるのは困難だが、少なくとも、前三三八年、前三三五年、前三二二年といった国難に際してデマデスがアテネを救ったことは確かであり、彼を「売国の徒」と呼ぶのは不当だろう。また、カイロネイアの戦いの直後にフィリポスをたしなめた堂々たる態度からすれば、「マケドニアの追従者」と断じるのも当たらない。プルタルコスは、「デマデスは政治上の変節を弁明して、自分自身に対してはしばしば反対の説を述べたことがあるにしても、国家に対してはかつてそのようなことをした覚えがない、と言っていたものだ」と伝えているが（『デモステネス伝』一三章三節、伊藤貞夫訳）、デマデスもやはり、アテネのために献身し続けた「愛国者」のひとりだったと見るべきだろう。

フォキオン

実に四五回もストラテゴスに選出されたフォキオンは、政治家とストラテゴスの機能分化が進んだ前四世紀後半のアテネにあって、戦場でも民会でも法廷でも活躍した異色の政治家である。

ストラテゴス職を歴任したということで、ストラテゴスに一四年連続して選出されたペリクレスと比較されることもあるが、清廉であるという点においても、トゥキュディデスが「最も清廉な人物」と賞賛したペリクレスによく似ていた。フォキオンは志操高潔な人物として知られ、とくに賄賂に対する潔癖さは有名だった。先に触れたアンティパトロスの言葉のように、賄賂に弱いデマデスと対照的な人物としてしばしば語られた。フォキオンは敵を作らずに政治を行なおうとし、法廷では敵でさえも弁護したと伝えられる。アイスキネスは、フォキオンのことを「徳性において全ての者にまさる人物」と讃えている。

フォキオンは弁論を一切公刊しなかったので、彼の弁論は残っていないが、鋭く力強い演説を得意とする弁論家として知られていた。ポリュエウクトスは、デモステネスを「最も優秀な弁論家」、フォキオンを「最も強力な弁論家」と評したという。そのデモステネスも、フォキオンのことを「私の演説に切り込む斧《おの》」と呼んでいる。

　フォキオンは、ペロポネソス戦争が終結してまもない前四〇二／一年に生まれた。彼はいつも靴や上衣を身につけずに外出し、簡素な家に住み、自分で井戸から水を汲んで足を洗ったりするようなつましい生活をしていたと伝えられるので、零落した家の出だったという印象を受けるが、決してそうではない。フォキオン自身がアカデメイアで学んだことや、息子のフォコスに施した教育から、かなりの富裕市民だったことがうかがえる。息子フォコスは、乗馬を得意とし、リュケイオンの学園で学び、スパルタに留学したと伝えられている。もっとも、このフォコスは、偉大な父をもった息子の常で早くからぐれてしまい、大酒飲みでだらしない放蕩息子だったらしい。こんなところも、不肖の息子クサンティッポスに悩まされたペリクレスに似ているかもしれない。

　フォキオンは一〇代で父を亡くし、後見人となったカブリアスのもとで養育された。カブリアスは前四世紀前半にストラテゴスを歴任して活躍した人物で、フォキオンは彼のもとで輝かしい軍歴をスタートさせていく。前三七六年のナクソスの海戦は、第二次海上同盟を結成したばかりのアテネがスパルタ艦隊を破り、エーゲ海の制海権をほぼ回復するに至った重要な海戦であるが、二六歳のフォキオンは、カブリアスが指揮をとるこの海戦に船長のひとりとして参加し、手柄を立てている。その後まもなく、毎年のようにストラテゴスに選出されるようになる。

前三四八年には、エウボイアの反乱を鎮圧するための遠征軍を指揮し、タミュナイの戦いで華々しい勝利をおさめた。第一章で触れたように、フォキオンはこの遠征で活躍したアイスキネスと親交を結ぶことになったらしい。フォキオン自身も、アテネの政界で頭角を現すのは、このエウボイア遠征以降のことである。前三四三年のアイスキネスの裁判では、エウブロスとともにアイスキネスの弁護に立っている。

前三四〇年代末からは、フィリポスの進出を阻止するための遠征をたびたび提案し、自ら指揮した。前三四一年にはメガラへの遠征軍を率い、エウボイアのエレトリアにも遠征している。前三四〇年にはフィリポスに包囲されたビュザンティオンに遠征し、前三三九年にはトラキアとマケドニアの沿岸に遠征した。

ところが、この最後の遠征から帰国したフォキオンは、フィリポスとの決戦に向けて突き進んでいるアテネにおいて、戦争を思いとどまるよう主張する。結局、この主張は聞き入れられず、アテネは決戦の日を迎えることになるが、それまで盛んにフィリポスに立ち向かう遠征を提案し指揮してきたフォキオンがこのとき慎重策を呼びかけたのは、マケドニアの沿岸まで遠征したことで、フィリポスに決戦を挑んでも勝てる見込みはないことを長年の軍務経験から悟ったためだったのかもしれない。

果たして、カイロネイアでアテネ軍は惨敗した。決戦に反対していたフォキオンは、カイロネイアの戦いのストラテゴスには選出されなかったが、講和の締結にあたっては、デマデスやアイスキネスとともに交渉の任に就いた。コリントス同盟の結成に際しては、「フィリポスがギリシア諸都市にどういう要求をするかわかるまでは、参加してはならない」と主張して加盟に反対したものの、結局、加盟に賛成するデマデスの主張が通ることになる。

前三三六年にフィリポスが暗殺されたときには、暗殺者を顕彰しようとする市民たちの軽挙を戒め、前三三五年にテーベから支援を要請されたときには、支援を訴えるデモステネスを抑えて、デマデスとともに不関与を主張した。アレクサンドロスがアテネの指導者たちの引渡しを要求すると、フォキオンは民会で、テーベの二の舞を避けるためには要求をのむべきだと説いたが、結局はデマデスとともにアレクサンドロスの説得にあたった。

第二章でも見たカイロネイアの戦い以降のフォキオンのこうした慎重策は、前四世紀後半においては他の追随を許さないめざましい軍歴ゆえ、マケドニアの力を誰よりも客観的に認識していたことによるものだろう。フォキオンは、ベロッホの言うように「穏健的親マケドニア派のリーダー」でも、ターンの言うように「寡頭派のリーダー」でもなく、アテネのために最善を尽くした慎重な政治家と見なすべきである。

なお、フォキオンは、前三三〇年の「冠の裁判」には一切関与していない。前三四三年のアイスキネスの裁判では弁護に立ったフォキオンだが、彼はなぜ、「冠の裁判」でアイスキネスを援護しなかったのか。デモステネスが「斧」と呼んだその舌鋒で、なぜ旧友を守らなかったのか。残念ながら、史料は何も語ってくれない。

カイロネイアの戦い以降のアテネの舵取りをした五人の男たちは、ラミア戦争もアテネ民主政の終焉も見ることなく病没するリュクルゴスを除いて、皆、非業の死を遂げることになる（第六章参照）。

2　アテネ民主政の姿

マケドニアの覇権のもとに置かれたアテネの政界でこの五人の男たちが活躍している頃、アテネの民主政はどのように変容していったのだろうか。コリントス同盟条約ではギリシア諸都市の政体の変革が禁止されたため、アテネの民主政は制度として保障されたことになるが、前三二二年に終止符が打たれるまでの十数年間をどのように生き延びていったのか。民主政に寄せる市民たちの思いを示すいくつかの事例から、この時期の民主政のありようを探ってみたい。

反僭主法

この時期のアテネで可決された数々の法や決議のなかで、とりわけ歴史家たちの注目を集め、多くの議論を呼んできたひとつの法がある。前三三六年春にエウクラテスという人物の提案で制定された、いわゆる「反僭主法」である。

この法を記した石碑は、一九五二年にアテネのアゴラでほぼ完全な形で発見された。石碑の上部には、デモス（市民団）に冠を授けるデモクラティア（民主政）の女神の姿を描いたレリーフが施されている（図10）。このレリーフは、現存する唯一のデモクラティアの図像としても注目を集めている。まずは、この反僭主法の内容を見てみよう。

もしなんぴとであれ、僭主政樹立をもくろんで市民団《デモス》に対して謀反を起こしたり、あるいは僭主政樹立に協力したり、アテネの市民団もしくはアテネの民主政を解体したりした場合、これらの行為のいずれかを行なった者を殺害した者は、誰であれ罪に問われない。また、アテネの市民団もしくは民主政が解体された場合、アレオパゴス評議会の評議員はアレオパゴス（アレス神の丘）に登ったり会議に座したりしてはならず、何事についても審議してはならない。もしこれに違反した者があれば、その者およびその子孫は市民権を喪失し、その財産は国家に没収され、その一〇分の一はアテナ女神のものとなるべきこと。この法を評議会の書記は二つの石碑に刻み、ひとつをアレオパゴス評議会の議場の入り口に、もうひとつを民会議場に建立すべきこと。（後略）

（*SEG* 12. 87 = RO 79）

図10　反僭主法碑文のレリーフ（アテネ、アゴラ博物館蔵。C. L. Lawton, *Attic Document Reliefs*, Oxford 1995, pl. 20より）

この法の内容は、①僭主政樹立もしくは民主政転覆を企てた者を殺害しても罪に問われない、②民主政が転覆されたときにアレオパゴス評議会が審議をしてはならない、という二点に要約できる。

アレオパゴス評議会への攻撃？

碑文の発見から半世紀余りの間、フィリポス暗殺の少し前に可決された反僭主法がこの時期のどのような政治的風潮を意味するのかについて、さまざまに論じられてきた。そのなかで、反僭主法はこの時期に勢力を拡大したアレオパゴス評議会を抑えることを狙ったものだとする説が、一定の支持を得ている。

前四世紀後半にアレオパゴス評議会が勢力を伸ばしたことは、第一章で触れた、前三四〇年代後半にアレオパゴス評議会がアンティフォンの裁判に関与した一件や、デルフォイの隣保同盟会議への代表の選出を委ねられた一件からも明らかである。とりわけ、カイロネイアの戦い直後の混乱のなかで、アレオパゴス評議会はアテネから逃亡した者を逮捕して処刑する権限を獲得し、また、アテネの防衛の指揮権をフォキオンに委ねるなど、大幅にその力を拡大している。ただし、これらの活動はアレオパゴス評議会の独断専行や暴走ではなく、いずれも民会の承認を得てのことである。

アレオパゴス評議会は、初期のアテネでは、ローマの元老院に相当するような貴族たちからなる長老会議であり、民主政が確立する以前のアテネにおいて国政の重要な権限を掌握していたとされる機関である。貴族政期に大きな力をもっていたアレオパゴス評議会から権限が剝奪されていくことによってアテネは徐々に民主政へと移行し、前四六二年のエフィアルテスの改革でアレオパゴス評議会がほとんどの権限を奪われたことで民主政が完成を見る、というのがアテネ民主政の進展についての通説的な理解である。アルコン職（九人の最高位の役職）の経験者が終身で構成するアレオパゴス評議会は、その後も、ごく一部の裁判権や宗教上の権限を保持して存続する。そのアレオパゴス評議会が、民主政の「衰退」した前四世紀後半に再び勢力を増す、というのはわかりやすい図式である。次章で見るハルパロス事件においても、アレオパゴス評議会は重要な役割を果たすことになる。

反僭主法は、こうして再び勢力を増したアレオパゴス評議会に対する一種の攻撃だったのだろうか。しかし、反僭主法は、アレオパゴス評議会による僭主政樹立を問題にしているのではなく、また、現時点でアレオパゴス評議会の権限を削減することを規定しているわけでもない。この法は、民主政が転覆された場合にアレオパゴス評議会が審議することを禁じているにすぎないのである。

これらのことから、反僭主法はアレオパゴス評議会を抑えることを狙ったものではなく、民主政を転覆した者たちがアレオパゴス評議会を利用することを防ぐという、むしろアレオパゴス評議会を守るための立法だった、と考える歴史家もいる。

民主政への傾倒

他方、この法を、市民たちの民主政への傾倒を体現したものと捉える説もあり、私は、この見方が最も説得力をもつと考えている。マケドニアの覇権下に置かれたこの時期のアテネにおいて、民主政への思いを新たにした市民たちがひとつの法という形で民主政の理念を喧伝したのが、この反僭主法だったのではないか。

通常の法や決議は現行の体制のもとでの運用について規定するものだが、この反僭主法は、民主政が転覆されたあとの、つまり現行の体制が崩壊したあとのことについても規定しているという特異な性格をもつ法である。現行の体制のもとで制定された法が、その体制が崩壊したあとに実効性をもつはずはなく、その意味で、この反僭主法は何らかの実効性を期待した法というより、むしろ宣誓のような色彩を帯びた法だと考えられる。

こうした反僭主法の内容は、前四一〇年に可決された「デモファントスの決議」を想起させる。ペロポネソス戦争中の前四一一年に成立した寡頭政権が崩壊して民主政が復活したとき、市民たちはデモファントスの動議により、民主政を転覆した者や民主政転覆後に役職に就いた者を殺害しても罪に問われないことを取り決め、全市民が宣誓を行なうことを決議した。この決議は、アンドキデスの弁論『秘儀について』（九六─九八節）に引用されて伝わっている。寡頭政権を経験した市民たちが復活した民主政への思いを新たにし、民主政を守り抜くという強い意思を表明した、まさに宣誓のような決議である。

この「デモファントスの決議」とよく似た内容の反僭主法も、何か具体的な実効性を期待した法ではなく、民主政に向けられた市民たちの思いを体現したものと見るべきではないか。法や決議を記した石碑はアクロポリスの神域に建立されることが多かったが、反僭主法は、例外的に、市民が頻繁に集う民会議場に石碑を建立することを定めているのも、この法のそうした性格を物語る。

なお、デモクラティアの女神がデモスに冠を授けるという象徴的なレリーフが施された反僭主法の石碑は、アテネ民主政が終焉を迎えた前三二一年に引き倒されて埋められてしまい、一九五二年に発見されるまで、土のなかで長い眠りにつくことになった。

デモクラティア信仰

反僭主法の石碑のレリーフに描かれたデモクラティアの女神の姿は、擬神化されたデモクラティアの図像として唯一現存するものであるが、史料からは、デモクラティアの擬神化がそれ以前に始まっていたことがうかがえる。

後二世紀にアテネを訪れたパウサニアスは、アゴラにある「ゼウスのストア」の壁面を飾る絵画にデモクラティアの姿が描かれていたことを伝えている（『ギリシア案内記』一巻三章三―四節）。このストアにはオリュンポスの一二神の絵画がおさめられ、その反対側の壁面に英雄テセウスがデモクラティアおよびデモスと並んで描かれていたという。この絵画は、前四世紀に活躍したコリントスの画家・彫刻家エウフラノルの作と伝えられており、前四世紀半ばに描かれたものだったらしい。デモクラティアとデモスを組み合わせる反僭主法の石碑のレリーフは、このエウフラノルの有名な絵画からモティーフを得たと考えられている。また、前四世紀前半のアテネには「デモクラティア」と名づけられた軍船があったことも知られている。

そうしたデモクラティアが、前三三〇年代後半には市民たちの信仰の対象になっていたらしい。この時期の碑文には、前三三二／一年と前三三一／〇年にデモクラティアを祀る儀式が執り行なわれ、ストラテゴスたちがデモクラティアに犠牲を捧げたことが記されているのである（*IG* II^2 1496）。

さらに、前三三二年に評議会がデモクラティアの像をアゴラに建立したことも確認できる。アゴラにデモクラティアの像があったことはヘレニズム時代の碑文から知られていたが、いつ建立されたのかは定かでなかった。しかし一九六二年、アメリカのＡ・Ｅ・ラウビチェックが、アゴラの北西側で発見された台座に記された碑文（*IG* II^2 2791）の解読から、その台座が前三三三／二年度の終わりに評議会によってアゴラに建立されたデモクラティアの像のものだということを明らかにしたのである。

前三三二年にアゴラにデモクラティアの像が建立され、そして続く二年間にデモクラティアを祀る儀式が営まれたという事実は、この時期にデモクラティア信仰が大きな盛り上がりを見せたことを物語る。こうしたデモクラティア信仰の隆盛からも、反僭主法に見られるような市民たちの民主政への傾倒が読みとれるのではないだろうか。

「民主政転覆罪」

デモクラティア信仰が盛んになる前三三三年頃から、アテネでは奇妙な弾劾裁判が頻発する。政治家ではない普通の市民による政治性のない犯罪が、「民主政転覆罪」という、本来ならば最大級の政治犯罪に相当する罪で裁かれているのである。

①前三三三年のリュコフロンの裁判。リュコフロンは、市民身分の女性と姦通したかどで、民主政転覆罪に問われて弾劾裁判にかけられた。判決は伝えられていない。

②前三三〇年のレオクラテスの裁判。カイロネイアの戦い直後の混乱のなかで家族とともに家財もろともアテネから逃亡したレオクラテスを、リュクルゴスが民主政転覆罪に相当するとして告発した。裁判での票決の結果は同数となり、被告は無罪になった。

③前三三一～三二四年頃のディオグニデスとアンティドロスの裁判。この二人は、笛吹き女を規定料金以上の値段で賃貸ししたとして、民主政転覆罪で弾劾裁判にかけられた。判決は不明である。

④前三二七年の海上交易商人の裁判。被告の海上交易商人の名前は不明だが、被告は貸し手に担保を提供せずに借金をし、結果的に貸し手に大きな損害を与えたとして、民主政転覆罪で告発された。判決は有罪となり、被告は処刑された。

これらはいずれも、民主政転覆などという大それた犯罪とは無縁の政治性のない犯罪が「民主政転覆罪」のレッテルを貼られて裁かれた裁判である。こうした奇妙な裁判が、なぜこの時期に頻発したのだろうか。

この時期の実体のない民主政転覆罪の裁判の多発を、民主政の形骸化・空洞化の現れと見る歴史家もいる。市民たちは民主政を真剣に防衛しようという意欲を喪失してしまい、民主政の理念が中身を失って空虚な題目に堕していった、とされる。この時期、民主政はかくも変質し、衰退してしまったのだろうか。

確かに、こうした奇妙な民主政転覆罪の裁判の実例を見ると、この時期の市民たちは民主政という理念を全く異なる次元で捉えていたように思える。しかし、こうした現象が、先に見たデモクラティア信仰の盛り上がりと時を同じくして出現することを考えると、市民たちが政治性のない犯罪に「民主政転覆罪」という仰々《ぎょうぎょう》しいレッテルを貼って裁こうとしたのも、彼らの民主政に対する傾倒の現れだったと解釈することもできる。国制変革とは全く無縁の犯罪を「民主政転覆罪」として糾弾し、民主政の防衛を声高に叫ぶ。そこに現れる民主政の理念を「空虚な題目」と言ってしまえばそれまでだが、その奥底にはやはり、民主政という体制そのものに向けられた市民たちの熱い思いが息づいていたのではないか。

マケドニアの覇権下に置かれたことで対外的な自律性・能動性を失ったアテネにおいて、市民たちは、それまでは外に向けていたエネルギーを内に向けるようになった。彼らは自分たちの民主政に情熱を注ぎ、盛んにデモクラティアを信仰し、政治性のない犯罪を「民主政転覆罪」の名のもとに裁いて民主政の理念を喧伝した。それは、確かに民主政の「変質」「変容」ではあるかもしれないが、「衰退」とは言い切れないような気がしてならない。

この時期は、二〇〇年近く続いたアテネ民主政の歴史のなかで、市民たちが民主政に注いだエネルギーが最後の盛り上がりを見せた時期と言えるのではないだろうか。ペリクレス時代のアテネの復興をめざしながら市民生活のさまざまな側面の活性化を進めたリュクルゴスの事業や、『アテナイ人の国制』に見られるこの時期の民主政の制度的充実も、民主政に向けられたこうした市民たちの情熱の高まりと軌を一にするものであるように思われる。

3　動乱の前ぶれ

リュクルゴスの最期

カイロネイアの戦い以降のアテネにおいて国政を指導したリュクルゴスは、前三二〇年代半ば、一二年の長きにわたって務めた財務総監の役職に再選されなかった。アテネの平和と繁栄を象徴する「リュクルゴス時代」が幕を閉じようとしていた。この頃のリュクルゴスはすでに病を得ており、彼が再選されなかったのは、市民たちの支持を失ったからではなく、単に病気のためだったらしい。

リュクルゴスにかわって財務総監の職に就いたのは、次章で見るハルパロス裁判で告発人のひとりとして現れるメネサイクモスという人物である。リュクルゴスの晩年には、彼を目の敵にするこのメネサイクモスが大きく絡んでくる。メネサイクモスは、以前、リュクルゴスに不敬罪で告発されたことが知られている。告発の理由は、メネサイクモスがデロスのアポロン神に許可なく犠牲を捧げたことであり、これは、神官の家系に生まれたリュクルゴスにとっては許しがたい不敬行為だったのだろう。裁判の結果、メネサイクモスは有罪となり、罰金刑に処された。正確な年代は不明だが、この一件がメネサイクモスのリュクルゴスに対する強い恨みの原点になったらしい。

前三二五年頃、すでに病に伏していたリュクルゴスは病軀《びょうく》を押して執務審査を受けるが、その際、メネサイクモスがリュクルゴスに対する告発を提起した。裁判で、リュクルゴスはみごとに無罪を勝ちとった。生涯を通じて一度も有罪にはならなかったというリュクルゴスだが、人生最後の告発からもこうして無事に逃れたのである。彼は、裁判のあとまもなく世を去ったと伝えられる。享年六五歳。しかし、メネサイクモスとの争いはそれで終わらず、メネサイクモスはその後、リュクルゴスの三人の息子を告発している。

カイロネイアの戦い以降のアテネに大きな繁栄をもたらしたリュクルゴスの死と時を同じくして、アテネの平和の時代にも翳りが見え始める。アレクサンドロスのスサ帰還とともにアテネを取り巻く状況も大きく変わっていくが、リュクルゴスは、ハルパロス事件に始まるアテネの激動の時代を見ることなく、パクス・マケドニカのもとでの平穏なアテネで静かにその生涯を閉じたのである。

ハルパロス事件の前奏曲

前三二四年二月、一〇年に及ぶ遠征を終えたアレクサンドロスが艱難辛苦の末にスサに帰り着いたとき、彼を待ち受けていたのは、総督たちの著しい乱脈ぶりだった。前三三〇年にアレクサンドロスがエクバタナを出発して東へ向かって以来、もはやアレクサンドロスが戻ってくることはないと考えた総督たちは自立姿勢を強め、彼らの統治は腐敗を極めていた。

アレクサンドロスは、今さら戻ってきてもらっては困る存在だったのである。遠征から帰還した彼は、長年の不在の間に乱れていた綱紀の粛正に追われることになる。

前三二五年末から翌前三二四年春にかけて、数多くの総督たちが、不法統治、神殿略奪、反乱の企てなどの罪で解任され、処刑された。アレクサンドロスは前三三一年以来、ペルシア人を次々に総督に任命する東方協調路線を進めていたが、彼が任命した一六人のペルシア人総督のうち、実に半数が粛清の対象となっている。

そうした大粛清と並行して、アレクサンドロスはギリシア諸都市に向けた王令の布告を企てた。ギリシア世界に大きな波紋を投じることになる「亡命者復帰王令」である。

すでに前三二五年末、スサへの帰還途上のカルマニア地方において各地の政情不穏の報告を受けたアレクサンドロスは、総督たちの謀反を防ぐため、アジア一円の総督が保有する傭兵軍の解散を命じる「私兵解散令」を発していた。この私兵解散令によって解雇されたギリシア人傭兵は膨大な数にのぼり、彼らはアジア各地を放浪する不穏な集団となっていた。これを解決するために、アレクサンドロスはその傭兵たちを一挙にギリシアに帰国させることをもくろんだのである。彼はスサに帰還してまもなく、前三二四年夏のオリュンピア祭で亡命者復帰王令を布告するため、アリストテレスの親戚にあたるニカノルという側近をギリシアに派遣した。

ニカノルは六月にギリシアに到着するが、ちょうど同じ頃、もうひとつの「爆弾」がギリシシアを襲った。多額の公金を横領してギリシアに逃れてきたアレクサンドロスの財務長官ハルパロスである。ハルパロスは、かつて穀物を提供して市民権を得ていたアテネへの亡命を企てる。これが、アテネを大きな混乱に陥れるハルパロス事件の始まりである。

ハルパロスという人物

パクス・マケドニカのもとで平和と繁栄を享受していたアテネに大きな騒動を引き起こすことになるハルパロスとは、どのような人物だったのか。次章でハルパロス事件について詳しく見ていく前に、その大騒動の元凶であるハルパロスのプロフィールに触れておきたい。

ハルパロスはアレクサンドロスの少年時代からの親友で、側近中の側近として知られる人物である。前三三七年、フィリポスとアレクサンドロスの間に不和が生じた際、アレクサンドロスの主だった友人たちがマケドニアから追放されるが、このときハルパロスもプトレマイオスらとともにマケドニアを追われている。翌年フィリポスが暗殺されると、アレクサンドロスはただちに彼らを呼び戻し、以後、側近として大いに重用した。

ハルパロスは身体的な欠陥ゆえに軍務には適さなかったため、東方遠征の当初よりアレクサンドロスから財政管理を委ねられ、遠征軍の財務長官の地位に就いた。アレクサンドロスの信任が厚いハルパロスだったが、前三三三年秋のイッソスの戦いの直前に職務を放棄し、遠征軍から逃亡するという事件を起こしている。アレクサンドロスは親友の逃亡に驚き、逃亡のことでは何も咎めないと約束したうえでハルパロスを呼び戻し、前三三一年夏に彼を元の財務長官の地位に据えた。ハルパロスに寄せるアレクサンドロスの信頼がいかに厚かったかがうかがえる。

こうして再び財務長官に任じられたハルパロスは、エクバタナでアジア一円の財政を管理する要職に就いた。アレクサンドロスがペルシアの都から接収した莫大な財貨はエクバタナに送られ、ハルパロスはその巨万の富を管理する大役を担ったのである。彼は、バクトリアとソグディアナへ軍を進めたアレクサンドロスに戦費や援軍を送り、また、アレクサンドロスの求めに応じてギリシア悲劇などの書物を調達したことも知られている。

ハルパロスはそののちバビロンに移って財政管理にあたるが、ほかの総督たちと同じように、アレクサンドロスの帰還はもはやあるまいと思い、アレクサンドロスから委ねられた公金を使い込んで途方もない享楽に耽るようになった。ハルパロスの贅沢三昧の生活については数々の逸話が残っており、彼の常軌を逸した食い道楽ぶりや、庭園をギリシアの植物で飾ることに熱中したエピソードなどが伝えられている。

また、ピュティオニケとグリュケラというアテネの有名な遊女を呼び寄せて寵愛し、彼女たちのために莫大な金を浪費したこともよく知られている。ピュティオニケが亡くなったとき、ハルパロスは二〇〇タラントンを超える大金を注ぎ込んでバビロンとアテネに豪華な墓廟と記念碑を建立し、さらにバビロンに神殿を築いて彼女を女神アフロディテとして崇拝させたという。ピュティオニケの死後は、グリュケラのためにキリキアのタルソスに宮殿を築き、彼女を女王として崇拝させ、拝跪《はいき》の礼まですするよう民衆に命じている。

こうしたまさに桁外れの放蕩に明け暮れていたハルパロスは、アレクサンドロスの帰還の報に肝をつぶしたに違いない。先の職務放棄の際には許しを得た自分も、これほどまでに不正を重ねた今となってはもはや処分は免れないと悟り、バビロンからの逃亡を決意したのである。

前三二四年一月、アレクサンドロスのスサ到着の直前に、ハルパロスは手許にある五〇〇〇タラントンという多額の公金を奪い去り、西へと向かった。そしてタルソスから六〇〇〇人の傭兵と三〇隻の艦隊を率いて、海路でギリシアをめざす。前年末にアレクサンドロスが発した私兵解散令によって、当時、アジア各地には解雇されたおびただしい数のギリシア人傭兵がいたから、ハルパロスはわけなく六〇〇〇人の傭兵を集めることができたのだろう。ハルパロス逃亡の報を受けたアレクサンドロスは、それを信じようとはせず、その報を最初に伝えた者を虚偽の報告の罪で投獄したという。

第五章　擾乱――ハルパロス事件

1　ハルパロス事件とは

アテネ史上随一の疑獄事件

ハルパロス事件は、前三二四年六月に巨額の公金を横領してアテネに来航したハルパロスからの収賄をめぐって、デモステネス、デマデス、ヒュペレイデスなど数々の有力な政治家を巻き込む一連の裁判を引き起こし、デモステネスを亡命に至らしめた一大スキャンダルである。

前三二四年には、ハルパロスの来航、亡命者復帰王令、アレクサンドロスの神格化など、マケドニア絡みの問題が立て続けに生じ、アギス戦争以降は目立った事件もなく平穏だったアテネの政界は大きく波立つことになった。そしてハルパロスの来航から二年後、アテネはラミア戦争に敗れ、ついに民主政に終止符が打たれてしまう。ハルパロス事件は、ポリスとしてのアテネが、そしてアテネの政治家たちが、なにがしかの能動性を発揮しえた最後の時期に起きた大事件なのである。

ハルパロス事件はアテネ史上随一の疑獄事件として知られるが、政治家による汚職や収賄事件が世間を騒がせるのはいつの世にも変わりはない。こうした収賄疑惑は、現代においても真相は判然としないことが多いが、ましてや、二三〇〇年以上も前の事件である。その真相は藪のなか、と言ってよい。後述するように、この事件に関する現存史料はかなり限られているため、層の厚い研究の蓄積があるものの、事件のクロノロジーをはじめとして、なお意見の一致を見ない問題が多い。デモステネスの正邪はもとより、出来事の前後関係すら定かでなく、まさしく謎だらけの事件なのである。

また、事件の背景となる亡命者復帰王令やアレクサンドロスの神格化をめぐる問題、この事件においてアレオパゴス評議会が果たした役割など、歴史家たちを惹きつけてきた論点も多く、まさに議論百出の感がある。本章では、そうしたさまざまな議論にも可能な限り触れながら、民主政終焉前夜のアテネの政界を大きく揺るがしたこの前代未聞の疑獄事件について考えてみたい。

ハルパロス事件の捉え方

この時期のアテネは、前三二四年六月のハルパロスの来航に始まる一連の騒動から、翌前三二三年六月のアレクサンドロスの急逝、そして、秋のラミア戦争勃発へ、と文字通り激動の時代に突入する。その幕開けとなるハルパロス事件は、これまでどのように捉えられてきたのだろうか。

序章で触れたように、従来の研究では、アテネはカイロネイアで敗れたあともマケドニアとの戦争の準備を着々と進め、前三二三年のアレクサンドロスの死後、ついにその努力が実を結んでラミア戦争に至った、とする見解がしばしば見られる。そして、ハルパロス事件はその最終局面であるとして、アテネの強い反マケドニア気運と結びつけられてきた。つまり、この事件は亡命者復帰王令によって反マケドニア気運が高まっていたアテネにさらなる紛糾をもたらし、そうしたなかでアテネはラミア戦争への道を一直線に突き進んでいった、という見方である。

この事件のクライマックスとなるハルパロス裁判については、主たる告発人がヒュペレイデス、主たる被告がデモステネスだったことから、反マケドニア派内部の急進派と穏健派の政治的対立として捉える見解が有力になっている。すなわち、テーベの反乱以降のデモステネスの宥和的な態度がヒュペレイデスをはじめとする急進的反マケドニア派の人々との対立を生み、ハルパロス来航当時の強い反マケドニア気運のなかで急進的反マケドニア派がマケドニアに対する即時蜂起を訴え、急進派と穏健派の争いが先鋭化した、とする解釈である。

これまで見てきたところでは、少なくともテーベの反乱以降の時期においては反マケドニア気運は見出しがたいが、前三二四年のアテネには、マケドニアと一戦を交えようとする気運が生じていたのだろうか。そして、デモステネスの亡命をもたらしたハルパロス裁判は、そうした気運のなかでの反マケドニア派内部の争いだったのだろうか。これらの点に着目しながら、このアテネ史上随一の疑獄事件に迫ってみたい。

ハルパロス事件の史料

ハルパロス事件についての主要な同時代史料は、ハルパロス裁判での告発人側の弁論である。ハルパロス裁判は被告九人、告発人一〇人という大裁判であり、被告ひとりひとりについてそれぞれ裁判が開かれた。それらの裁判で一〇人の告発人がそれぞれ告発弁論を行なったので、おびただしい数の弁論が弁じられたことになる。しかし、現存しているのは告発人側の弁論四篇のみであり、被告側の弁論は、デモステネスのものも含めて一篇も残っていない。私たちが知りうるのは告発人の一方的な言い分だけで、収賄したとされる被告たちの言い分は一切伝わっていないのである。

現存する四篇の弁論は、告発人ヒュペレイデスの『デモステネス弾劾』と、メトイコイの弁論家デイナルコスが告発人の依頼を受けて代作した『デモステネス弾劾』『アリストゲイトン弾劾』『フィロクレス弾劾』の三篇である。ヒュペレイデスの弁論は脱文の多いかなり傷《いた》んだ断片だが、一八四七年に写本が発見されて以来、ハルパロス事件の貴重な史料となっている。

ただし、これらの告発弁論のなかでは、事件の経過が詳しく説明されているわけではない。九人の被告のうち、最初に裁かれたのはデモステネスだったが、そのデモステネスの裁判で第一告発人を務めたストラトクレスの弁論は残っていない。おそらく、ハルパロス裁判全体で最初の告発弁論となるこのストラトクレスの弁論に、事件の経過が詳しく語られていたと思われる。それゆえ、ストラトクレス以降の告発人は事件の経過に触れることなく、それぞれ、被告の人格攻撃や過去の政策についての非難を展開したのだろう。もっとも、ストラトクレスはこのときまだ三〇歳前後だったので、そんな若輩に事件の経過を詳しく語るという大役が任されたはずはないとして、彼が弁じたのは前座のような短い導入弁論にすぎなかったと考える歴史家もいる。

ともかく、現存している四篇の弁論を読む限りでは、事件の全体像をつかむには程遠いのである。四篇の弁論のところどころに現れる断片的な情報をパッチワークのようにつなぎ合わせて、事件の経過を推測していかなければならない。

ローマ時代の史料では、アレクサンドロスの治世に関する主要史料であるアリアノスの『アレクサンドロス東征記』にも、クルティウス・ルフスの『アレクサンドロス大王伝』にも、残念ながら、該当する部分にともに脱文があり、事件については何も伝えられていない。ディオドロスやプルタルコス、ユスティヌスの作品には短い言及があるが、いずれにも事件の経過についてのまとまった説明はない。こうした史料状況ゆえ、一九世紀以来、事件のクロノロジーをめぐって延々と議論が続けられてきたのである。
そうした長年の論争の成果を踏まえながら、まずは、限られた史料からわかる範囲でこの疑獄事件の経過をたどってみたい。

ハルパロス事件の経過

前三二四年一月に五〇〇〇タラントンもの公金を奪ってバビロンから逃亡したハルパロスは、六〇〇〇人の傭兵と三〇隻の艦隊を率いて、同年六月、アッティカ南端のスニオン沖に現れ、アテネに入国の許可を求めた。アレクサンドロスから亡命者復帰王令の布告を命じられたニカノルも、同じ頃、ギリシアに到着した。

三〇隻の艦隊を連ねてのハルパロスの突然の来航にアテネ市民たちは驚愕し、緊急の民会を開いて対応策を協議した。民会では、デモステネスの動議でハルパロスの入国をさしあたり拒絶することになり、ハルパロスはペロポネソス半島最南端のタイナロン岬に移った。

タイナロンは、当時のギリシア世界における傭兵の集結場所として知られ、アレクサンドロスの私兵解散令によってアジアで解雇された大量の傭兵たちが雇用を求めてここへ渡ってきていた。タイナロンに集結した傭兵軍の司令官となったアテネ人レオステネスは、アジアから五万人の傭兵を海路でギリシアに帰国させたと伝えられる。五万という膨大な人数の信憑性は疑わしいものの、相当な数の傭兵がこのタイナロンに集結していたらしい。

ハルパロスは、タイナロンに艦隊と資金を移したうえで、まもなくわずか数隻の軍船を率い、資金の一部を携えて一介の「嘆願者《ヒケテス》」（庇護を求めて嘆願《ヒケテイア》という一種の儀礼的行為を行なった者のことで、嘆願された側にはその嘆願者を庇護する義務が生じるとされる）としてアテネを訪れ、今度は入国に成功した。アテネ市民権を保持し、「嘆願者」として入国を求めたハルパロスを拒むのは困難だったのだろう。このとき彼が入国に成功したのは、その莫大な財貨に物を言わせて要人を買収したからである、と翌年のハルパロス裁判で告発人側が糾弾することになる。

ハルパロスが入国してまもなく、マケドニアからハルパロスの身柄の引渡しを要求する使節が到着した。使節を送ったのが誰だったかについては、史料には、小アジアのカリアの総督フィロクセノス、マケドニアの留守をあずかっていたアンティパトロス、アレクサンドロスの母オリュンピアスの三者の名前があがっており、定かではない。アテネの民会は、デモステネスの動議によってこの要求を拒絶し、続いて、またもやデモステネスの動議で、ハルパロスを拘留して彼の資金をアクロポリスに保管することを決めた。市民たちは、とりあえずハルパロスの身柄を拘束して、アレクサンドロス自身の反応が明らかになるまで態度を保留することにしたのだろう。

デモステネスはこののち、祭礼使節団長《アルキテオロス》としてオリュンピアに赴いた。祭礼使節奉仕は公共奉仕の一種で、オリュンピア祭のような全ギリシア的な祭典への祭使や、デルフォイやドドナへの神託伺いのための祭使の費用を負担するものである。このときの任務は、生涯を通じてたびたび公共奉仕を果たしたデモステネスの最後の奉仕となった。自ら祭礼使節団長の任を務めてオリュンピアに赴いた彼の狙いは、祭典で亡命者復帰王令を布告するニカノルと会談し、王令についての話し合いをもつことにあったらしい。

この年に開催された第一一四回オリュンピア祭の日程は、七月三一日から八月四日までだったことがほぼ明らかになっている。ニカノルがオリュンピア祭で布告した亡命者復帰王令は、その前評判を聞いてオリュンピアに集結した二万人を超える亡命者たちの大喝采をもって迎えられたという。このときオリュンピアでデモステネスがニカノルとどのような会談を行なったのかは定かでないが、帰国した彼は、アレクサンドロスのもとへ使節を派遣することを民会で提案している。

デモステネスがオリュンピアから帰国してまもなく、拘留中のハルパロスがアテネから逃亡するという事件が起きた。さらに、ハルパロスがアテネ入国時に所持していたという七〇〇タラントンの資金のうち、その半分の三五〇タラントンしかアクロポリスに保管されていないことが判明した。残る三五〇タラントンはどこへ消えたのか。

ハルパロスからの収賄をめぐる疑惑がふくらむなか、嫌疑をかけられたデモステネスがアレオパゴス評議会による調査を提案し、民会でこの提案が可決されたのち、調査が開始された。後述するように、これは、民会決議によってアレオパゴス評議会に事件の調査権を委

表1　ハルパロス事件年譜

				《アレクサンドロスの動向》
前325			末	アレクサンドロスが「私兵解散令」を発布
前324			1月	ハルパロスがバビロンから逃亡
			2月	アレクサンドロスがスサに帰還
				ニカノルをギリシアに派遣
	6月	ニカノルがギリシアに到着		
		ハルパロスがアテネに入国を求める →デモステネスの動議で拒絶		
		ハルパロスがタイナロンへ		
	7月	ハルパロスが再びアテネに入国を求める →入国に成功		
		マケドニアの使節がハルパロスの身柄の引渡しを要求		
		デモステネスの動議でハルパロスを拘留し、その資金をアクロポリスに保管		
		デモステネスが祭礼使節団長としてオリュンピアへ出発		
	7月31日～8月4日	オリュンピア祭		
		ニカノルが「亡命者復帰王令」を布告		
		デモステネスが帰国 →アレクサンドロスのもとへの使節の派遣を民会で提案		
		ハルパロスがアテネから逃亡		
	9月	アレオパゴス評議会による調査の開始		
前323	初	レナイア祭で喜劇『デロス』の上演	初	アレクサンドロスがバビロンでギリシアの使節と会談
	3月	アレオパゴス評議会の調査報告の公表		
		10人の告発人の任命		
		ハルパロス裁判		
		デモステネスの亡命		
			6月	アレクサンドロスがバビロンで急逝
		アテネとアイトリアが同盟締結		
	秋	ラミア戦争の開始		

ね、その調査の報告を受けて裁判を行なうという「アポファシス」の手続きである。アテネから逃亡したハルパロスはクレタに移るが、やがて部下のティブロンに殺害された。

前三二四年九月に始まったアレオパゴス評議会の調査は長引き、翌前三二三年三月、ようやく収賄者と収賄額が公表された。収賄者とされたのは、デモステネス、デマデス、アリストゲイトン、カリクレス、アリストニコス、ハグノニデス、フィロクレス、ポリュエウクトス、ケフィソフォンの九人である。これを受けて、民会で一〇人の告発人（公選訴追人）が任命された。一〇人のうち、名前が判明しているのは、ヒュペレイデス、メネサイクモス、ヒメライオス、ピュテアス、ストラトクレスの五人である。

こうして、一連の大裁判が始まった。裁判の結果、有罪となったデモステネスは五〇タラントンの罰金刑に処され、その支払いができずに投獄されるが、まもなくアテネから逃亡する——という結末で、この事件は幕を閉じることになる。

2　事件当時のアテネの情勢

事件のクライマックスとなるハルパロス裁判に話を進めていく前に、ハルパロスが来航した当時のアテネの情勢について考えてみたい。このとき、アテネでは亡命者復帰王令によって反マケドニア気運が高まっていたのだろうか。そうしたなかでハルパロスの来航が好機となって、アテネはマケドニアとの戦争へと突き進んでいったのだろうか。

亡命者復帰王令

まず、ハルパロス事件当時のアテネにおいて強い反マケドニア気運を引き起こしたとされている亡命者復帰王令とは、いったい何だったのかを見ておきたい。

前三二四年夏のオリュンピア祭でニカノルが布告した亡命者復帰王令は、内乱や政治抗争などによって祖国を追われた者たちを一挙に帰国させることをギリシア諸都市に命じた王令である。この王令は、多数の亡命者の一斉帰国により、ギリシア諸都市に広汎かつ深刻な社会問題を引き起こしかねないものだった。

とりわけ、サモス島を事実上支配下に置いていたアテネにとって、この王令がもたらす影響は重大だった。アテネは、前三六五年、前三六一／〇年、前三五二年と三次にわたって入植者《クレルコイ》をこの島に送り込み、多くのサモス人を追放していたのである。前三六五年と前三五二年の入植者は、それぞれ二〇〇〇人と伝えられる。アテネによるサモスの保有は、カイロネイアの戦い後のフィリポス二世との講和においても認められていた。王令に従うなら、追放されたサモス人たちを一挙に帰国させてこの島を彼らに返還しなくてはならず、その結果、多数の入植者の帰還によりアテネには大きな混乱が生じることになる。

アテネと同じようにこの王令によって深刻な打撃を受けることが予想されるのが、アイトリアだった。アイトリアは、前三三〇年頃にコリントス湾に面したオイニアダイという都市を占領し、住民を追放していたのである。アレクサンドロスの死後に始まるラミア戦争ではアテネとアイトリアが先頭に立ってマケドニアに反旗を翻すことになるが、そのことからも、王令がアテネとアイトリアに与えた打撃が大きかったと考えられている。

しかし、そもそも亡命者復帰王令は、サモスの返還をただちにアテネに迫るというような、アテネに対する直接的な打撃を意味するものだったのだろうか。アテネにサモスの返還を命じる決定が下されたのは、いったいどの時点だったのか。

ディオドロスは、ニカノルがオリュンピア祭で布告した王令の文言を、次のように伝えている。

王アレクサンドロスが、ギリシア諸都市からの亡命者に告ぐ。余はかつてお前たちが祖国を追われたことに責任はないが、呪われたる者たちを除いて、お前たちが各々の祖国に帰還するにあたり、余が責任をとらんとする。このことに関して、お前たちの帰還を欲しない都市に対しては、それを強制するようアンティパトロスに文書をもって指示をした。

（『歴史叢書』一八巻八章四節）

こうした文言を見る限り、王令の施行にかかわる詳細な規定がオリュンピア祭での布告に含まれていたとは考えにくい。このときの布告では、亡命者を帰国させよ、という大枠の指示がなされたにとどまったのだろう。アレクサンドロスの存命中に実際に王令が施行されたことが確認できるギリシア都市は、ペロポネソスのテゲアだけであり、このことからも、前三二四年夏に布告された王令には亡命者の帰国についての詳細な規定は含まれていなかったことがうかがえる。

このとき祭礼使節団長としてオリュンピアに赴いたデモステネスとニカノルの会談がどのような結果に終わったのかは、史料には伝えられていない。しかし、ヒュペレイデスもデイナルコスも、ハルパロス裁判における告発弁論のなかでデモステネスを攻撃する際、この会談の結果については何も言及していないので、おそらく、アテネにとって決定的に不利なものではなかったと思われる。デモステネスは、この会談ではニカノルからサモスに関する明確な返答を得ることはできなかったのだろう。だからこそ、デモステネスはオリュンピアから帰国したのち、アレクサンドロスの真意を探るために、彼のもとへ使節を派遣することを提案したのである。

このデモステネスの提案によって派遣されたアテネの使節は、前三二三年初頭、ほかのギリシア諸都市の使節たちとともにバビロンでアレクサンドロスと会談した。ディオドロスによれば、このときおびただしい数の使節がバビロンを訪れており、アレクサンドロスは使節たちのリストを作成して、用件別に会談の順序を決めたという。この個別会談において、亡命者の帰国にかかわる各都市ごとの具体的な取り決めがなされ、サモスについての決定も下されたのだろう。

そのことを裏づけるのが、サモス人たちの動きである。この時期のサモスのある顕彰決議碑文は、追放されていたサモス人たちが前三二三年春にサモスに帰国し始めたことを伝えている（Habicht, *MDAI [A]* 72, 1957, no. 1）。もし、サモスの返還が前三二四年夏に王令が布告された時点ですでに決定されていたとしたら、なぜサモス人たちは翌前三二三年春まで行動を起こさなかったのか。彼らが前三二三年春に帰国を敢行したのは、前三二三年初頭のバビロンでのアレクサンドロスによる個別決定を受けてのことだったと考えるのが自然だろう。なお、結局、アテネ人入植者はラミア戦争の終結時までサモスにとどまり、この島の返還はアレクサンドロスの存命中には実現しなかった。

ともあれ、前三二四年夏に布告された亡命者復帰王令は、アテネにサモスの返還をただちに迫るようなものではなかったということを確認しておきたい。この王令は、あくまでも、アレクサンドロスがアジアの総督たちの謀反を防ぐために彼らの傭兵軍を解散することを命じた私兵解散令の延長線上に位置するものだったと見るべきだろう。第四章でも述べたように、解雇された傭兵たちをそれぞれの祖国に帰還させ、アジアから追いやってしまうことこそが、アレクサンドロスの狙いだった。亡命者復帰王令は、アレクサンドロスの側からすれば、私兵解散令の単なる「後始末」にすぎなかったのである。

アテネの気運

では、前三二四年のアテネにおいて、実際に反マケドニア気運は生じていたのだろうか。ハルパロスが来航した頃のアテネの気運について、直接伝える史料はない。しかし、まず注目したいのは、前三二四年六月にスニオン沖に現れたハルパロスの入国をアテネが拒絶したという事実である。もし当時のアテネにおいて反マケドニア気運が濃厚だったなら、市民たちはアレクサンドロスに対する反逆者の亡命を絶好の機会と見なし、大軍と大金を携えたハルパロスを喜んで受け入れたはずだろう。

このときアテネではヒュペレイデスをはじめとする急進的反マケドニア派がハルパロスと結んでの即時蜂起を訴えて台頭した、という解釈がしばしば見られるが、実際にヒュペレイデスらがそうした行動を起こしたことを示す史料はない。ヒュペレイデス自身、翌年のハルパロス裁判での告発弁論において、デモステネスの行動がマケドニアに対する反乱を妨げ、アテネを窮地に陥れたと糾弾しているが、自分たちが即時蜂起を訴えたとは一切述べていないのである。

また、デモステネスはニカノルと話し合いをもつために祭礼使節団長としてオリュンピアに赴いたが、もしハルパロスと結んでアレクサンドロスと一戦を交えようとする気運が優勢だったなら、ハルパロスの拘留を提案した張本人であるデモステネスに、このとき祭礼使節団長という要務が委ねられただろうか。デモステネスが祭礼使節団長に任じられたのは、市民たちの彼に寄せる期待が大きかったこと、すなわち、アレクサンドロスとの戦争を避けようとする気運が強かったことを示すように思われる。

これまでのアテネとマケドニアの平穏な関係がもたらす恩恵と、遠征から帰還したアレクサンドロスの圧倒的な力を前にして、ハルパロス事件当時のアテネでは、実際にマケドニアに刃向かおうとする動きが生じるような余地はほとんどなかったと見るべきだろう。

アレクサンドロスの神格化

この時期のアテネの気運に関連して、もうひとつ触れておきたいのは、アレクサンドロスの神格化の問題である。当時、アテネをはじめとするギリシア諸都市では、アレクサンドロスの神格化の可否が盛んに論じられていたと伝えられる。

アレクサンドロスの神格化は、ヘレニズム時代の君主崇拝やローマ帝国の皇帝礼拝の起源とされ、一九世紀以来多くの歴史家たちの関心を集めてきたテーマである。幼少期から「神の子」としての自覚をもっていたアレクサンドロスが遠征の過程でそうした自覚を徐々に強め、前三三一年にエジプトのアモン神殿を訪れた際に神官から「神の子よ」と呼びかけられて自身の神性を確信するに至った、というエピソードはよく知られている。

アレクサンドロスの神格化をめぐってとくに議論が集中しているのは、アレクサンドロスは本当に自己の神性を信じていたのか、そして、彼はギリシア諸都市に対して自身の神格化を命じたのか、という二点である。ここでは、アレクサンドロスの内面にかかわる第一の問題には立ち入らず、第二の問題、すなわち、アレクサンドロスは自身の神格化をめぐってギリシア諸都市にどのような態度をとり、そして、アテネはそれにどう対応したのかを見ていきたい。

これまでの研究では、アレクサンドロスは亡命者復帰王令とほぼ同時にギリシア諸都市に向けて自身を神として崇拝するよう命じる王令を発した、とする見解と、アレクサンドロスの側からの命令はなかったが、ギリシア諸都市が自発的にアレクサンドロスの神格化を決議した、とする見解に分かれ、長年議論が続いてきたが、近年は、後者の見解が支持を集めている。

確かに、史料からわかるのは、アテネやスパルタなどのギリシア諸都市においてアレクサンドロスの神格化が取り沙汰されていたということにすぎず、アレクサンドロスが自身の神格化を命じたことを示す史料は一切残っていない。プルタルコスは、「一般にアレクサンドロスは東方人に対しては高圧的で、かつ彼が神からの生まれで神の子であることを固く信じているごとくであったが、ギリシア人に対しては彼自身を神格化するのは適当に控えめにしていた」と伝えているが（『アレクサンドロス伝』二八章一節、井上一訳）、これは案外、本当のところだったのかもしれない。

エジプトのアモン神殿での一件をはじめ、アレクサンドロスの「神の子」としての種々の行動に関する噂はギリシア世界にも伝わっていただろうし、そうしたなかで、仮にアレクサンドロスによる命令がなかったとしても、ギリシア人たちが神格化をアレクサンドロスの「暗黙の要求」であると解釈し、自発的に彼の神格化について審議したというのは十分にありうるだろう。生身の人間を神として生前崇拝することはギリシア人にとって抵抗のある行為ではあったが、実害の少ない神格化の問題でアレクサンドロスにへつらうことによって、大きな社会的混乱につながる亡命者復帰王令にかかわる問題を何とか有利に運ぼうとしたのかもしれない。

アリアノスは、前三二三年初頭にバビロンでアレクサンドロスと会談したギリシア諸都市の使節が、「神を讃えて遣わされた神事使節さながら、アレクサンドロスに黄金の冠をたてまつった」と伝えている（『アレクサンドロス東征記』七巻二三章二節）。この一文でアリアノスが「神事使節さながら」と述べているのは、アレクサンドロスからの正式の命令によってではなく、自発的に神格化に応じようとする姿勢を示したギリシア人たちの微妙な妥協策を示唆しているようにも聞こえる。

神格化をめぐるアテネの対応

そのアレクサンドロスの神格化に、アテネはどのように対応したのだろうか。

ハルパロス裁判でのヒュペレイデスとデイナルコスの告発弁論によると、デモステネスは最初はアレクサンドロスの神格化に強く反対していたが、前三二四年夏にオリュンピアから帰国したのち、アレクサンドロスのもとへ使節を送ることを提案するとともに、神格化の容認に転じたという。ヒュペレイデスは、「アレクサンドロスが望むなら、ゼウスとポセイドンの子にしてやったらいいではないか」という民会でのデモステネスの発言を伝えている。ヒュペレイデスらはそうしたデモステネスの変節を糾弾しているが、おそらくそれは、亡命者復帰王令に関連してアレクサンドロスのもとへ派遣する使節の任務を成功させるための、デモステネスなりの打開策だったのだろう。

裁判ではデモステネスを鋭く非難するヒュペレイデスだが、そのヒュペレイデス自身がアレクサンドロスの神格化についてどのような主張をしたのかは不明であり、彼の告発弁論においても、彼自身の立場は明らかにされていない。もしヒュペレイデスが急進的反マケドニア派としてこのとき即時蜂起を訴えていたなら、当然、神格化についても強硬に反対したはずだが、彼がそうした態度をとったことは知られていない。

また、ローマ時代の史料によれば、リュクルゴスとピュテアスがアレクサンドロスの神格化に強く反対し、他方、デマデスは神格化に賛成したという。リュクルゴスが反対したとすると、神格化についての論争は、すでに彼の存命中に始まっていたことになる。その後、亡命者復帰王令による波紋が拡がるなかで、神格化についての議論も盛り上がっていったのだろう。

デマデスはこのとき、民会でアレクサンドロスの神格化を承認するよう主張し、「天のことを気づかっている間に地を失うことがないように」と述べて市民たちを説得したと伝えられる。このデマデスの言葉は、天のことを気づかう、つまりアレクサンドロスを神とするかどうかで揉めている間に、地、すなわちサモスを失うことがないように、という趣旨のものと理解されているが、アレクサンドロスの神格化を進んで認めることによってアテネの国益にかかわるサモス問題を有利に運ぼうという、デモステネスとも通じる現実的な策だったのだろう。

デマデスはさらに、アレクサンドロスをオリュンポスの一二神に次ぐ一三番目の神とせよ、という提案を民会で行なったという。神格化反対を唱えた大物のリュクルゴスはすでに亡く、デモステネスも神格化容認に傾いていたことから、デマデスの提案は可決され、アテネはアレクサンドロスの神格化を承認するに至った。

こうして、デモステネスが提案したアレクサンドロスのもとへのアテネの使節は、「神事使節さながら」の使節として派遣されたのである。

3　ハルパロス裁判

アポファシスについて

そうした状況のなかで繰り広げられたハルパロス裁判とは、いったいどのような裁判だったのか。

ハルパロス裁判は、デモステネス自身の提案による「アポファシス」という手続きで始まった裁判である。アポファシスとは、民主政転覆や売国などの国事犯について、民会決議によってアレオパゴス評議会に事件の調査権を委ね、アレオパゴス評議会が事件の調査をしたのちに予審判決の形で報告を行なうという、前四世紀半ばに新たに導入された手続きである。アレオパゴス評議会の予審判決は法的な拘束力をもたなかったが、その予審判決を受けて、民衆法廷で裁判が行なわれることになっていた。すでに触れたように、アレオパゴス評議会は前四世紀後半に勢力を拡大したが、アポファシスの導入によって国事犯の訴追における主導権を部分的ながら取り戻したことも、その勢力拡大の現れである。

アポファシスが適用されたことが知られる最も初期の事例のひとつは、第一章で触れた前三四〇年代後半のアンティフォンの一件である。アポファシスの手続き自体がデモステネスの提案によって導入されたと見る説もあるが、ともかく、アンティフォンの一件におけるアポファシスがデモステネスに有利に働いたのは確かだろう。この頃のデモステネスとアレオパゴス評議会の間には、一種の協力関係があったらしい。

そして、今回のハルパロス事件においてアポファシスを提案したのは、そのデモステネス自身である。デイナルコスの告発弁論によれば、デモステネスは、「もしアレオパゴス評議会が自分を有罪とするなら、死刑でかまわない」と明言したという。

前三二四年九月に始まったアレオパゴス評議会の調査は長引き、半年後の前三二三年三月、ようやく調査結果が公表された。ヒュペレイデスは告発弁論のなかで、アレオパゴス評議会は進んで調査結果を報告したのではなく、民会からたびたび圧力をかけられた末にやっと報告した、と述べている。なぜ、報告まで半年もかかったのだろうか。

デモステネスは、アレオパゴス評議会とのかつての協力関係に望みを託し、アレオパゴス評議会が調査を引き延ばして、そのままこの一件がうやむやになってしまうことを期待したのかもしれない。そうだとすると、その期待通りにアレオパゴス評議会は調査を引き延ばしたものの、民会の圧力に抗えず、ついに半年後に調査結果を報告したことになる。ともかく、そうしてようやく報告されたアレオパゴス評議会の調査結果に収賄者として自分の名前があげられていたことは、デモステネスにとって青天の霹靂《へきれき》だったに違いない。ヒュペレイデスによれば、このときデモステネスは自分の収賄容疑を強く否認し、アレオパゴス評議会に対して「プロクレシス」と呼ばれる証拠提示要求を行なったという。

ちょうどその頃、デモステネスがカリメドンという人物を民主政転覆のかどで告発したことも知られている。これについて伝えるのはデイナルコスのごく簡潔な記述だけで、詳しいことはわからないが、デモステネスは、ハルパロス裁判の直前にカリメドンを「民主政転覆の目的でメガラにいる亡命者たちと交渉をもった」という理由で告発したものの、すぐに提訴を取り下げてしまったらしい。訴えた動機も取り下げた理由も不明だが、おそらく、アレオパゴス評議会の調査報告に狼狽したデモステネスの、裁判を遅らせようとする悪あがきだったのではないか。

いずれにしても、プロクレシスの提起もカリメドンに対する告発もデモステネスの期待した効果はなく、まもなく裁判が始まることになった。

収賄者と収賄額

前三二三年三月に公表されたアレオパゴス評議会の調査結果には、証拠の提示のようなものは一切なく、収賄者の名前とそれぞれの収賄額だけが報告されたという。といっても、収賄者と収賄額を記したリストのような文書が史料として残っているわけではなく、ヒュペレイデスとデイナルコスの告発弁論やローマ時代の史料における断片的な記述から、収賄者の面々の名前を拾い上げていかなくてはならない。そうして判明した収賄者が、先にあげた九人である（二〇九頁参照）。ただし、収賄者の総数に触れた史料はないので、この九人以外にも収賄者がいた可能性もある。

収賄額についてはデイナルコスの告発弁論が伝えているが、不明な点が多い。総収賄額は六四タラントンだったという。ハルパロスは七〇〇タラントンを持参してアテネに入国し、その後、アクロポリスに保管されたその七〇〇タラントンのうち三五〇タラントンが消えていることが発覚したわけだが、総収賄額が六四タラントンだとすると、残りの二八六タラントンはどこへ行ってしまったのか。これも、謎に包まれている。

九人の収賄者のうち、収賄額が判明しているのは四人だけである。デモステネスが二〇タラントン。デマデスが金六〇〇〇スタテル（約二〇タラントン）。アリストゲイトンは少額で、二〇ムナ。そしてもうひとり、一五タラントンを収賄したとされる人物がいる。史料にはその人物の名前は触れられていないが、額の大きさからして、おそらく、ハルパロスが入国した際にストラテゴスとして港湾の守備にあたっていたフィロクレスだろう。この四人で、五五タラントン二〇ムナ。残る八タラントン四〇ムナを、ほかの五人が受けとったことになる。

それぞれ、総収賄額の三分の一近くを受けとったとされるデモステネスとデマデス。この時期のアテネの政界における彼らの威信の大きさに釣り合った額と言える。

裁判の始まり

アレオパゴス評議会の報告を受けて民会で任命された一〇人の告発人のうち、名前が判明しているのは、ヒュペレイデス、メネサイクモス、ヒメライオス、ピュテアス、ストラトクレスの五人である。

裁判の被告と告発人の顔ぶれを考えるうえで興味深いのは、アテナイオスの『食卓の賢人たち』に引用されて伝わるティモクレスの喜劇『デロス』の次のような一節である。アレクサンドロス大王の財務担当者ハルパロスから賄賂を受けとったアテネの政治家を列挙しながら、ティモクレスはこう言っている、

甲　デモステネスは五〇タラントンもらっている。
乙　いいねえ、もしだれにもおすそ分けなんてしなければね。
甲　モイロクレスはしこたま金《きん》を受けとった。
乙　ばかだね、くれたやつは。もらった方は運がいいや。
甲　デモンやカリステネスももらっている。
乙　貧乏だったからね。勘弁してやろう。
甲　それに、あの口上手のヒュペレイデスもだ。（三四一E―F、柳沼訳）

喜劇『デロス』は、前三二三年初頭のアテネのレナイア祭で上演されたと考えられている。アレオパゴス評議会による調査のさなかにアテネで上演された喜劇において、ハルパロスからの収賄者として、デモステネス、モイロクレス、デモン、カリステネス、ヒュペレイデスの名前があがっているのである。

この五人のなかで実際に収賄者として告発されたのはデモステネスひとりであること、そして、裁判の告発人となったヒュペレイデスの名前まであがっていることは、当時、ハルパロスからの収賄の嫌疑がかなり広汎なものだったことをうかがわせる。そうしたなかで、収賄の嫌疑をかけられた政治家たちが自ら告発人となることによって身の証を立てようとした自己保身という要因も、ハルパロス裁判の背景にあったのかもしれない。

裁判においては二〇タラントンの収賄容疑で告発されたデモステネスが、この劇中では五〇タラントンを受けとったとされているのも、ハルパロスからの収賄をめぐる噂が種々さまざまだったことを物語る。金をばらまいた張本人とされるハルパロスはアテネから逃亡してすでに殺害されてしまっているのだから、文字通り「死人に口なし」で、収賄の「黒い噂」はみるみる拡がっていったのだろう。

一〇人の告発人が任命されたのち、いよいよ裁判が始まった。九人の被告のうち、最初に裁かれたのはデモステネスである。このときの陪審員数は一五〇〇人と推定されている。裁判では、一〇人の告発人が次々にデモステネスを糾弾する弁論を繰り広げていく。第一告発人を務めたのはストラトクレスだった。デイナルコスの『デモステネス弾劾』は、この裁判の第二告発人の弁論として弁じられたものである。デイナルコスに弁論の代作を依頼したのは、ヒメライオスかメネサイクモスだろうと推測されている。それ以降の告発弁論の順序は不明である。デモステネスの裁判のあとは、おそらくデマデスの裁判、そしてフィロクレス、アリストゲイトンの順に続いたらしい。

現存する四篇の告発弁論を読んで違和感を覚えるのは、被告がハルパロスから収賄したことを告発する弁論であるのに、収賄の証拠の類が全く提示されていないことである。ヒュペレイデスの『デモステネス弾劾』もデイナルコスの『デモステネス弾劾』も、論調はよく似ており、デモステネスのここ十数年の行動を非難し、彼が無節操な政治家であることを強調したうえで、ハルパロスに買収されたデモステネスがアテネを危険に陥れた、と糾弾しているにすぎない。

フィリポスからの収賄が争点となった前三四三年のアイスキネスの裁判においても、デモステネスはアイスキネスの収賄の明確な証拠をあげていないように、収賄事実の立証というのは実に難しいものである。ただ、ハルパロス裁判の場合、つい先頃アテネ国内で起きた収賄事件を問題にしているのだから、証拠が全く提示されていないのは不自然であるようにも思われる。そうした証拠は、デモステネスの裁判の第一告発人を務めたストラトクレスの弁論のなかで提示されていたのかもしれない。あるいは、アレオパゴス評議会による調査の過程において、すでに証拠の検討が尽くされていたとも考えられる。そもそも、アレオパゴス評議会の調査というのは、いったいどれほど厳密に進められたのだろうか。アポファシスという手続きが適用された事例として詳細が知られるのはこのハルパロス裁判だけなので、これも判然としない。

裁判は、そうして証拠の提示もないまま進んでいき、次々に判決が下された。このハルパロス裁判がいったいどのような裁判だったのかを被告と告発人のひとりひとりに着目して考えていく前に、まずは裁判の結果を見ておきたい。

裁判の結果

アテネの裁判については、史料として残っているのは原告もしくは被告の法廷弁論だけで、その判決が伝えられていないことが多いが、ハルパロス裁判に関しても、九人の被告たちに下された判決は、実はよくわからない部分が大きい。

九人のうち、有罪となったことが確実なのは、デモステネス、デマデス、フィロクレスの三人である。先に見たように、この三人が収賄したとされる金額はほかの被告たちよりも群を抜いて大きかったから、当然と言えば当然である。

デモステネスは有罪となって罰金刑に処されたが、その支払いができずに投獄され、まもなくアテネから逃亡した。その罰金額は同時代史料からはわからないが、プルタルコスは五

○タラントンと伝えている。

デモステネスと同じく約二〇タラントンを収賄したとされるデマデスは、裁判の始まる前にアテネから逃亡したらしい。彼は欠席裁判で罰金刑に処された（罰金額は不明）。デマデスは、六月にアレクサンドロスが急死したときにはアテネにいたと伝えられるので、おそらく、罰金を支払ってまもなく帰国したのだろう。フィロクレスは、デモステネスと同時期に亡命していたことが、デモステネスが亡命先でアテネの民会と評議会に宛ててしたためた書簡から知られるので、裁判で有罪となってアテネを去ったものと思われる。無罪になったことが明らかなのはアリストゲイトンとハグノニデスで、残る四人の判決は不明である。収賄したとされる額に差はあるものの、同じ収賄という大罪を犯したとして告発された九人の被告たちの運命は、大きく分かれたのである。

デモステネスの罰金刑

二〇タラントンを収賄したとして最初に裁かれて有罪となり、五〇タラントンの罰金刑に処されたデモステネス。この罰金刑は、果たして妥当なのだろうか。

収賄行為に対する罰金刑は、『アテナイ人の国制』の第五四章にも記述があるように、収賄額の一〇倍の罰金刑が標準的だったようで、そうすると、二〇タラントンを収賄したというデモステネスの罰金額は二〇〇タラントンでなければならない。五〇タラントンの罰金刑というのは極めて重い刑ではあるが、二〇タラントンを収賄した場合の刑としては軽かったということになる。

ただし、忘れてはならないのは、ハルパロス裁判はアポファシスの手続きによって行なわれた裁判だったことである。アテネの裁判では、贈収賄行為に対する刑罰は、どの訴訟手続きを用いるかによって異なっていた。つまり、贈収賄額やその贈収賄自体の性質ではなく、告発人側がどのような手続きで裁判を起こすかによって、有罪の場合の量刑は大きく変わってきたのである。

古典期のアテネの贈収賄に対する訴訟手続きと刑罰の対応については、従来の研究においていまだ定説を見ない部分もあるが、おおよそ次のように整理できる。前三四六年にデモステネスとティマルコスがアイスキネスを告発したときのような執務審査による役人の収賄の公訴であれば、刑は収賄額の一〇倍の罰金、通常の贈収賄《グラフェ・ドロン》の公訴であれば、収賄額の一〇倍の罰金、もしくは市民権喪失と財産没収だったらしい。他方、弾劾裁判によって裁かれる国事犯級の収賄行為の場合は、死刑である。アポファシスは、弾劾裁判と同様、民主政転覆や売国などの国事犯を裁く手続きであり、この場合も死刑が適用された。フィリポスに雇われて放火を企んだとして、売国のかどでアポファシスの手続きによって裁かれたアンティフォンも、死刑判決を受けている。

そうすると、アポファシスの裁判で有罪となったデモステネスの場合、本来ならば死刑であるところが五〇タラントンの罰金刑で済んだということになる。これは、同じく有罪となったのに死刑にはなっていないデマデスやフィロクレスにも当てはまることだが、刑のこうした異例の軽さは、裁判において収賄の証拠の提示がなかったこと、被告たちの運命が大きく分かれたことと並んで、この一連のハルパロス裁判が何やら不可解な裁判だったという印象を強める。

この裁判はハルパロスからの収賄をめぐって争われた裁判であるが、その焦点は、収賄事実よりもどこかほかのところにあったのではないか。そこで、被告と告発人の面々が織り成す人間模様に着目して考えてみることにしたい。

4　裁判の背後の人間模様

ハルパロス裁判で激しい論戦を繰り広げた九人の被告と一〇人の告発人。彼らはどのような人々だったのか。本書の主要な登場人物であるデモステネス、デマデス、ヒュペレイデス以外の被告・告発人の経歴と政治的立場を跡づけてみたい。この裁判を反マケドニア派内部の急進派と穏健派の政治的対立として捉える見解が有力であることはすでに述べたが、果たして、そのような線引きをすることが可能なのだろうか。

被告の顔ぶれ

【アリストゲイトン】（収賄額は二〇ムナ、判決は無罪）

ヒュペレイデスやデマデス、デモステネスといった当時の有力な政治家をたびたび告発していた人物で、典型的な告発常習者《シュコファンテス》（一四八頁参照）である。カイロネイアの戦い以前のアリストゲイトンの告発行為は知られていないが、敗戦直後の混乱のなかで緊急措置を提案したヒュペレイデスを違法提案のかどで告発したのを皮切りに、大物政治家のみならず、一般市民も次々に告発の標的とした。アリストゲイトンには、告発行為以外に政治家としての活動は認められない。手当たり次第告発を繰り返していた彼に何らかの政治的立場なり信条なりといったものは見出せず、親マケドニア派や反マケドニア派というレッテルを貼ることはできない。

【カリクレス】（収賄額、判決ともに不明）

カリクレスの経歴については、フォキオンの娘婿であること以外、ほとんど何も伝えられていない。カリクレスはハルパロスと親交があり、ハルパロスは愛妾ピュティオニケの墓廟をアテネに建立する際、その指揮をカリクレスに委ねたという。フォキオンの娘と結婚したこと、ハルパロスとも親交があったことから、カリクレスはアテネではそれなりに名の通った人物だったと思われるが、彼の政治活動は一切知られていない。ハルパロス裁判において、カリクレスは舅《しゅうと》のフォキオンに弁護を依頼したが、フォキオンはそれを拒絶したというエピソードが、プルタルコスの『フォキオン伝』に伝えられている（二二章四節）。

ところで、アイスキネスが「冠の裁判」に敗れてアテネを去り、リュクルゴスも亡き今、本書に登場する大物政治家たちのなかでハルパロス裁判に関与していないのはフォキオンだけである。なぜ、彼は関与しなかったのだろうか。

すでに触れたように、フォキオンは清廉な人物として知られ、賄賂に対してはすこぶる潔癖だったので、ハルパロスからの収賄の汚名を彼に着せようとしても、それは困難だったに違いない。そうすると、カリクレスがハルパロス裁判の被告となったことの背後には、その舅であるフォキオンを何とかして裁判に巻き込もうとする陰謀があったのではないかという推測もできる。これについては、またあとで触れたい。

【アリストニコス】（収賄額、判決ともに不明）

第二次アテネ海上同盟の設立を提案したアリストテレス（同名の哲学者とは別人）の息子で、リュクルゴスの協力者として活躍した人物である。アリストニコスは、前三三五／四年に海賊を取り締まるための軍船を派遣することをリュクルゴスとともに提案しており、また、同じ頃に小パンアテナイア祭の費用にかかわる法を提案している。アテナイオスの『食卓の賢人たち』には、「ソロンこのかた、アリストニコスほど強力な立法家は、ひとりもいなかった」という一節がある（二二六B、柳沼訳）。アリストニコスは、リュクルゴスの片腕として多くの法や決議を提案したらしい。彼は、前三二二年にアテネがラミア戦争に敗れたのち、デマデスの動議によってデモステネスやヒュペレイデスとともに死刑宣告を受け、アンティパトロスのもとに送られて処刑されている。

【ハグノニデス】（収賄額は不明、判決は無罪）

ハルパロス裁判以前のハグノニデスの活動は不明である。彼は、アテネがラミア戦争に敗れたときに追放の憂き目を見たが、フォキオンがアンティパトロスに頼んでペロポネソスで生活できるように取りはからったという。その後アテネに戻り、アリストテレスの学園の後継者テオフラストスを不敬罪で告発するが、敗訴した。前三一八年には、恩人とも言うべきフォキオンを告発し、彼に死刑判決をもたらした（第六章参照）。

【フィロクレス】（収賄額はおそらく一五タラントン、判決は有罪で亡命）

ハルパロスが入国した際に港湾の守備にあたっていたストラテゴスである。ハルパロス事件以前に一〇回以上ストラテゴスを務めたことがデイナルコスの『フィロクレス弾劾』から知られるが、フォキオン以外のこの時代の大半のストラテゴスと同様、政治には関与していない人物である。

【ポリュエウクトス】（収賄額、判決ともに不明）

前三四三年、デモステネスやヘゲシッポスといった反マケドニアの政治家たちとともに、フィリポスに対する抵抗を促すための使節団の一員としてペロポネソスに赴いたことが知られる。アレクサンドロスの死後、アルカディアに使節として派遣され、マケドニアとの開戦を呼びかけている。

【ケフィソフォン】（収賄額、判決ともに不明）

この時期にアテネで活動していたことが知られる「ケフィソフォン」という人物は三人おり、ハルパロス裁判の被告がどの「ケフィソフォン」だったのかは不明である。

こうした被告たちの経歴を見ると、カリクレスやフィロクレスのように政治には携わっていない者もいるし、何らかの政治活動が確かめられる者についても、デモステネスとデマデスも含めて、「穏健的反マケドニア派」などというひとつの枠でくくってしまえるような均質なグループではないことがわかる。では、告発人たちの顔ぶれはどうだろうか。

告発人の顔ぶれ

【メネサイクモス】

第四章で触れたように、リュクルゴスにかわって財務総監の職に就いた人物である。晩年のリュクルゴスを告発して敗訴したメネサイクモスは、リュクルゴスの死後、その三人の息子を告発した。息子たちは裁判で有罪となって投獄されたが、デモステネスとヒュペレイデスの尽力で釈放されている。リュクルゴスとの敵対関係はよく知られているが、メネサイクモス自身の政治的立場は不明である。リュクルゴスの遺児まで告発するほど彼に対する恨みが深かったとすると、アリストニコスのようなリュクルゴスの協力者を糾弾したいがために告発人になったということも考えられるかもしれない。

【ヒメライオス】

後継者戦争期のアテネで実権を握ったファレロン区のデメトリオスの兄にあたる人物である。ヒメライオスは、ラミア戦争の敗戦後にデマデスの動議でデモステネスやヒュペレイデスとともに死刑宣告を受け、アンティパトロスによって処刑されているが、弟デメトリオスはその頃、デマデスやフォキオンと協力してアンティパトロスとの講和の交渉にあたっている。この時期の兄弟の政治的立場は大いに異なるものだったらしい。ハルパロス裁判以前のヒメライオスの活動は不明である。

【ピュテアス】

アテネでアレクサンドロスの神格化が問題になった際に、リュクルゴスやデモステネスとともに強く反対したことが知られる。アレクサンドロスの死後、アテネがラミア戦争に向けて動き始めると、アテネを去ってアンティパトロスのもとに身を寄せ、マケドニアから離反しないようギリシア人たちを説得してまわったという。ピュテアスの政治的立場が親マケドニアなのか反マケドニアなのかは見極めにくい。

【ストラトクレス】

ハルパロス裁判のときにはまだ若年で、それ以前の政治活動は一切知られていない。ラミア戦争の際のアモルゴスの海戦でアテネ海軍が敗れたとき、ストラトクレスはアテネが勝ったという虚報を流し、その後まもなく敗北の報が伝わると、「それがどうしたというのだ。二日間幸せに過ごすことができたのに、私が諸君に何かひどいことをしたというのか」と嘯《うそぶ》いた、というエピソードが知られている。彼がアテネの政界で頭角を現わすようになるのはもっとのちのことで、前三〇七年、アンティゴノスと息子のデメトリオス・ポリオルケテスがアテネを占拠して民主政を復活させたとき、アンティゴノス父子の神格化やリュクルゴスの没後顕彰を提案するなどの活躍を見せる。前三〇一年のイプソスの戦いでアンティゴノスが敗死するまで、アンティゴノス父子にへつらう政策を進めた。

告発人は、一〇人のうち五人しか名前が判明していないが、こうした顔ぶれを見ると、被告と同様、均質なグループとは言えず、「急進的反マケドニア派」という枠ではくくれそうにない。被告側も告発人側も政治的立場はまちまちで、両者の区分について何らかの政治路線に基づいた説明をするのは困難なのである。

そこで今度は、被告と告発人の個々の関係がどのようなものだったのかを探ってみたい。

ヒュペレイデスとデモステネスの「対立」

まず、ハルパロス裁判の主要人物であるヒュペレイデスとデモステネスの関係に目を向けてみよう。従来の研究では、すでに触れたように、テーベの反乱以降のデモステネスの宥和的な態度が急進的反マケドニア派の人々との対立を生み、急進派の領袖ヒュペレイデスと穏健派の領袖デモステネスが裁判で対決した、という見方が有力である。

デモステネスがテーベの反乱以降は反マケドニア活動を手控えたこと、そして、ヒュペレイデスがアレクサンドロスの死後にマケドニアとの開戦に向けて大きな活躍を見せたことは確かである。しかし、ハルパロス裁判に至るまでの時期において、二人の間に対マケドニア政策をめぐる先鋭な対立が生じていたのだろうか。

ヒュペレイデスが政界で頭角を現わした前三四三年からカイロネイアの戦いに至るまでは、二人は反マケドニアの同志として足並みを揃えて活動していた。テーベの反乱ののち穏健な政策に転じたデモステネスとは対照的に、ヒュペレイデスはその後も急進的反マケドニア派のリーダーとして活動していたとする見解が根強いが、第四章で見たヒュペレイデスの活動は、急進的反マケドニア派のリーダーのものとは言いがたい。彼は、テーベの反乱のときもアギス戦争のときも、一切行動を起こしてはいないのである。そうすると、テーベの反乱以降のデモステネスの宥和的な態度がヒュペレイデスとの軋轢《あつれき》を生み、両者の間に対マケドニア政策をめぐる政治的対立が生じていたという従来の見解は、疑わしいものと言わざるをえない。

二人の対立の起点を、前三二四年六月のハルパロス来航時の対応をめぐる政治的衝突に求める見解もある。つまり、ハルパロスと結んで反乱を起こすことを企てた急進派のヒュペレイデスと、ハルパロスの入国拒絶や入国後の拘留を提案して慎重策を講じた穏健派のデモステネスとの間に、この時点で決裂が生じたという解釈である。

しかし、先にも触れたように、ハルパロスの来航時にヒュペレイデスがそうした行動を起こしたことを示す史料はない。史料から確認できるヒュペレイデスの反マケドニア活動は前三二三年六月のアレクサンドロスの急死以後のことであり、テーベの反乱以降であれ、ハルパロス事件においてであれ、ヒュペレイデスとデモステネスの間に対マケドニア政策を軸とする政治的対立があったことは確かめられないのである。

では、そうした政治的対立でなかったとしたら、かつては同志として足並みを揃えて活動したこの二人の老政治家が裁判で繰り広げた熾烈な争いは、何を背景とするものだったのか。プルタルコスの名前で伝わる『十大弁論家列伝』のなかのヒュペレイデスの伝記には、次のような興味深い一節がある。

ヒュペレイデスは、秘かにデモステネスを告発するための準備をととのえており、そしてそれが明るみに出た。というのは、ヒュペレイデスが病気になったとき、デモステネスがヒュペレイデスの家にやってきて、ヒュペレイデスがデモステネスを告発する文書をもっているのを見つけたからである。デモステネスが憤慨すると、ヒュペレイデスは次のように言った、「君が私の友人である間は、これは君に何の害も与えはしないが、もし君が私の敵にまわれば、これは私に背くことを君に一切させないようにするだろう」。

（八四九E―F）

ハルパロス裁判での二人の争いが対マケドニア政策をめぐる衝突から生じたとは考えにくいとすると、このエピソードは、政治的次元を離れた両者の微妙な対立関係を暗示する手がかりとなるように思える。

また、ヒュペレイデスとデモステネスは、さまざまな点で対照的である。大酒飲みで食い道楽、ばくち好きのうえに大の遊女好きという放埒《ほうらつ》な道楽者だったヒュペレイデスと、「水を飲み、夜学ぶ男」と呼ばれた、酒を一滴も飲まない堅物のデモステネス。ロゴグラフォスや法廷での共同弁論人としての活動で生計を立てていたヒュペレイデスと、ロゴグラフォスとして他人のために弁論は書いても、私訴裁判で他人のために弁じたことがないのを誇っていたというデモステネス。そして何よりも、デモステネスやリュクルゴスのように市民たちから尊敬されず、一度も冠を授けられることのなかったヒュペレイデスと、たびたび冠を授与され、カイロネイアの戦い以降も市民たちの信望が厚かったデモステネス。カイロネイアの戦いまでは行動をともにしながらも、こうした二人の間に奥深いところで相容《あいい》れないものがあったことは想像に難くない。

マケドニアと戦うか否かという大きな問題がほかのあらゆることを圧倒していた前三三八年までの時期には、二人はそうした相容れないものがありながらも、マケドニアと戦うという共通の目標のために結束していた。ところが、カイロネイアの戦い以降、とりわけテーベの反乱以降、マケドニアと戦うことが現実的な選択肢ではなくなった状況において、それまでの共通の目標が消え失せ、二人の奥深い個人的な確執が表面化するに至ったのだろう。ハルパロス裁判で両者が繰り広げた熾烈な争いは、そうした個人的な確執を主たる背景としていたと考えることもできる。

アレクサンドロス死後のラミア戦争においては、次章で見るように、ヒュペレイデスとデモステネスは和解し、再び手を取り合って反マケドニア運動に奔走する。それは、アレクサンドロスの急死によってこれまでの情勢が一変し、マケドニアに抵抗することがカイロネイアでの敗北以来初めて現実的な意味をもつようになった状況で、二人が個人的な確執を越えて、再び共通の目標に向かって結束したということなのだろう。

さまざまな「個人的対立」

こうしたヒュペレイデスとデモステネスの「個人的対立」が裁判の背景にあったとすると、ほかの被告や告発人の場合はどうだろうか。被告・告発人の対立関係を示す具体例を、史料からできる限り拾い上げてみたい。

【被告アリストゲイトンと告発人ヒュペレイデスの場合】

名うての告発常習者として多くの政治家たちを告発の標的としていたアリストゲイトンは、当然、多くの恨みを買っていただろうが、ハルパロス裁判の告発人のなかでアリストゲイトンに告発されたことがあるのはヒュペレイデスである。アリストゲイトンは、カイロネイアの戦いの直後にヒュペレイデスが提案した緊急措置を違法であるとして告発した。ヒュペレイデスは裁判で無罪になったものの、アリストゲイトンに恨みを抱いていたに違いない。もしヒュペレイデスの提案した緊急措置が告発を受けずにすみやかに実施されていたなら、敗戦後のアテネにおいて彼の威信が一躍高まっていただろうから。

【被告デマデスと告発人ヒュペレイデスの場合】

ヒュペレイデスは、前三三七年、オリュントス人エウテュクラテスの顕彰を提案したデマデスを違法提案のかどで告発している（裁判の結果は不明）。さらに注目に値するのは、時期は不明であるものの、ヒュペレイデスがデマデスの息子デメアスと法廷で争ったという事実である。二人の争いはヒュペレイデスの弁論の断片から知られ、裁判の原因も結果も不明だが、デマデスは父子二代にわたってヒュペレイデスと法廷で対決したことになる。デマデスとヒュペレイデスの根深い対立関係がうかがえる。

【被告カリクレスと告発人ヒュペレイデスの場合】

先に触れたように、カリクレス自身の政治活動は一切伝えられていないので、カリクレスが収賄者として被告となった背景には、彼の舅である大物のフォキオンを裁判に巻き込もうとする陰謀があったと考えたい。実際、拒絶されたものの、カリクレスはフォキオンに裁判での弁護を依頼しているのだから。もしフォキオンがカリクレスの共同弁論人として裁判に出廷していたとしたら、告発人との間で激しい論戦が繰り広げられていたに違いない。

そう考えると、フォキオンとの対立関係がうかがえる告発人はヒュペレイデスである。ヒュペレイデスは、以前、フォキオンの顕彰を提案したメイディアスを告発したことが知られている。この一件の年代は不明だが、ヒュペレイデスの敗訴に終わったという。さらに、ヒュペレイデスの息子グラウキッポスが多くの材料を集めたうえでフォキオンを攻撃する演説を行なったことが、プルタルコスの『フォキオン伝』に伝えられている（四章二節）。この一件も年代や背景は不明だが、グラウキッポスのこの行動からも、父ヒュペレイデスのフォキオンに対する敵意がうかがえる。こうしたヒュペレイデスのフォキオンに対する敵意が、フォキオンの娘婿カリクレスを被告とするハルパロス裁判のひとつの背景になっていたのではないか。

【被告カリクレスと告発人ピュテアスの場合】

さらに、フォキオンは告発人のピュテアスの恨みも買っていたらしい。同じくプルタルコスの『フォキオン伝』によれば、ピュテアスが初めて民会で発言するようになった頃、フォキオンはピュテアスに向かって、「黙らないか、民衆に新しく買われた奴隷のくせに」と一喝したという（二一章二節）。民会にデビューしたての新進の政治家ピュテアスが、重鎮のフォキオンにこのように罵倒されて恨んでいたことは想像に難くない。

【被告アリストニコスと告発人メネサイクモスの場合】

すでに触れたように、リュクルゴスに対して大きな恨みを抱いていたメネサイクモスが告発人となった動機は、リュクルゴス亡き今、彼の協力者だったアリストニコスを糾弾し、リュクルゴスの輝かしい功績に泥を塗ることだったのではないか。

こうした事例からうかがえる対マケドニア政策とは無縁の「個人的対立」がハルパロス裁判の主たる背景であり、裁判はそうした数々の旧怨を晴らす場となったのではないだろうか。対立関係がうかがえる事例が限られているため、あくまでも推測の域を出るものではないが、被告も告発人も政治的立場はまちまちで、ひとつの枠でくくれるような均質なグループではないことを考えると、政治的な対立ではなく、被告と告発人の間のさまざまな「個人的対立」が裁判の主要な要因となっていたと捉えることも可能だろう。

第三章で見た「冠の裁判」は親マケドニア派と反マケドニア派の争いでは決してなかったが、ハルパロス裁判も、反マケドニア派内部の急進派と穏健派の争いとはとうてい言いがたい裁判である。アテネとマケドニアの平穏な関係はこの時期にも存続し、そうしたなかで、「冠の裁判」と同様に、政治的次元を離れた「個人的対立」という要因がハルパロス裁判においても重要な役割を果たしたのだろう。

勿論、そうした「個人的対立」がかつての政治的な問題をめぐる対立から生じたものだったということも、十分に考えられる。しかし、少なくとも、現時点での実際の政策をめぐって争っていたのではないという意味において、「政治的対立」よりも「個人的対立」が大きな比重を占めていたと見てよいだろう。

ハルパロス裁判は、アレクサンドロスに対する反逆者にかかわる事件の裁判であり、切迫した対外情勢を背景として実際の政策が争点となりえたにもかかわらず、そうした「個人的対立」が裁判の主要な要因となっていたということは注目に値する。この裁判は、対マケドニア政策を軸とした政治的対立という構図ではこの時期のアテネの政治家たちの動きを把握できないことを示す好例と言えるだろう。

デモステネスは収賄したのか

最後に、デモステネスは本当にハルパロスから金を受けとったのか、という問題について触れておきたい。たびたび冠を授けられ、カイロネイアでの敗北を経てもなお市民たちの信望の厚かった老政治家は、ここへきて、アレクサンドロスの財務長官の大金に目が眩んでしまったのだろうか。

終章で見るように、政治家としてのデモステネスに対する後世の評価は、「ギリシアの自由に殉じた愛国的英雄」として賛美する見解と「視野の狭い浅はかなエゴイスト」として糾弾する見解に分かれ、めまぐるしい変遷を遂げてきた。こうした評価は肯定的なものと否定的なものに二極分化しているが、デモステネスがあくまでもアテネの自由を守り抜こうとした愛国者であるという点については一致を見ている。視野が狭かろうと、浅はかだろうと、彼が「愛国の士」と見なされてきたことに変わりはないのである。

しかし、ハルパロス事件における「賄賂に負けて有罪となり亡命した政治家」という汚れたイメージは、こうした「祖国愛に燃えた闘士」という像と大きな隔たりがある。そこに、ハルパロス事件の残した重い「負の遺産」がある。この事件はデモステネスの政治生命に事実上とどめをさす結果となったが、それのみならず、彼に対する後世の評価にも色濃く影を落とすことになったのである。

そこで歴史家たちは、そうしたハルパロス事件の「負の遺産」を乗り越えようと試みてきた。デモステネスは当時の紛糾したアテネの政界における一種のスケープゴートとして排除されたにすぎないとして、あくまでも彼の「無実」を主張する歴史家も多い。

また、デモステネスがハルパロスから金を受けとったことは認めるものの、彼はその金をアテネのために使った、とする見解も根強い。とくに、デモステネスはタイナロンで活動していたレオステネスの軍資金を調達するためにハルパロスから金を受けとった、という説がしばしば唱えられている。つまり、デモステネスの「収賄」は、レオステネスが秘かに準備を進めていた反マケドニア蜂起のための行動であり、裁判でそれが公になるとアテネが窮地に立たされるので、彼は自らの有罪判決をもって祖国を守り抜いた、という解釈である。

当時、タイナロンに膨大な数の傭兵が集結していたことはすでに触れたが、ラミア戦争で大きな活躍を見せるレオステネスは、前三二五年頃からタイナロンで傭兵たちの司令官を務めていた。デモステネスは、そのレオステネスに用立てるために、ハルパロスから金を受けとったのだろうか。

デモステネスとレオステネスのこうした「秘密の協力関係」を裏づけるような史料は残っていないが、レオステネスの父とデモステネスの間にカリストラトスを介しての関係があったことをその根拠として指摘する歴史家もいる。第一章で見たように、デモステネスは一八歳のときにカリストラトスが法廷で雄弁を振るうのを聴き、弁論で身を立てる決心をした（ただし、それ以降二人がどのような関係にあったのかは不明である）。また、レオステネスの同名の父はカリストラトスと親しいストラテゴスで、前三六一年に裁判に敗れて亡命したが、デモステネスは前三四六年に彼を帰国させることを提案している。これらのことから、デモステネスとレオステネスの間には何らかのつながりがあったようにも思える。

ただし、ハルパロス事件当時のアテネにおいて、史料に現れる「レオステネス」は実は二人おり、タイナロンの傭兵軍の司令官レオステネスのほかに、前三二四／三年にストラテゴスを務めていたレオステネスという人物がいる。そして、近年の研究では、後者のレオステネスの父がカリストラトスと親しいストラテゴスだったという見解が有力になっている。そうだとすると、タイナロンの傭兵軍の司令官レオステネスはデモステネスとは無関係ということになる。

こうして見ると、やはり、デモステネスとレオステネスの「秘密の協力関係」の根拠は弱いと言わざるをえない。魅力的な説ではあるが、「祖国愛に燃えた闘士」というデモステネスのイメージが独り歩きした苦しまぎれの説明、という印象も否めない。デモステネスの「収賄」を「愛国的行為」に塗りかえ、彼をあくまでも愛国的英雄として讃えようとする「神話」の根強さを、あらためて思い知らされる。

第六章　終幕――デモステネスとアテネ民主政の最期

1　民主政アテネの最後の戦い

デモステネスの亡命生活

ハルパロス裁判の結果、有罪判決を受けて五〇タラントンの罰金を科されたデモステネスは、その支払いができずに投獄された。前章で述べたように、五〇タラントンという罰金刑は異例に軽いものではあったが、裕福な政治家とはいえ、とうてい個人で支払うことのできる額ではなかった。

しかし、ほどなくデモステネスは脱獄し、アテネから去った。のちに彼が亡命先からアテネに宛てて送った書簡によれば、脱獄したのは嫌疑を受けた恥ゆえと、高齢のために獄舎生活に耐えられなかったからだという。

デモステネスは、亡命生活の大半をアテネから遠からぬアイギナとトロイゼンで過ごした。プルタルコスは、六一歳になるデモステネスの亡命生活を、次のように伝えている。

デモステネスは亡命生活に毅然と耐えたわけではなかった。アイギナとトロイゼンとに大方、滞在し、アテネの方を眺めては涙に暮れていた。そういう次第だから、思慮に欠ける言葉や、政治活動に携わっていたときの勇気に満ちた行ないにふさわしからぬ言葉が記録に留められている。というのは、市域から逃れ出ようとするとき、アクロポリスに向かい両手をあげて言った、と伝えられる。「ポリスの守り神なる女神アテナよ、いったい、なぜに三つも、このうえなく残忍な動物たちを嘉《よみ》し給うのですか。梟とか蛇とか民衆とかを」と。彼のもとへやってきてともにひとときを過ごす若者たちに、政治から離れるようにと説き、次のように語ったとも伝えられている。私の前に初めから二つの道、演壇と民会に至る道とまっすぐに死に通じる道とがひらけていたとしよう。その場合、たまたま、政治にかかわるもろもろの悪、すなわち恐怖、嫉妬、中傷、争闘といったものを見通していたとしたならば、私はまっすぐに死へと続く道を突き進んでいたであろう、と。（『デモステネス伝』二六章五―七節、伊藤訳）

アテネの方を眺めては涙に暮れていたというデモステネスは、亡命先からアテネの民会と評議会に宛ててたびたび書簡を送り、自身の帰国を一刻も早く認めてほしいと訴えている。デモステネスの名のもとに伝わる六篇の書簡は、その真偽をめぐって議論があるが、第一書簡から第四書簡までの四篇はデモステネスの真作であり、これらは全てこの亡命生活の間に書かれたものと見るのが有力である。デモステネスは、これらの書簡のなかで自分は無実であると強く主張し、不当な有罪判決をすみやかに取り消すよう求めている。

デモステネスが亡きリュクルゴスの三人の息子の釈放を訴えたのも、この頃のことである。すでに触れたように、リュクルゴスに深い恨みを抱くメネサイクモスがその息子たちを告発し、彼らは有罪となって投獄されていた。その息子たちのためにデモステネスがアテネに送ったのが、彼の第三書簡である。この書簡のなかで、デモステネスは亡きリュクルゴスを讃え、彼の息子たちへの処置が不当であるとしてその釈放を求めるとともに、ほかの書簡と同じように、自身が無実であることを切々と訴えている。

まもなく、ギリシア全土に激震が走った。前三二三年六月、バビロンにて、アレクサンドロスが三二歳という若さで突然世を去ったのである。

ラミア戦争に向けて

後継者について何の遺言も残さなかったアレクサンドロスの急逝は、数々の有力武将たちによる熾烈な跡目争いを引き起こした。約半世紀にわたって繰り広げられる「後継者戦争」である。アレクサンドロスの死は、ギリシア世界にとってもひとつの時代の終わりであり、新しい時代の始まりを告げる転機となった。

前年のアレクサンドロスのスサ帰還以来、亡命者復帰王令などをめぐってギリシア世界に波風は立っていたが、ギリシア諸都市が実際にマケドニアに刃向かう道を選ぶのは、ようやくこの時点からである。とりわけ、マケドニアの覇権のもとで平和と繁栄を享受していたアテネにとって、アレクサンドロスの死は、そうした平穏な時代の終焉を告げる大きな画期となった。マケドニアに対して反旗を翻すことが初めて現実的な意味をもち、ここにおいて、アテネはラミア戦争に向けて舵を切ることになったのである。

ここからアテネを戦争へと牽引するリーダーとなるのは、タイナロンの傭兵軍の司令官レオステネスである。アテネはこのとき、レオステネスのもとへハルパロスの資金の一部と武具を送っている。アクロポリスに保管されていたハルパロスの三五〇タラントンの資金が、こうしてラミア戦争に向けての軍資金として使われたのである。

レオステネスは、アテネとアイトリアの同盟を成立させたのち、アイトリアから七〇〇〇人の兵を得た。さらにアテネからは五〇〇〇人の歩兵、五〇〇人の騎兵、二〇〇〇人の傭兵を得て、もともとタイナロンでレオステネスの配下にあった八〇〇〇人の傭兵と併せ、彼の率いる軍勢はかなりの規模に膨れ上がった。続いて、レオステネスはロクリスやフォキスを訪れ、反マケドニア共同戦線の結成を呼びかける。レオステネスが奔走している間、ヒュペレイデスもペロポネソス各地をまわってマケドニアとの開戦を促し、大きな活躍を見せた。

アテネでは、この頃、親マケドニアと目される人々が次々と失脚もしくは追放の憂き目を見た。前年にアレクサンドロスの神格化を提案したデマデスは、違法提案のかどで告発され、有罪となって一〇タラントンの罰金を科された。これで通算して三度有罪となったデマデスは、市民権を失った。

かつてアレクサンドロスと師弟関係にあり、アンティパトロスとも親密だったアリストテレスは、このとき不敬罪で告発された。アリストテレスは、前三四〇年代末にペルシアの手にかかって非業の死を遂げたヘルメイアス（小アジアのアタルネウスの僭主）を悼んで「徳の頌歌」を詠んでいたが、そのなかでヘルメイアスを神のごとく讃えたことが神々に対する冒瀆にあたるとして、今になって告発されたのである。彼は、リュケイオンの学園をテオフラストスに任せて母方の故郷カルキスに亡命し、翌年、六二歳で病没した。

ハルパロス裁判で告発人となったピュテアスと、裁判の直前にデモステネスによって告発されたカリメドンは、このときアテネを去ってアンティパトロスのもとへ身を寄せた。彼らはアンティパトロスの使節たちとともにギリシア各地へ赴き、マケドニアから離反しないよう説いてまわったという。

その頃、まだアテネへの帰国を許されていなかったデモステネスは、亡命の身で、ラミア戦争に向けての活動に加わった。彼はアテネの使節たちに同行してペロポネソス各地を訪れ、マケドニアとの開戦を呼びかけた。アルカディアでは、アンティパトロスの使節として説得にあたっていたピュテアスと激しい論戦を繰り広げたと伝えられる。同じ頃、彼はハルパロス裁判で対決したヒュペレイデスと和解し、二人は結束してマケドニアとの戦争へ向けて力を尽くした。

こうしたなかで、ギリシア連合軍の総司令官となったレオステネスは、マケドニアの側についたボイオティアの諸都市を破って要衝テルモピュライを占領した。アンティパトロスは、小アジアの総督のひとりレオンナトスと、マケドニア本国に帰還する約一万の古参兵を率いて当時キリキアにいたクラテロスに、急遽支援を求めた。

前三二三年秋、レオステネスが率いるギリシア連合軍は、テッサリアのラミアにおいてアンティパトロスの軍勢を包囲した。こうして、ギリシア諸都市の最後の反マケドニア闘争となるラミア戦争の火蓋が切られた。ギリシア連合軍が優位に立ったラミアの包囲戦は数ヵ月続く。この戦争をラミア戦争と呼ぶのは、このラミア包囲戦に由来する。

戦争の勃発する直前、レオステネスの率いる大軍勢に感嘆したアテネ市民たちを前に、フォキオンは、「スタディオンには結構だが、ドリコスの戦争には、私も心配だ。アテネには余分の金も船も兵士もないから」と述べたという。短距離走のスタディオン（約一九二メートル）は結構でも長距離走のドリコス（約一四〇〇～五〇〇〇メートル）は覚束ない、つまり、短期決戦なら何とかなっても長期戦になるとアテネはもたない、とフォキオンは憂えたのである。長年の軍務経験に裏打ちされた彼のこの言葉は的確な判断だったことが、その後の戦局から明らかになっていく。ラミアの包囲で戦争を有利に始めたギリシア連合軍は、翌前三二二年春頃から急速に劣勢に転じるのである。

ラミア戦争の経過

ラミアでアンティパトロスを包囲したギリシア連合軍は無条件降伏を要求するが、アンティパトロスはレオンナトスとクラテロスの軍の到着に望みを託して包囲に耐えた。包囲戦はギリシア連合軍側が優位に展開するが、長引く包囲戦のなかでレオステネスが戦死したことが大きな打撃となる。後任にアテネのアンティフィロスが任命されたが、有能な指揮官だったレオステネスの才覚にはとうてい及ばなかった。また、長い包囲戦で疲弊したアイトリア軍が撤退してしまったのも痛手となった。

前三二三年の末頃、レオステネスをはじめとする戦没者たちの国葬がアテネの墓域ケラメイコスで執り行なわれた。この国葬で葬送演説を弁じる大役に任じられたのは、ヒュペレイデスだった。アテネの自由に殉じたレオステネスを讃えるヒュペレイデスの葬送演説は、現存する最後の葬送演説であるとともに、民主政アテネの絶筆とも言える弁論である。

開戦に向けてのデモステネスの努力が認められて、アテネの民会でついに彼の帰国を許可する決議が可決されたのはこの頃である。これを提案したのは、デモステネスの従兄弟デモメレスの息子デモンだった（デモンをデモステネスの従兄弟と見る説もある）。

早速、デモステネスを迎えるための三段櫂船が準備され、彼が滞在するアイギナへと出航

表２　ラミア戦争年譜

前323	秋	ギリシア連合軍がラミアでアンティパトロスを包囲（ラミア包囲戦） →ラミア戦争の開始
		レオステネス戦死
	冬	戦没者の国葬でヒュペレイデスが葬送演説
		デモステネスがアテネに帰国
前322	春	アビュドスの海戦でアテネ艦隊が敗北 →レオンナトスの率いるマケドニア軍がラミアへ
		アンティパトロスが包囲を脱してマケドニアに帰還
		クレイトス麾下のマケドニア艦隊がエーゲ海へ
	初夏	アモルゴスの海戦でアテネ艦隊がクレイトスに大敗
		アテネ艦隊が再度クレイトスに敗れる（マリス湾付近の海戦？） →アテネ海軍の壊滅
		クラテロスの率いるマケドニアの大軍が到着
	８月	クランノンの戦いでギリシア連合軍が敗北
	９月	アンティパトロスがアテネを占領 →アテネ民主政の終焉
	10月	ヒュペレイデスとデモステネスの死

注）ラミア戦争における戦闘のクロノロジーについては多くの議論があり、とりわけ、ラミア戦争の経過を詳しく伝えているディオドロスが海上での戦いについてはごくわずかしか言及していないため、海戦の回数や時期、順序に関してはさまざまな見解が提示されている。ここでは、主としてW. ヘッケルの研究（1992年）に依拠した。

した。デモステネスがアテネに到着すると、大勢の市民たちがこぞって彼を出迎えた。デモステネスは、両手を天にさしのべて自らを祝福したと伝えられる。未払いだった五〇タラントンの罰金は免除することができなかったので、デモステネスにゼウス・ソテルの儀式のための祭壇を設営するよう命じ、その設営費用の名目で罰金額に相当する五〇タラントンを国庫から彼に支給するという工夫が施された。

ラミアでの包囲戦が続くなか、前三二二年春、ラミア戦争の転回点となる戦闘がヘレスポントス海峡で行なわれた。アビュドスの海戦である。この海戦でアテネ艦隊がマケド

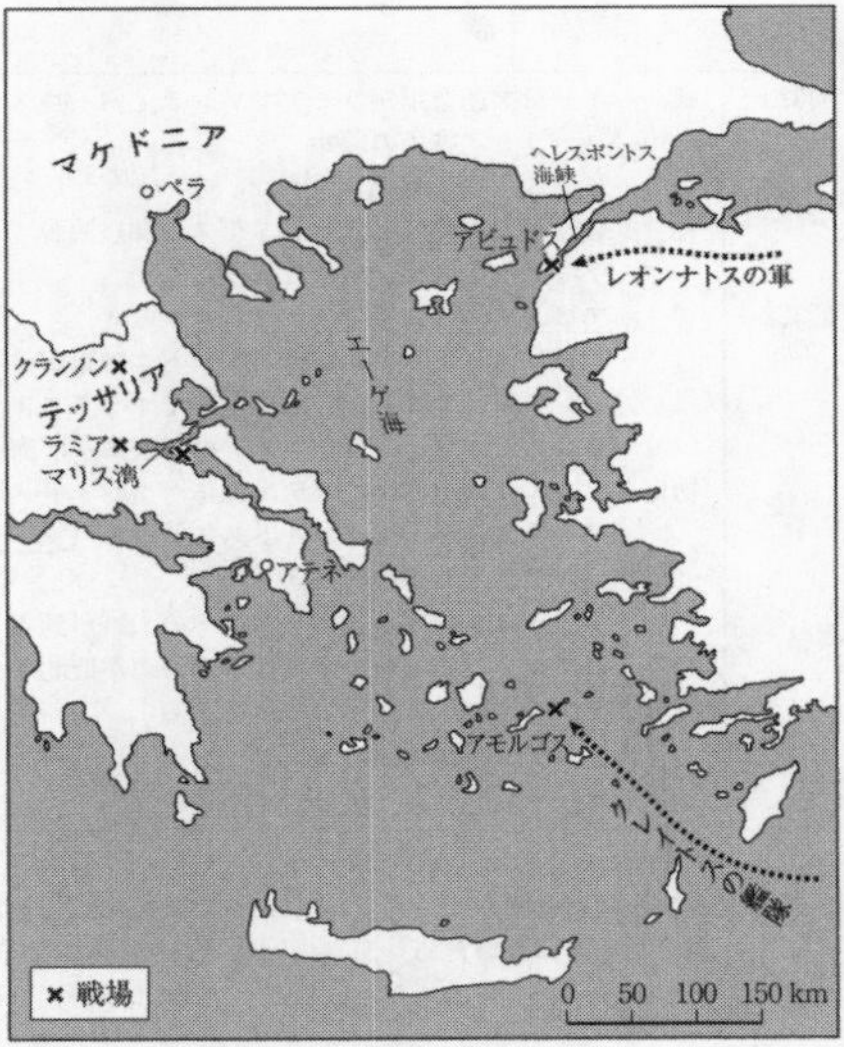

図11　ラミア戦争の戦場

ニア艦隊に敗れ、これによって、小アジアのレオンナトスの軍がヘレスポントス海峡を渡ってギリシア本土に上陸することが可能になった。アンティパトロスが待ちわびたレオンナトスの軍は、歩兵二万、騎兵一五〇〇を数えた。レオンナトスの軍はラミアでアンティパトロスに合流し、レオンナトス自身は戦死を遂げたが、アンティパトロスはついに包囲を脱してマケドニアに帰還した。

その年の初夏、エーゲ海のアモルゴス付近で行なわれた海戦で、エウエティオンの率いる一七〇隻のアテネ艦隊がクレイトスの率いるマケドニア艦隊に大敗を喫した。ほどなくして、残っていたアテネ艦隊が再度クレイトスの艦隊と戦って敗れ、これをもって、ギリシア随一と謳われたアテネ海軍に完全にとどめがさされることになった。

アテネ海軍が壊滅し、海上でのマケドニアの勝利が不動のものとなった頃、クラテロスの率いるマケドニアの大軍がようやく到着し、アンティパトロスの軍に加わった。そして八月上旬、テッサリアのクランノンで最後の決戦が行なわれた。戦いの日は、メタゲイトニオン月七日。奇しくも、あのカイロネイアの戦いと同じ日だった。

決戦は、マケドニア軍の勝利に終わった。カイロネイアの戦いからちょうど一六年目のこの日、ギリシア連合軍は、再びマケドニアの軍門に降ったのである。こうして、ギリシア諸都市がマケドニアから独立を果たす望みは、最終的に絶たれることになった。

民主政の終焉

ギリシア連合軍の敗北の報がアテネに伝わると、マケドニア軍がアテネへ進軍してくることを恐れた市民たちは、講和交渉のための使節をアンティパトロスのもとへ送った。一六年前、カイロネイアでの敗北後にフィリポス二世のもとへ派遣されて講和の交渉にあたったのは、デマデス、フォキオン、アイスキネスの三人だったが、今回もまた、デマデスとフォキオンに白羽の矢が立った。デマデスは、前年に違法提案のかどで告発されて三度目の有罪となってから市民権を失っていたが、このとき特赦を得て市民権を回復し、アンティパトロスとの交渉の任に就くことになった。ファレロン区のデメトリオスと、アカデメイアの三代目の学頭を務めていたクセノクラテスも、この使節団に加わった。

アテネの使節団は、クランノンから南下してテーベに陣を構えていたアンティパトロスとクラテロスのもとへ赴き、講和の交渉にあたった。アンティパトロスは、一六年前のフィリポスとは異なり、アテネに対して厳しい態度で臨んだ。彼は、前年の秋に自身がラミアで包囲されたときに求められたように、アテネに無条件降伏を要求したのである。さらに、アテネの国制を変革すること、ピラエウス港の要塞ムニキアにマケドニアの駐留軍を置くこと、デモステネスやヒュペレイデスの身柄を引き渡すことなどを求めた。

こうしたアンティパトロスの要求に対しては、使節団のなかでも意見が割れたらしい。クセノクラテスは、「アンティパトロスの仕打ちは奴隷に対するものとしては寛大であるが、自由人に対するものとしては苛酷だ」と批判し、フォキオンは、「ムニキアに駐留軍を置くことだけは勘弁してほしい」と懇願したが、アンティパトロスは頑として聞き入れなかったという。

いずれにしても、すでに海軍を失ったアテネには、アンティパトロスの出した条件をのむしか道はなかった。アテネでは、デマデスの動議によって、デモステネスやヒュペレイデスをはじめとする政治家たちに死刑が宣告された。このとき死刑宣告を受けたことが知られるのは、デモステネスとヒュペレイデスのほかに、反僭主法を提案したエウクラテス、ハルパロス裁判の被告のひとりアリストニコス、そして講和の交渉にあたったデメトリオスの兄ヒメライオスである。彼らは皆、すでにアテネから逃亡していたが、アンティパトロスの手勢に追われ、まもなく次々と処刑されていくことになる。

こうして、アテネはマケドニアに降伏した。九月には、マケドニアの駐留軍がムニキアに到着した。アテネにとって、外国の駐留軍を受け入れるのは耐えがたい屈辱だった。アテネは、オロポスとサモスも失った。

さらにアンティパトロスは、一定の財産をもつ上層市民に参政権を限定するという一種の寡頭政をアテネに押しつけた。参政権の財産資格は二〇〇〇ドラクマとされ、これによって、参政権を有する成年男子市民は九〇〇〇人となり、一万二〇〇〇人が参政権を失ったと伝えられる。このとき参政権を失った市民たちのなかには、アテネを去ってトラキアに移住した人々もいたという。

総計二万一〇〇〇人の市民のうち九〇〇〇人に参政権を限定するというのは、かなり穏和な寡頭政ではあるが、財産の多寡にかかわらず全ての市民が平等に政治に携わることを原則としていたアテネ民主政は、これをもって終焉を迎えたのである。

一六年前のフィリポスとの講和では、民主政は手つかずのまま存続することになり、マケドニア軍がアテネの領内に駐留することもなかった。マケドニアの覇権下に置かれたとはいえ、市民たちはそれまでと何ら変わりない生活を送ることができた。しかし、アンティパトロスは、彼がかつて重臣として仕えたフィリポスとは違った。民主政の廃止とマケドニア軍の駐留。これらは、前三三五年にアレクサンドロスによって都市を破壊され、住民を奴隷として売却されたテーベの場合に比べればはるかに穏便なものではあったが、アテネの歴史には大きな断絶が印されることになった。

その後のアテネは、アレクサンドロスの後継武将たちやヘレニズム諸王による熾烈な権力争いのなかで翻弄《ほんろう》されて再三政治体制が変わり、民主政が一時的に復活することもあったが、二〇〇年近い伝統を誇る真の意味での民主政は、この前三二二年をもって幕を閉じたのである。

2　愛国者たちのそれぞれの最期

デモステネス、ヒュペレイデス、デマデス、フォキオン。カイロネイアの戦い以降のアテネの舵取りをした男たちの運命は、ラミア戦争の敗戦をもって大きく分かれた。敗戦後のアテネで死刑を宣告されたデモステネスとヒュペレイデス。アンティパトロスとの講和交渉に尽力し、以後の寡頭政のアテネで指導者として活躍したデマデスとフォキオン。彼らはいずれも、敗戦から数年以内にあいついで非業の死を遂げることになる。彼らは皆、自分が最善と信じたやり方でアテネのために献身した政治家だった。そんな彼らの、それぞれの最期を見てみよう。

ヒュペレイデスの最期

四人のなかで最初に世を去ったのは、ヒュペレイデスである。

アンティパトロスは、アテネから逃亡したヒュペレイデスらを探し出すため、各地に追手を放ち、「亡命者の狩人」の異名をとるアルキアスという人物がその指揮にあたった。アルキアスは、かつては悲劇役者だったという。ヒュペレイデスは、アリストニコスやヒメライオスとともにアイギナのアイアコス神殿に逃げ込んでいたが、アルキアスによって神殿から引きずり出され、当時クレオナイに滞在していたアンティパトロスのもとに送られた。別の史料によれば、ヒュペレイデスだけアイギナを去り、ヘルミオネのポセイドン神殿に隠れていたところをアルキアスに捕らえられたという。

ヒュペレイデスは、ピュアネプシオン月九日（現在の暦で一〇月上旬）、六七歳で逝った。彼の死にざまについての伝承もさまざまで、クレオナイで生きながら舌を切りとられたとも、マケドニアへ連行されて舌を切りとられたとも、アンティパトロスによって拷問にかけられ、秘密を漏らさないように自ら舌を嚙み切ったとも伝えられている。彼の遺骨は、親族の手でアテネに持ち帰られたという。

デモステネスの最期

デモステネスは、アイギナに逃げ込んだヒュペレイデスらとは行動をともにせず、ひとりカラウレイアのポセイドン神殿に身を寄せていた。カラウレイアは、彼が前年に亡命生活を送ったトロイゼンのすぐ沖合に浮かぶ小島である。

槍兵たちを率いてこの島に上陸したアルキアスは、ポセイドン神殿に潜んでいたデモステネスに対し、酷い仕打ちはしないから自分と一緒にアンティパトロスのもとへ行こう、と説得を始めた。プルタルコスは、アルキアスとデモステネスのやりとりについて詳しく伝えている（『デモステネス伝』二九章）。――優しげに語りかけるアルキアスに、デモステネスは、「アルキアスよ、君は芝居の役を演じてかつて一度も私を肯かせなかった。今度の約束にしても私を納得させはしないだろう」と言い放つ。そして、「家の者たちに書き送ることがあるから、少しの間待ってほしい」と告げて神殿の奥に引き込むと、手に取ったパピルスに書き始めるかのように葦の筆を口元に近づけ、その筆先を噛んだ。しばらくして、筆に仕込んであった毒が体にまわり始めると、「敬愛するポセイドンよ、まだ息のあるうちに神域から立ち去ります。アンティパトロスやマケドニア人がやってきては、神域もあなたの廟も穢されずには済まないのです」と言い残して息絶えたという。ピュアネプシオン月一六日。ヒュペレイデスが亡くなったちょうど一週間後のことだった。享年六二歳である。

デモステネスが逃げ込んだカラウレイアは、アテネ、エピダウロス、アイギナ、ヘルミオネなど七都市によって組織された隣保同盟の中心地として栄えていた。その同盟の聖所として前六世紀末に建立されたのが、この島のほぼ中央の高台に位置するポセイドン神殿である。現在のポセイドン神殿跡は、一八世紀以降、近隣の島々の修道院の建築資材として神殿の石材が持ち去られてしまったため、松林のなかにわずかな礎石がまばらに残っているにすぎず、観光客もほとんど訪れないさびれた遺跡である（図12）。

図12　カラウレイアのポセイドン神殿の跡（著者撮影）

隣保同盟の聖所だったポセイドン神殿は、古代においては、犯罪者や逃亡者が逃げ込んで身の安全を得る避難所としても機能していた。アイギナのアイアコス神殿ではヒュペレイデスらを問答無用で引きずり出したアルキアスが、このポセイドン神殿ではそのような振舞いをせず、デモステネスの説得を試みたのはなぜなのか。それは、アルキアスがデモステネスの名声を尊重したためだったのかもしれないが、不可侵の避難所としてのポセイドン神殿の評判ゆえに神殿に踏み込もうとしなかったとも考えられる。

デモステネスも、そうした避難所としての評判ゆえに、このポセイドン神殿まで逃げてきたのだろう。前年の亡命生活中に隣保同盟の加盟国であるアイギナに滞在していた彼は、おそらく隣保同盟の有力者との結びつきを深め、アンティパトロスの手勢に追われた際、隣保同盟による仲介を期待したのかもしれない。

結局、期待した隣保同盟の保護や仲介は得られず、デモステネスは自決してしまうことになる。逃げ込んでいた神殿から引きずり出され、舌を切りとられて殺されたと伝えられるヒュペレイデスと異なり、プルタルコスの伝えるデモステネスの最期は、アルキアスとの話し合いを拒み、決然と服毒自殺を遂げた英雄的な死として描かれている。しかし、名高い避難所であるこのポセイドン神殿に逃げ込んだという行動そのものに、デモステネスの生への強い執念が見てとれるようにも思える。

デモステネスは、島の高台のポセイドン神殿から遠くアテネを望み、何を思いながら毒を仰いだのだろう。デモステネスの本当の思いは、彼の英雄的な最期を綴るプルタルコスの筆致からは読みとれそうもない。

デマデスの最期

アレクサンドロスの急逝以来アテネが激動のさなかにあった頃、東方では、アレクサンドロスの跡目を狙う武将たちの熾烈な抗争が続いていた。武将たちのなかで最初に第一の地位を占めたペルディッカスは、その後アンティパトロスやプトレマイオスとの対立を深め、プトレマイオスと戦うために遠征したエジプトで前三二一年に没した。かわってアンティパトロスが実権を握るも、高齢の彼は病に倒れ、前三一九年、ポリュペルコンを後継者に指名して世を去った。これを不服とするアンティパトロスの息子カッサンドロスは、以後、ポリュペルコンと激しい争いを繰り広げていく。約半世紀に及ぶ後継者戦争は、アレクサンドロスの死後数年の間にこうしためまぐるしい展開を見せるが、ラミア戦争に敗れて民主政に終止符が打たれたアテネも、そうした展開のなかで翻弄され、デマデスもフォキオンも非業の死を遂げることになる。

寡頭政のアテネにおいてフォキオンと並んで指導者の地位を占めたデマデスの運命は、ムニキアに置かれたマケドニアの駐留軍をめぐるアテネ市民たちの不満に端を発して、大きく変転する。前三一九年、駐留軍の撤退を願う市民たちは、フォキオンにアンティパトロスを説得してくれるよう求めた。しかし、フォキオンはこれに応じず、かわって、市民たちの要請を受けたデマデスが息子デメアスとともにマケドニアに赴くことになった。フォキオンがこの任務を拒絶したのは、おそらく、敗戦後の講和交渉の際にアンティパトロスがとった断固たる態度から、彼が駐留軍の撤退に応じることは決してないと見越していたからだろう。

マケドニアに到着したデマデス父子に、思わぬ不幸が降りかかった。当時のマケドニアでは、すでに病の床にあったアンティパトロスにかわって息子のカッサンドロスが国事を司っていたが、ちょうどこの頃、三年前にデマデスがペルディッカスに送った書簡の内容が、アンティパトロス父子に露見してしまったのである。その書簡のなかでデマデスはアンティパトロスを嘲り、さらに、マケドニアとギリシアが古い腐った糸であるアンティパトロスにしばられているので、マケドニアを乗っとってギリシア人たちを救ってほしい、とペルディッカスに要請していたという。これを知って激怒したカッサンドロスは、デマデス父子がマケドニアに到着すると、ただちに彼らを拘束した。まず息子のデメアスが殺され、続いてデマデスも処刑された。プルタルコスは、「父親は胸に(息子の)血をかけられてそれに染まり、それから忘恩と裏切りに対して甚だしい詰責と侮辱を受けて殺された」と伝えている(『フォキオン伝』三〇章一〇節、河野与一訳)。

かつてフィリポスから一目置かれ、カイロネイアの戦いに敗れたとき、フィリポスが暗殺されたとき、テーベが壊滅したとき、そしてラミア戦争に敗れたとき、とたびたびマケドニアとの仲立ちをしてアテネを救ったデマデスは、前三一九年夏、こうしてマケドニアで無惨な最期を遂げることになった。享年六一歳である。

フォキオンの最期

デマデスの一件ののちまもなく、アンティパトロスは八〇歳で世を去った。そのアンティパトロスが息子のカッサンドロスをさしおいてポリュペルコンを後継者に指名したことにより、後継者戦争は新たな段階へと突入するが、老フォキオンの運命もそれによって暗転していく。

カッサンドロスは、ポリュペルコンに対抗するために各地で同志を募って支持者を集めた。彼は、父アンティパトロスがギリシア各地に置いていたマケドニア軍を配下に入れて勢力基盤を引き継ぎ、ポリュペルコン包囲網を張ることをもくろんだのである。アテネには、かつてオリュンピア祭で亡命者復帰王令を布告した側近のニカノルを送り、ムニキアに置かれた駐留軍の指揮を任せた。

カッサンドロスとの戦争が避けられないことを知ったポリュペルコンは、ギリシア人を味方につけるために「ギリシア人の自由の回復」を宣言し、ギリシア諸都市の寡頭政を廃止して民主政を打ち立てることを企てた。アンティパトロスがギリシア各地に樹立した寡頭政権が、今や、そのままカッサンドロスの勢力基盤になっていたからである。アテネは、このポリュペルコンの宣言によって、民主政の復活と、さらにサモスの回復も約束された。

そうした展開のなかで、フォキオンは急速に市民たちの信頼を失っていく。アテネでは、まず、ニカノルが指揮するマケドニアの駐留軍への対応策が問題となった。前三一八年春、民会はストラテゴスの任にあったフォキオンにムニキアからニカノルを追放するよう命じるが、ニカノルを信頼していたフォキオンはその命令を実行しようとせず、その間にニカノルは駐留軍を率いてピラエウス港一帯を占拠した。まもなく、ポリュペルコンがさしむけた軍がアテネに到着すると、混乱した状況のなかで、フォキオンはストラテゴス職を解任され、友人たちとともにアテネに対する裏切りの罪で告発されてしまう。このときフォキオンを告発したのは、かつて彼に助けられたハグノニデスだった。

告発されたフォキオンとその友人たちは、当時フォキスに滞在していたポリュペルコンへの直訴を試みるが、アテネの民会はハグノニデスらの動議により、フォキオンを糾弾するための使節をポリュペルコンのもとへ送った。アテネの使節はフォキオンらとほぼ同時にフォキスに到着し、ポリュペルコンの面前で両者の激しい論戦が繰り広げられた。結局、ポリュペルコンは、アテネで裁判を開いてフォキオンらの処遇を決定するように命じ、彼らはアテネに連れ戻されて裁かれることになった。

フォキオンらの裁判の場となった民会は、奴隷や外国人や市民権喪失者も参加を許され、興奮した人々の怒号がとびかう騒然とした状況のなかで始まった。フォキオンの姿を見て涙を流す市民もいたが、彼を弁護しようとする者はひとりもいなかった。そして、個別の審理が行なわれぬまま、ハグノニデスの動議によって、フォキオンとその友人たちに一括して死刑判決が下されたのである。フォキオンと親交のあったファレロン区のデメトリオスとフォキオンの娘婿カリクレスは、すでにアテネから逃亡していたので、欠席裁判で死刑判決が下された。

こうして、フォキオンは市民たちの手で処刑されることになった。彼は、息子のフォコスに、「アテネの人々を恨むな」という言葉を残した。不当な死刑判決に憤る親友には、「何も予期せぬことではない。数多くの名高いアテネ人がこのような最期を遂げたのだから」と静

図13　フランスの画家ニコラ・プーサン作『フォキオンの弔い』(1648年、カーディフ、ウェールズ国立美術館蔵)

かに告げたと伝えられる。そして、ムニュキオン月一九日（現在の暦で五月上旬）、牢獄で従容《しょうよう》として毒杯を仰いだのである。享年八三歳だった。

フォキオンの悲壮な最期に追い討ちをかけるかのように、彼の遺体をアテネ領内に埋葬してはならないという決議が可決された。フォキオンの遺体は、奴隷の手によってエレウシスの先まで運ばれ、メガラから得た火で荼毘《だび》に付されたという。

こうしたフォキオンの最期は、前三九九年のソクラテスの最期を想起させずにはおかない。プルタルコスも、「フォキオンの身に起こった事柄はギリシアの人々に再びソクラテスのことを想い起こさせ、今度アテネに起こったこの罪悪と不運があのときのことによく似ていると感じさせた」という一文で『フォキオン伝』の記述を締めくくっている（三八章五節、河野訳）。

前三九九年、ペロポネソス戦争の敗北とその後の内戦の傷痕が生々しいアテネで、新しい神を導入して青年を堕落させたという罪で告発されて死刑判決を受け、牢獄で毒杯を仰いだソクラテス。彼がなぜ裁かれ、なぜ死刑になったのかは、宗教史や思想史における大問題としてさまざまに論じられてきた。ソクラテスの処刑は、無知蒙昧《もうまい》な市民たちによる民衆裁判での不当な有罪判決とされ、しばしばアテネ民主政の負のシンボルと見なされている。

ポリュペルコンによる「自由の宣言」で一時的に民主政が復活し、異様な興奮のなかにあったアテネで、それまで長年ストラテゴスを務め、市民たちから満幅の信頼を寄せられていた指導者フォキオンが告発され、たちどころに処刑されてしまった一件は、ソクラテス裁判と同様、気まぐれな市民たちの感情が暴走した結果だったのかもしれない。四年前に民主政の廃止とマケドニア軍の駐留という大きな屈辱を味わった市民たちの鬱屈した感情はここへきて爆発し、ハグノニデスらに煽動されるまま、その矛先をフォキオンに向けたのだろう。しかし、市民たちはアテネを取り巻く状況の変化とともにまもなく我に返り、偉大な指導者を自分たちの手で処刑してしまったことを悔やむようになるのである。

ポリュペルコンの海軍がカッサンドロスに大敗を喫したのをきっかけに、アテネでは再び動揺が生じ、翌前三一七年、アテネはカッサンドロスと和議を結んで彼の傘下に入った。前年に欠席裁判で死刑判決を受けたファレロン区のデメトリオスにアテネの政治が委ねられ、前三〇七年にアンティゴノス父子がアテネを占拠するまでの一〇年間、穏和な寡頭政治が行なわれた。

フォキオンと親交のあったデメトリオスの治政下で、前年に処刑され、遺体の埋葬すら禁じられたフォキオンの名誉が回復することになった。市民たちは、偉大な指導者を失ったことを悔やんでフォキオンの遺骨を丁重に葬り、彼の像を建立した。フォキオンを告発した首謀者であるハグノニデスはこのとき死刑となり、アテネから逃亡した残る二人の告発者は、フォキオンの息子フォコスによって捕えられた。とんだ放蕩息子で、生前のフォキオンをさんざん悩ませたフォコスだったが、こうして父の仇を討ったのである。

それにしても、八三年という長い生涯のうち実に半分以上の歳月はストラテゴスの任にあり、戦場においても民会においても使節団においても身を粉にしてアテネのために献身し続けたフォキオンにとって、市民たちの手で処刑されるという最期は、極めて悲劇的であり、かつ無念なものだったと思えてならない。あのソクラテスのように牢獄で従容と死に臨んだ八三歳の老翁の脳裏に去来したものは、いったい何だったのだろうか。

カイロネイアの戦い以降のアテネの舵取りをした五人の男たちは、こうして、皆それぞれ、最期を迎えた。ラミア戦争も民主政の終焉も見ることなく、平穏なアテネで静かに息を引きとったリュクルゴスを除いて、皆、非業の死を遂げたのである。

その頃、遠くロドスで弁論術の教師をしてひとり生き延びていたアイスキネスは、何を思いながら暮らしていたのだろう。長年の宿敵であるデモステネスの亡命、帰国、そしてカラウレイアでの自決の報は、アイスキネスの耳にも届いていたに違いない。彼は、それらの報をどのような思いで聞いたのだろうか。――そのアイスキネスも、ほどなくサモスで生涯を閉じることになる。

終章

1　デモステネスの遺したもの

デモステネスの名誉回復

前二八〇／七九年、アテネの民会は、デモステネスの生前の功績を讃えて、彼をアテネの自由に殉じた政治家として顕彰することを決議した。アテネで死刑宣告を受け、カラウレイアで毒を仰いでから四十余年、デモステネスの名誉はようやく回復することになった。デモステネスの子孫の最年長の男子にシテシス（一七八頁参照）とプロエドリア（最前列で観劇する特権）が付与され、さらに、アゴラにデモステネスの像が建立された。

この顕彰提案を行なったのは、デモステネスの甥デモカレスだった。デモステネスの妹の息子であるデモカレスは、後継者戦争期のアテネで民主政の復興のために活動した政治家で、カッサンドロスやファレロン区のデメトリオスに断固として敵対し、たびたび亡命の憂き目を見ている。前二九五年以来、アテネには寡頭政がしかれていたが、前二八七年に市民たちの武力蜂起が成功し、デモカレスはその翌年に帰国を果たした。ほどなくして民主政が復活したアテネで、デモカレスは、アテネの自主独立のために力を尽くした偉大な伯父の名誉の回復を提案したのである。

デモステネスは、マケドニアの支配を脱して一時的ながらも民主政が復活したアテネで、マケドニアによる抑圧からの自由を象徴する英雄として顕彰されることになった。デモステネスの像の台座には、次のような銘が刻まれたという。

デモステネスよ、もし汝がその知見にふさわしい力をもっていたならば、マケドニアのアレス（軍神）がギリシア人を支配することは決してなかったであろう。

（プルタルコス『デモステネス伝』三〇章五節、伊藤訳）

後二世紀のパウサニアスによれば、デモステネスの像はアゴラ中央のアレス神殿のそばに据えられていたという（『ギリシア案内記』一巻八章二―四節）。彫刻家ポリュエウクトスの作と伝えられるこの青銅像は現存していないが、ローマ時代に作られた数多くの大理石の模刻像から、何世紀にもわたってアゴラの喧騒のなかに立っていたデモステネス像の面差しを知ることができる。

デモステネスの像

現在、私たちのもとには、五〇点ものデモステネスの大理石像が残されている。そのうち全身像は二点で、ヴァティカン美術館とコペンハーゲンのニュ・カルスベア彫刻美術館に収蔵されている（**図14**）。全身像も胸像も、ほぼ同じ面差しのデモステネスの姿を伝えており、ローマ時代に作られたこれらの像は、いずれもポリュエウクトスによるオリジナルの青銅像からの模刻と考えられている。

両手を固く組み合わせてうつむき気味の姿勢で立つデモステネス。この像が実際のデモステネスと似ているのか、あるいは想像上の肖像にすぎないのかはわからない。禿げ上がった額、落ち窪んだ眼窩《がんか》、固く結んだ口、眉間に刻まれた深い皺。アテネの自由と独立のシンボルとしてアゴラに建立された英雄像であるのに、ここに現れる気難し屋で神経質そうな初老

図14　デモステネスの像（コペンハーゲン、ニュ・カルスベア彫刻美術館蔵。Richter, *The Portraits of the Greeks*, p. 113より）

の男の姿には、そうした英雄像に予想される美化は全く見られない。ヘレニズム時代には徹底したリアリズムによる写実的な肖像彫刻が盛んに製作されたが、この像は、強靭な精神をもって激動の時代を生き抜いたデモステネスの容貌を、まさに写実的に伝える肖像なのかもしれない。

弁論家としての評価

前二八〇／七九年に顕彰され、アゴラに像まで建立されることになったデモステネスだが、弁論家としての彼の評判はなかなか回復しなかったようである。

前三世紀には、デモステネスに敵対的なペリパトス派の哲学者たちによって形づくられた否定的な評価が優勢だった。テオフラストスやファレロン区のデメトリオスなどのペリパトス派の哲学者たちは、天賦の才に恵まれ、即席の演説に長けたアイスキネスやデマデス、力強く簡潔な演説を得意としたフォキオンをすぐれた弁論家として称揚し、対照的に、弁論家としての天性に欠け、必死の修練を積んで弁論術を体得したデモステネスを、「刻苦勉励の末に弁論家になった人物」として軽視したのである。第一章で紹介したような、頭髪を半分剃って地下の稽古部屋にこもったとか、口のなかに小石を入れて演説の練習をした、というデモステネスの異常なまでの努力を伝えるエピソードの多くは、この時期に生み出された作り話だったのではないかと考えられている。

ところが、前二世紀に入ると、そうしたデモステネスに対する評価が一変する。弁論術の研究が哲学者から修辞学者の手に移るにともなって、弁論家としてのデモステネスの評価は一躍高まり、「刻苦勉励の末に弁論家になった人物」という前三世紀には否定的に捉えられていたイメージもプラスに転化し、その懸命の努力が賞賛されるようになった。前一世紀になると、「完全無欠の弁論家」としてデモステネスを絶賛したキケロやハリカルナッソスの修辞学者ディオニュシオスらによって、「古代ギリシア最高の弁論家」という不動の名声が確立するに至る。

デモステネスに対するそうした高い評価は、その後もビザンツ帝国やルネサンス期のイタリアを経て近代の西洋世界へと受け継がれ、文化や教育のなかで弁論術が重んじられた西洋諸国において、彼の弁論は模範的な教材として尊重された。弁論家としてのデモステネスの評価は、弁論術自体の人気の盛衰にともなって若干の波はあるものの、前一世紀に確立した「古代ギリシア最高の弁論家」という揺るぎない名声は、ローマ時代から現代に至るまでさほど変わってはいないのである。

政治家としての評価

そうした弁論家としての評価とは対照的に、政治家としてのデモステネスの評価は、近代以降、激しい毀誉褒貶に晒されてきた。

アテネの自由のために戦った政治家としてのデモステネスは、古代においては、彼の没後顕彰が可決された前二八〇／七九年前後の一時期を除いては共感を集めず、近代になるまであまり関心を寄せられなかった。

近代以降は、デモステネスは同時代の政治的文脈のなかで歴史家たちの関心の的となり、その評価はめまぐるしい変遷を遂げている。とりわけ一九世紀から二〇世紀前半にかけて、政治家デモステネスに対する評価は、同時代の政治情勢と密接に結びついて、「愛国的英雄」というプラス評価と「狭量なエゴイスト」というマイナス評価の間を揺れ動いた。大国や独裁者によって祖国の自由や独立が脅かされると、大国マケドニアに抵抗し続けたデモステネスに賞賛の眼差しが向けられ、逆に大国の立場からは、大国に刃向かった愚かな政治家として軽視された。

一九世紀初頭、ヨーロッパ諸国がナポレオン戦争を戦っていた頃、近代歴史学の祖と言われるドイツの歴史家B・G・ニーブールはデモステネスを賛美し、ナポレオンに対する抵抗を促すために、デモステネスの『フィリポス弾劾・第一演説』の翻訳を時のロシア皇帝アレクサンドル一世に献上している。イギリスの歴史家G・グロートも、アテネの民主政を理想視する立場から、専政に対する自由の擁護者としてデモステネスを賞賛した。デモステネス研究の金字塔とされるドイツの歴史家A・D・シェーファーの大著『デモステネスとその時代』（一八五六〜五八年）も、デモステネスを英雄視するこうした見方を受け継いでいる。

一方、「大国」への道を歩むドイツでは、一九世紀半ば以降、J・G・ドロイゼンやK・J・ベロッホらによってデモステネスは視野の狭い浅はかな政治家として糾弾されるようになり、彼を否定的に捉える傾向が主流となった。

二〇世紀に入ると、ドイツのファシズムの脅威が強まるなかで、デモステネスを擁護する見方が再び有力となる。イギリスのA・W・ピカード＝ケンブリッジは、デモステネスをギリシアの自由に殉じた熱烈な愛国者として賛美し、フランスの首相を務めたG・クレマンソーも、晩年の著書『デモステネス』（一九二六年）のなかでデモステネスをギリシア最後の偉大な英雄として称揚している。

なお、日本では、ピカード＝ケンブリッジの著書の翻訳が太平洋戦争中の一九四二年に出版されている。『デモステネス――其の生涯と希臘《ギリシア》衰亡史』と題されたその邦訳は、現在においても、京都大学学術出版会から刊行されている『西洋古典叢書』シリーズの『デモステネス弁論集』を除けば、日本で出版されたデモステネスについての唯一の単行本である。

ピカード＝ケンブリッジの原著は、第一次世界大戦時の一九一四年、ドイツの脅威が迫るなか、デモステネスをギリシアの自由のために戦った「愛国の士」として讃えたものであるが、その翻訳が戦時下の日本で出版されたという事実は注目に値する。訳者の土屋光司氏が、まえがきの最後に、「この戦時下に於いて、デモステネスの気魄が、現代人の胸にも、なにものかを与へることが出来るならば、又英雄待望の現代に何程か、役立つならば、訳者にとっては、なにものにも代へ難い幸福である」と記しているのも、同時代の政治的文脈のなかでのデモステネスの評価を考えるうえで、示唆に富むように思われる。

フィリポス二世とイソクラテスに対する評価

政治家デモステネスに対するこうした評価は、彼が終生抵抗したフィリポス二世に対する評価や、そのフィリポスにギリシア諸都市の和合とペルシアへの遠征を促したイソクラテスに対する評価の対極に位置する。フィリポスとイソクラテスに対する評価も、デモステネスの場合と同じく、同時代の政治的文脈のなかでめまぐるしい変遷を遂げてきたのである。

先にあげたニーブールは、フィリポスをナポレオンになぞらえて「ギリシアの自由の破壊者」として徹底的に非難し、グロートも、フィリポスを「ギリシアの侵略者・破壊者」として弾劾した。この時期、イソクラテスは「最も貧弱な頭脳の持ち主」などと形容され、単なる一修辞家として軽視されている。

他方、一九世紀半ば以降、ドイツの歴史家たちの間でフィリポスは「ギリシアの統一者」として讃えられるようになる。なかでもドロイゼンは、フィリポスによるギリシア統一をビスマルクによるドイツ統一に重ね合わせ、フィリポスをビスマルクになぞらえて賛美した。ドロイゼンはヘレニズムという時代概念を初めて提唱した歴史家であり、それゆえ、アレクサンドロスに始まるヘレニズム時代への積極的評価とあいまって、フィリポスはそのヘレニズム時代の先駆者として称揚されたのである。これと連動してイソクラテスの評価も一転して高まり、近視眼的な政治家とされたデモステネスとは対照的に、その「先見の明」が讃えられるようになった。

そして二〇世紀前半には、ファシズムの台頭にともなって、主としてイギリスやフランスの歴史家たちによってフィリポスはヒトラーに比定され、フィリポスもイソクラテスも再び否定的に評価されるようになる。

デモステネスに対する評価とちょうど反比例の関係にあるこうしたフィリポスとイソクラテスに対する評価の変遷を見ると、同時代の政治情勢を背景に、歴史家たちが自らの政治的立場からさまざまな評価を下してきたことがわかる。

デモステネスとフィリポス二世

二〇世紀半ば以降は、デモステネスやフィリポスを同時代の政治的文脈のなかでそうした強烈な色づけによって評価する傾向は廃れていく。二〇世紀後半になってマケドニア史研究の活況とともにめざましい進展を見せているフィリポスについての研究とは対照的に、政治家デモステネスについての研究はかつてほどの勢いはない。

近年のフィリポス研究は、フィリポスのアテネに対する友好姿勢を強調する傾向が強いが、それと連動して、そうしたフィリポスの友好姿勢を理解しようとせず反マケドニアの立場を貫いたデモステネスを否定的に評価する傾向も見られる。つまり、デモステネスはアテネに対するフィリポスの「真意」を誤解し、いたずらにマケドニアとの全面対決を呼びかけてカイロネイアでの敗北をもたらした、という見方である。

デモステネスはフィリポスと戦うことを訴え続け、そして結局、アテネはカイロネイアでマケドニアに敗れた。これはまぎれもない事実である。デモステネスは、フィリポスの「真意」を見抜けず、状況判断を誤ったのだろうか。

デモステネスがフィリポスとアレクサンドロスの「野心」や「真意」を正しく判断したのか、というのは、近年の研究にもしばしば見受けられる問題関心である。しかし、フィリポスとアレクサンドロスのその時々の「野心」や「真意」などというものは、結局のところ、結果論から推し量ることしかできない。そうした「野心」や「真意」へのデモステネスの対応を、後知恵や、現代の私たちのモラル・スタンダードで判断して彼の政策の功罪を問い、政治家としての評価を下すことに、果たしてどれだけの意味があるのだろうか。

ハルパロスからの「収賄」をめぐっても、ラミア戦争の軍資金にあてるために金を受けとったという解釈が根強いように、デモステネスを愛国的英雄と見なす「神話」は、今なお生き続けている。そうした「神話」からも結果論からも離れて、デモステネスの言動や政策をその時々の文脈に位置づけ、その政治的社会的脈絡のなかで丹念に検討を重ねることが、やはり必要なのである。それによって、「神話」の呪詛《じゅそ》から解き放たれた血の通ったデモステネス像を構築することも可能になるのだろう。
デモステネスの人生のなかで注目を浴びることが少ない前三三八年以降の十数年間は、デモステネスに対する評価に圧倒的な影を落とすフィリポスの存在から自由になった時期であり、血の通ったデモステネス像に迫るための、まさに格好の時期と言えるのである。

2　「黄昏」の民主政

平和と繁栄の時代

これまで、デモステネスというひとりの政治家を軸に、前三三八年以降のアテネの姿を追ってきた。アテネはマケドニアの覇権のもとで平和と繁栄を享受し、前三二三年にアレクサンドロスが急死するまで、アテネとマケドニアの関係は概ね良好なものだった。アテネはマケドニアと戦うための準備を着々と進めていたわけではなく、アレクサンドロスの突然の死がアテネの平穏な時代の幕引きとなり、そこから、戦争へ向けて舵が切られたのである。

前三三八年の敗戦は、慢性的な戦争状態にあったアテネに前例のない長い平和をもたらした。フィリポスによる講和条件は極めて寛大なものであり、民主政は手つかずのまま存続した。アテネはパクス・マケドニカのもたらす恩恵を享受し、リュクルゴスの指導のもとで大きな経済的繁栄を手に入れた。テーベの反乱やアギスの蜂起の鎮圧、アレクサンドロスの遠征の輝かしい成果から、マケドニアの軍事力の圧倒的な優位も歴然としていた。

そうしたなかで、アテネ市民たちは、総じて現状に満足していたと見るべきだろう。勿論、マケドニアの覇権という現実を、彼らは決して歓迎していたわけではあるまい。しかし、マケドニアの圧倒的な力の前で、彼らが武力によって現状を打開することを望んでいなかったのは、アギス戦争やハルパロス事件の際のアテネの気運からも見てとれる。この時期、少なくとも前三三五年のテーベの反乱以降は、マケドニアに対して武力抵抗を企てることが現実的な選択肢としてはありえないという認識が、市民たちに共有されていたのである。アレクサンドロスという巨大な存在が、突如彼らの前から消え失せてしまうまでは。

マケドニアに対する武力抵抗は現実的にはありえないという一種のコンセンサスのもとで、対マケドニア政策は、もはや政治家たちの対立軸にはなりえなかった。つまり、対外政策（＝対マケドニア政策）は能動性を失い、それまで外に向けられていた政治家たちの関心が内に向かうようになったのである。政治家たちの関心が国内の問題に収斂《しゅうれん》していった状況で、政界における個人的な要因の比重が増し、政治的次元を離れた個人的な対立がしばしば政界を支配した。政治家たちは個人的感情によって離合集散を繰り返し、そうした様相が最も顕著に現れた事例がハルパロス裁判だったのではないか。

カイロネイアの戦い以前の状況と比べると、その変化がより鮮明になる。前三三八年以前のアテネには、マケドニアと戦うか否か、という対外政策における明確な対立軸が存在していた。親マケドニア派と反マケドニア派の政治抗争、換言すれば、和平派と主戦派の争いは、確かにあったのである。

マケドニアの台頭以前の前四世紀前半においても、ギリシア世界に干渉するペルシアの勢力をにらみながらスパルタやテーベと覇を争っていたアテネでは、対外政策が重要な対立軸だった。そうした時期には、スパルタ、テーベ、ペルシアといった複数の要因が存在し、ときには反スパルタの路線は親テーベの路線と重なり合ったりもした。こうした複数の軸をめぐって政治家たちがグループを形成し、政治抗争を繰り広げていたのである。

前三五〇年代になってマケドニアの台頭が始まり、アンフィポリスなどをめぐってアテネとの対立も深まるが、当初は、マケドニアもそうした複数の要因のひとつだった。デモステネスが前三五二／一年の『フィリポス弾劾・第一演説』において反マケドニアの路線を選びとったときも、その反マケドニアという路線は、これまでに政治家たちがその時々で奉じていた反スパルタや反テーベといった路線と同様、複数ある路線のひとつにすぎなかった。

ところが、前三四〇年代に入って、マケドニアの脅威がとてつもなく大きなものであることが明らかになる。その巨大な脅威は、反マケドニアの路線を選びとったデモステネスに政治家としての大きな成功をもたらすとともに、マケドニアと戦うか否かという二者択一の問題がアテネの政界を支配するという状況を生み出した。そして、前三三八年のカイロネイアの戦いに至るまで、和平派と主戦派の抗争が続いたのである。

R・シーリーが強調するように、政治家間の個人的な関係は、確かにアテネの政治において重要な役割を果たしていた。ただし、序章でも述べたように、政策やイデオロギーといった要因が政治に作用していなかったはずはなく、そうした政策的な要因とそれらを離れた個人的な要因の、その時々における比重こそが問題なのである。そう考えれば、マケドニアというとてつもない脅威に直面した前三四〇年代から前三三八年までのアテネの政界においては、個人的な要因は影を潜め、対マケドニア政策という要因が極めて大きな比重を占めていたと言える。

こうした状況は、カイロネイアの戦いを境に一変することになる。マケドニアに対する武力抵抗はありえないというコンセンサスのもとで、対外政策の対立軸が消滅し、個人的な要因が比重を増すに至るのである。かつてのデモステネスやアイスキネスやヒュペレイデスらの行動を規定していた主たる要因は、確かに対マケドニア政策であり、対マケドニア政策をめぐってデモステネスとアイスキネスは争い、デモステネスとヒュペレイデスは協力していた。しかし、前三三八年以降の彼らの関係には、そうした軸はもはや見られない。

勿論、第五章でも触れたように、前三三八年以降の時期における政治家たちの「個人的対立」がかつての政治的な問題をめぐる対立から生じたものだったということもありうるが、その時点での実際の政策をめぐって争っているのではないという意味において、やはり、それは「個人的対立」だと言ってよい。

こうした政治家たちの「個人的対立」が政界を支配していたのが、前三三八年以降のアテネだったのである。カイロネイアでの敗北以後の十数年間は、ポリスという face to face の小世界における政治の特質が、外的な要因に引きずられることなく、良くも悪くも最も顕著に現れた時期だったとも言えるだろう。

民主政の「衰退」？

そうしたこの時期のアテネ民主政は、力を失って「衰退」し、「末期的」な様相を呈していたのだろうか。最後に、この問題に触れておきたい。

ペロポネソス戦争に敗れて前五世紀の「帝国」を喪失して以来、アテネの民主政は長い衰退の過程に入ったという見方は、近年まで絶大な力をもっていた。そもそも、「衰退」というのは、あるべき姿からの後退という主観的な価値判断に基づく捉え方であり、何をもって「衰退」と見なすかは難しい問題である。たとえば、ストラテゴスが軍事に専念し、財政の専門家が台頭するという前四世紀の状況も、アマチュアリズムという民主政の原則に反する、民主政の「衰退」の現れと見なすこともできる。

前三三八年の敗戦を経たこの時期のアテネでは、反僭主法やデモクラティア信仰、あいつぐ「民主政転覆罪」の裁判、民会での決議数の増加や『アテナイ人の国制』に見られる民主政の制度的充実、そして市民生活のさまざまな側面の活性化をはかったリュクルゴスの諸事業からうかがえるように、市民たちは、確かに、民主政に大きな関心を寄せていた。カイロネイアでの敗北以降、対外政策の能動性が失われてしまっただけに、彼らのエネルギーは内へと向かい、国内の民主政に注がれたのである。

市民たちがそうしてエネルギーを注いだアテネ民主政は、前三二二年にアンティパトロスの手によって終止符が打たれるまで、強靭な生命力を有していたと見るべきだろう。前五世紀末に二度の民主政転覆を経験し、その後、「法の支配」の原則を確立して安定したシステムとして再生された民主政は、思いのほかしぶとかったのである。この時期の民主政は、決して「衰退」という言葉でくくってしまえるようなものではない。本書に登場したデモステネスをはじめとする政治家たちは、そうした民主政のなかで光を放っていたのである。

これまでに何度か触れてきたように、前三二二年以降のアテネは、アレクサンドロスの後継武将たちやヘレニズム諸王の勢力争いのなかで翻弄され、民主政と寡頭政の間で動揺を重ねた。前三一八年にポリュペルコンの手で復活した民主政は短命に終わり、翌前三一七年にはカッサンドロスの傘下でファレロン区のデメトリオスが寡頭政をしき、民主政を象徴する制度だった公共奉仕や公共手当も廃止された。その一〇年後にはアンティゴノスとデメトリオス・ポリオルケテスによって再び民主政が復活するが、前三〇一年のイプソスの戦いののち、カッサンドロスは民主政を廃止してしまう。その後、デメトリオス・ポリオルケテスがしいた寡頭政が覆されて民主政が復活するも、前二六〇年代にはクレモニデス戦争でアンテイゴノス・ゴナタスに敗れて再び寡頭政に戻る、といったように、めまぐるしく政体が変わっている。そうしたなかで外国勢力の手によって廃されては甦る民主政は、もはや、かつての民主政と同じものではない。外国からの干渉を受けずに市民たちが自ら選びとった政体としての民主政は、前三二二年をもって永久に消滅してしまったのである。

そのアテネ民主政を民主政たらしめた「本質」とは、いったい何だったのだろうか。ここでは、膨大な研究の蓄積を有する民主政理論に立ち入るつもりはない。ただ、独立国家たるポリスの命とも言うべき「対外政策の自律性・能動性」が民主政の「本質」であると見るならば、民主政の命は、前三三八年の敗戦をもって潰えてしまったことになる。すなわち、その後の一六年間の民主政は、内実を失った、文字通り「末期的」な民主政だったことになる。カイロネイアの戦いに敗れたアテネは、内政干渉をされたわけでも駐留軍を置かれたわけでもないが、マケドニアの覇権下に入り、独立主権を事実上喪失してしまったのは確かであるのだから。

しかし、抽象的な言い方ではあるが、民主政の「本質」を、市民たちが自ら選びとった政体にエネルギーを注ぐこと、市民たちがその政体を誇りにし、その維持に力を尽くすことだとするならば、民主政の命は、前三三八年に絶たれたわけでも、大きな傷を負ったわけでもない。アテネは前三三八年に独立国家としての地位を失ったものの、その民主政は、前三二二年に突然終止符が打たれるまで、強靭な生命力をもってたくましく生き続けたのである。

もっとも、前三三八年にアテネ民主政にとどめがさされずに済んだのは、アテネ市民たちの手柄というわけではない。もしあのとき、フィリポスが一六年後のアンティパトロスのようにアテネに対して厳しい態度で臨んでいたとしたら、アテネ民主政の歴史は一六年早い終わりを迎えることになっていただろう。第二章で触れたように、カイロネイアで勝利したフィリポスがなぜアテネに対して寛大な態度をとったのかは定かでない。ペルシア遠征の大義名分のためだったのかもしれないし、アテネの文化への崇拝の念ゆえだったのかもしれないし、あるいは単なる気まぐれからだったのかもしれない。フィリポスの真意はわからないが、少なくとも、そんなフィリポスのおかげで、アテネ民主政が、独立国家の地位と対外政策の自律性を失った状況においてもなおその歩みをとめない強靭な生命力をもつ存在だったことを、私たちは知ることができたのである。

デモステネスの人生の最終章でもある「黄昏のアテネ」は、民主政が老衰した「衰退」の時代ではなく、民主政が最期の輝きを放った時代、最期の花を咲かせた時代だった、という見方もできるのではないだろうか。デモステネスは、そんな民主政の最期の輝きを見届けて、逝ったのである。

史料について

本書の記述に直接関連するものに限った。

碑文（金石文）史料

IG II^{2} 43 (RO 22), 457, 1496, 1604, 1606, 1611, 1613, 1623, 1627, 1628, 1629, 1631, 1672, 2791, 5226 (Tod 176).

IG II^{3} 1. 298 (RO 64), 318 (RO 76), 337 (RO 91), 338, 352 (RO 94), 367 (RO 95), 370 (RO 100), 381, 443 (Tod 183), 445, 447 (RO 81).

IG VII 4252, 4253, 4254.

Tod 196 (RO 96), 202 (RO 101), 204 (RO 88).

SEG 12. 87 (RO 79).

Habicht, *MDAI (A)* 72, 1957, no. 1.

IG = *Inscriptiones Graecae*, Berlin 1873-.

MDAI (A) = *Mitteilungen des Deutschen Archäologischen Instituts, Athenische Abteilung*, Berlin 1876-.

RO = P. J. Rhodes & R. Osborne eds., *Greek Historical Inscriptions, 404-323 BC*, Oxford 2003.

SEG = J. J. E. Hondius et al. eds., *Supplementum Epigraphicum Graecum*, Amsterdam/Leiden 1923-.

Tod = M. N. Tod ed., *A Selection of Greek Historical Inscriptions*, 2 vols, Oxford 1933, 1948.

おびただしい数にのぼるこの時期の碑文のうち、主要なものを収録した碑文集として、A. J. Heisserer, *Alexander the Great and the Greeks: The Epigraphic Evidence*, Norman 1980や、C. J. Schwenk, *Athens in the Age of Alexander: The Dated Laws & Decrees of 'The Lykourgan Era' 338-322 B.C.*, Chicago 1985がある。

同時代（前五世紀末～前四世紀）の古典史料

Aeschines 1, 2, 3.（『アイスキネス弁論集』木曽明子訳、京都大学学術出版会、二〇一二年）

Andocides 1.（「秘儀について」、『アンティポン／アンドキデス弁論集』高畠純夫訳、京都大学学術出版会、二〇〇二年）

Aristophanes, *Ornithes*.（「鳥」呉茂一訳、『アリストパネス』世界古典文学全集12、高津春繁編、筑摩書房、一九六四年）

[Aristoteles], *Athenaion politeia*.（『アテナイ人の国制』村川堅太郎訳、岩波文庫、一九八〇年／「アテナイ人の国制」橋場弦訳、『新版 アリストテレス全集19』岩波書店、二〇一四年）

Deinarchos 1, 2, 3.

Demosthenes 1, 2, 3, 4, 5, 14, 15, 16, 18, 19, 20, 22, 27, 28, 29, 30, 31, 60, *Ep*. 1-3, 6.
[Demosthenes] 17.
デモステネスの名前で伝わる六一篇の弁論と六篇の書簡は、全七冊の『デモステネス弁論集』（京都大学学術出版会、二〇〇六―二〇二二年）に全ておさめられている。
Hypereides 1, 5, 6, fr.（弁論番号は、*Oxford Classical Texts* による）
Isocrates 5, *Ep*. 3.（「ピリッポスに与う」「書簡三・ピリッポス宛(2)」、『イソクラテス弁論集』全二冊、小池澄夫訳、京都大学学術出版会、一九九八・二〇〇二年）
Lycurgos 1.
Thucydides, *Historiai*.（『戦史』上・中・下、久保正彰訳、岩波文庫、一九六六・六七年／『歴史1』藤縄謙三訳、京都大学学術出版会、二〇〇〇年、『歴史2』城江良和訳、同、二〇〇三年）

後代（ローマ時代）の古典史料

Arrianus, *Anabasis Alexandri*.（『アレクサンドロス東征記およびインド誌』大牟田章訳註、東海大学出版会、一九九六年）
Athenaeus, *Deipnosophistae*.（『食卓の賢人たち』全五冊、柳沼重剛訳、京都大学学術出版会、一九九七―二〇〇四年）
Curtius Rufus, *Historiae Alexandri Magni*.（『アレクサンドロス大王伝』谷栄一郎・上村健二訳、京都大学学術出版会、二〇〇三年）
Diodorus Siculus, *Bibliotheca historica* 16, 17, 18, 19.（第17巻：『アレクサンドロス大王の歴

史』森谷公俊訳註、河出書房新社、二〇二三年）

Justinus, *Epitoma historiarum Philippicarum.*（『地中海世界史』合阪學訳、京都大学学術出版会、一九九八年）

Nepos (Cornelius Nepos), *De viris illustribus.*（「ポキオン」山下太郎訳、『英雄伝』山下太郎・上村健二訳、国文社、一九九五年）

Pausanias, *Graeciae descriptio.*（『ギリシア案内記』上・下、馬場恵二訳、岩波文庫、一九九一・九二年／『ギリシア記』飯尾都人訳編、龍渓書舎、一九九一年／『ギリシア案内記2』周藤芳幸訳、京都大学学術出版会、二〇二〇年）

Plutarchus, *Demosthenes, Alexander, Phocion, Demetrius.*

プルタルコスの『英雄伝（対比列伝）』の全訳は、全一二冊の『プルターク英雄伝』（河野与一訳、岩波文庫、一九五二―五六年）と全六冊の『英雄伝』（1〜3：柳沼重剛訳、4〜6：城江良和訳、京都大学学術出版会、二〇〇七―二一年）。『プルタルコス』（世界古典文学全集23、村川堅太郎編、筑摩書房、一九六六年）にも主要な伝記がおさめられている（本書で用いたのは、「デモステネス」伊藤貞夫訳と「アレクサンドロス」井上一訳）。『アレクサンドロス伝』には、『新訳アレクサンドロス大王伝』（森谷公俊訳註、河出書房新社、二〇一七年）もある。

[Plutarchus], *Vitae decem oratorum.*（「十大弁論家列伝」、『モラリア10』伊藤照夫訳、京都大学学術出版会、二〇一三年）

Polyaenus, *Strategematon.*（『戦術書』戸部順一訳、国文社、一九九九年）

【解説】

右にあげた後代の古典史料の大半は、前一世紀から後三世紀のローマ時代に書かれたものである。本書との関連でとくに重要となるのは、プルタルコス（後四五年頃～一二〇年頃）の『英雄伝』におさめられた『デモステネス伝』『フォキオン伝』『アレクサンドロス伝』の三篇の伝記である。驚異的な量の著作で知られるプルタルコスの作品のなかで最も有名な『英雄伝』は、ギリシアとローマにおいて似通った役割を果たした著名人をひとりずつ組み合わせて論じた長大な伝記集で、二二組の対比列伝と四篇の単独伝記が現存している。デモステネス、フォキオン、アレクサンドロスの伝記は、それぞれ、ローマのキケロ、小カトー、カエサルの伝記と対になっている。

伝プルタルコスの『十大弁論家列伝』は、「アッティカ十大雄弁家」の伝記である。プルタルコス自身の作品に比べて文学的価値はかなり劣るとされるが、ほかの史料からは知られていないリュクルゴスやアイスキネス、ヒュペレイデスの貴重な伝記が含まれている。

シチリア出身のギリシア人のディオドロス（前一世紀）が著した全四〇巻の『歴史叢書』では、第一六巻の終わりから第一八巻の冒頭にかけて、前三三八～三二二年のギリシアの情勢についての記述が現れる。小アジア出身のギリシア人のアリアノス（後二世紀）が著した全七巻の『アレクサンドロス東征記』は、アレクサンドロス研究の「正史」とされる作品であり、アレクサンドロスの東方遠征とかかわる範囲でアテネの動向についても触れている。

このほかにも、クルティウス・ルフス（後一世紀）が著した全一〇巻（最初の二巻は散逸）の『アレクサンドロス大王伝』、ユスティヌス（後三世紀）による『フィリポス史』（アウグストゥス帝時代の歴史家ポンペイウス・トログスが著した全四四巻の長大な作品）の抄録（邦題は『地中海世界史』)、コルネリウス・ネポス(前一世紀)が著した伝記集『英雄伝』におさめられたフォキオンの伝記、戦争や戦術にまつわる多くのエピソードを集めたポリュアイノス(後二世紀)の全八巻の『戦術書』、パウサニアス(後二世紀)が自らギリシア全土をくまなく旅して各地の神話や歴史、遺跡などを詳細に記した全一〇巻の『ギリシア案内記』、宴席での知識人たちの対話という形式でさまざまなトピックを論じたアテナイオス(後二世紀後半~三世紀前半)の全一五巻の『食卓の賢人たち』などにも、本書で扱う時期のアテネにかかわる貴重な記述が含まれている。

主要参考文献

以下は、各章で参考にした研究文献である。先行する章と重複するものは省略した。

はじめに・序章

Atkinson, J. E., "Macedon and Athenian Politics in the Period 338 to 323 BC", *Acta Classica* 24, 1981, pp. 37-48.

Beloch, K. J., *Die attische Politik seit Perikles*, Leipzig 1884.

Bosworth, A. B., *Conquest and Empire: The Reign of Alexander the Great*, Cambridge 1988.

Cloché, P., *Démosthènes et la fin de la démocratie athénienne*, Paris 1956.

Connor, W. R., *The New Politicians of Fifth-Century Athens*, Princeton 1971.

Davies, J. K., *Athenian Propertied Families, 600-300 B.C.*, Oxford 1971.

Develin, R., *Athenian Officials, 684-321 BC*, Cambridge 1989.

Hammond, N. G. L., "The Two Battles of Chaeronea (338 B.C. and 86 B.C.)", *Klio* 31, 1938, pp. 186-218.

Hansen, M. H., "The Athenian 'Politicians', 403-322 B.C.", *GRBS* 24, 1983, pp. 33-55.

Hansen, M. H., "*Rhetores* and *Strategoi* in Fourth-Century Athens", *GRBS* 24, 1983, pp. 151-180.

Hansen, M. H., *The Athenian Democracy in the Age of Demosthenes: Structure, Principles, and Ideology*, Oxford 1991.

Perlman, S., "The Politicians in the Athenian Democracy of the Fourth Century B.C.", *Athenaeum* 41, 1963, pp. 327-355.

Perlman, S., "Political Leadership in Athens in the Fourth Century B.C.", *PP* 22, 1967, pp. 161-176.

Pritchett, W. K., "Observations on Chaironeia", *AJA* 62, 1958, pp. 307-311.

Rhodes, P. J., *A Commentary on the Aristotelian Athenaion Politeia*, Oxford 1981.

Schäfer, A. D., *Demosthenes und seine Zeit*, Bd. I-III, Leipzig 1856-1858 (2nd ed., 1885-1887).

Sealey, R., "Athens after the Social War", *JHS* 75, 1955, pp. 74-81.

Sealey, R., "Callistratos of Aphidna and His Contemporaries", *Historia* 5, 1956, pp. 178-203.

Sealey, R., *Demosthenes and His Time: A Study in Defeat*, Oxford 1993.

Tarn, W. W., "Greece: 335 to 321 B.C.", *CAH* VI, 1927, pp. 438-460.

Will, W., *Athen und Alexander: Untersuchungen zur Geschichte der Stadt von 338 bis 322 v.Chr.*, München 1983.

第I章

Badian, E., "The Road to Prominence", in: *Demosthenes: Statesman and Orator* (Worthington, I. ed.), London 2000, pp. 9-44.

Buchanan, J. J., *Theorika: A Study of Monetary Distributions to the Athenian Citizenry during the Fifth and Fourth Centuries B.C.*, New York 1962.

Buckler, J., *The Theban Hegemony, 371-362 BC*, Cambridge, Mass. 1980.

Buckler, J., *Philip II and the Sacred War*, Leiden 1989.

Buckler, J., *Aegean Greece in the Fourth Century BC*, Leiden 2003.

Cargill, J., *The Second Athenian League: Empire or Free Alliance?*, Berkeley 1981.

Cawkwell, G. L., "Eubulus", *JHS* 83, 1963, pp. 47-67.

Cawkwell, G. L., *Philip of Macedon*, London 1978.

Dover, K. J., *Greek Homosexuality*, London 1978.（中務哲郎・下田立行訳『古代ギリシアの同性愛』リブロポート、一九八四年）

Ellis, J. R., *Philip II and Macedonian Imperialism*, London 1976.

Fisher, N., *Aeschines: Against Timarchos*, Oxford 2001.

Gabrielsen, V., *Financing the Athenian Fleet: Public Taxation and Social Relations*, Baltimore 1994.

Hammond, N. G. L. & Griffith, G. T., *A History of Macedonia, Volume II: 550-336 B.C.*, Oxford 1979.

Harris, E. M., *Aeschines and Athenian Politics*, Oxford 1995.

Heskel, J., *The Foreign Policy of Philip II down to the Peace of Philocrates*, Diss. Harvard Univ., 1987.

Lane Fox, R., "Aeschines and Athenian Democracy", in: *Ritual, Finance, Politics: Athenian*

Democratic Accounts Presented to David Lewis (Osborne, R. & Hornblower, S. eds.), Oxford 1994, pp. 135-155.

Londey, P., "The Outbreak of the 4th Sacred War", *Chiron* 20, 1990, pp. 239-260.

MacDowell, D. M., *Demosthenes: On the False Embassy (Oration 19)*, Oxford 2000.

Markle, M. M., *The Peace of Philocrates: A Study in Athenian Foreign Relations, 348-346 B.C.*, Diss. Princeton Univ., 1967.

Mosley, D. J., "Athens' Alliance with Thebes 339 B.C.", *Historia* 20, 1971, pp. 508-510.

Ramming, G., *Die politischen Ziele und Wege des Aischines*, Diss. Erlangen, 1965.

Ryder, T. T. B., *Koine Eirene: General Peace and Local Independence in Ancient Greece*, Oxford 1965.

Sealey, R., *A History of the Greek City-States, ca. 700-338 B.C.*, Berkeley 1976.

第II章

Badian, E., "Agis III", *Hermes* 95, 1967, pp. 170-192.

Badian, E., "Agis III: Revisions and Reflections", in: *Ventures into Greek History* (Worthington, I. ed.), Oxford 1994, pp. 258-292.

Bosworth, A. B., *A Historical Commentary on Arrian's History of Alexander*, Vol. I-II, Oxford 1980, 1995.

Burstein, S. M., "*IG* II^2 653, Demosthenes and Athenian Relations with Bosporus in the

Fourth Century B.C.", *Historia* 27, 1978, pp. 428-436.

Garnsey, P., *Famine and Food Supply in the Graeco-Roman World: Responses to Risk and Crisis*, Cambridge 1988.（松本宣郎・阪本浩訳『古代ギリシア・ローマの飢饉と食糧供給』白水社、一九九八年）

Hamilton, J. R., *Plutarch, Alexander: A Commentary*, Oxford 1969.

Hammond, N. G. L. & Walbank, F. W., *A History of Macedonia, Volume III: 336-167 B.C.*, Oxford 1988.

Kingsley, B. M., "Harpalos in the Megarid (333-331 B.C.) and the Grain Shipments from Cyrene", *ZPE* 66, 1986, pp. 165-177.

Parke, H. W., *Greek Mercenary Soldiers, from the Earliest Times to the Battle of Ipsus*, Oxford 1933.

Roebuck, C., "The Settlements of Philip II with the Greek States in 338 B.C.", *CPh* 43, 1948, pp. 73-92.

Worthington, I., "Demosthenes' (in)activity during the Reign of Alexander the Great", in: *Demosthenes: Statesman and Orator* (Worthington, I. ed.), London 2000, pp. 90-113.

第三章

Burke, E. M., "*Contra Leocratem* and *De Corona*: Political Collaboration?", *Phoenix* 31, 1977, pp. 330-340.

Cawkwell, G. L., "The Crowning of Demosthenes", *CQ* n.s. 19, 1969, pp. 163-180.

Dyck, A. R., "The Function and Persuasive Power of Demosthenes' Portrait of Aeschines in the Speech *On the Crown*", *G&R* 32, 1985, pp. 42-48.

Goodwin, W. W., *Demosthenes: On the Crown*, Cambridge 1901.

Gwatkin Jr., W. E., "The Legal Arguments in Aischines' *Against Ktesiphon* and Demosthenes' *On the Crown*", *Hesperia* 26, 1957, pp. 129-141.

Habicht, C., *Athens from Alexander to Antony* (trans. by Schneider, D. L.), Cambridge, Mass. 1997.

Hansen, M. H., *The Sovereignty of the People's Court in Athens in the Fourth Century B.C. and the Public Action Against Unconstitutional Proposals*, Odense 1974.

Hansen, M. H., *Apagoge, Endeixis and Ephegesis Against Kakourgoi, Atimoi and Pheugontes: A Study in the Athenian Administration of Justice in the Fourth Century B.C.*, Odense 1976.

Harris, E. M., "Law and Oratory", in: *Persuasion: Greek Rhetoric in Action* (Worthington, I. ed.), London 1994, pp. 130-150.

Preuss, S., *Index Demosthenicus*, Leipzig 1892.

Rowe, G. O., "The Portrait of Aeschines in the Oration *On the Crown*", *TAPA* 97, 1966, pp. 397-406.

Sawada, N., "Athenian Politics in the Age of Alexander the Great: A Reconsideration of the

Trial of Ctesiphon”, *Chiron* 26, 1996, pp. 57-84.

Sealey, R., “How Citizenship and the City Began in Athens”, *AJAH* 8, 1983, pp. 97-129.

Todd, S. C., *The Shape of Athenian Law*, Oxford 1993.

Wankel, H., *Demosthenes: Rede für Ktesiphon über den Kranz*, Bd. I-II, Heidelberg 1976.

Yunis, H. ed., *Demosthenes: On the Crown*, Cambridge 2001.

第四章

Burke, E. M., “Lycurgan Finances”, *GRBS* 26, 1985, pp. 251-264.

Clark, M., “The Spirit of the Lycurgan Navy”, in: *XI Congresso Internazionale di Epigrafia Greca e Latina*, Roma 1999, pp. 157-166.

Cooper, C., “Hyperides and the Trial of Phryne”, *Phoenix* 49, 1995, pp. 303-318.

Engels, J., *Studien zur politischen Biographie des Hypereides: Athen in der Epoche der lykurgischen Reformen und des makedonischen Universalreiches*, München 1989.

Faraguna, M., *Atene nell’età di Alessandro. Problemi politici, economici, finanziari*, Roma 1992.

Gehrke, H.-J., *Phokion: Studien zur Erfassung seiner historischen Gestalt*, München 1976.

Hansen, M. H., *Eisangelia: The Sovereignty of the People’s Court in Athens in the Fourth Century B.C. and the Impeachment of Generals and Politicians*, Odense 1975.

Humphreys, S., “Lycurgus of Butadae: An Athenian Aristocrat”, in: *The Craft of the Ancient*

Historian: Essays in Honor of Chester G. Starr (Eadie, J. W. & Ober, J. eds.), Lanham 1985, pp. 199-252.

Meritt, B. D., "Greek Inscriptions", *Hesperia* 21, 1952, pp. 340-380.

Mitchel, F. W., "Athens in the Age of Alexander", *G&R* 12, 1965, pp. 189-204.

Mitchel, F. W., *Lykourgan Athens, 338-322*, Cincinnati 1970.

Mossé, C., "A propos de la loi d'Eucratès sur la tyrannie (337/6 av. J.-C.)", *Eirene* 8, 1970, pp. 71-78.

Ostwald, M., "The Athenian Legislation Against Tyranny and Subversion", *TAPA* 86, 1955, pp. 103-128.

Pélékidis, C., *Histoire de l'éphébie attique des origines à 31 avant Jésus-Christ*, Paris 1962.

Raubitschek, A. E., "Demokratia", *Hesperia* 31, 1962, pp. 238-243.

Reinmuth, O. W., "The Spirit of Athens after Chaeronea", in: *Acta of the Fifth International Congress of Greek and Latin Epigraphy*, Oxford 1971, pp. 47-51.

Sealey, R., "On Penalizing Areopagites", *AJPh* 79, 1958, pp. 71-73.

Townsend, R. F., *Aspects of Athenian Architectural Activity in the Second Half of the Fourth Century B.C.*, Diss. Univ. of North Carolina, 1982.

Tracy, S. V., *Athenian Democracy in Transition: Attic Letter-Cutters of 340 to 290 B.C.*, Berkeley 1995.

Tritle, L. A., *Phocion the Good*, London 1988.

Wallace, R. W., *The Areopagos Council, to 307 B.C.*, Baltimore 1989.
Whitehead, D., *Hypereides: The Forensic Speeches*, Oxford 2000.
Worthington, I., "The First Flight of Harpalus Reconsidered", *G&R* 31, 1984, pp. 161-169.

第五章

Adams, C. D., "The Harpalos Case", *TAPA* 32, 1901, pp. 121-153.
Ashton, N. G., "The Lamian War — A False Start?", *Antichthon* 17, 1983, pp. 47-63.
Badian, E., "Harpalus", *JHS* 81, 1961, pp. 16-43.
Badian, E., "The Deification of Alexander the Great", in: *Ancient Macedonian Studies in Honor of Charles F. Edson* (Dell, H. J. ed.), Thessaloniki 1981, pp. 27-71.
Bikerman, E., "La lettre d'Alexandre le Grand aux bannis grecs", *REA* 42, 1940, pp. 25-35.
Blackwell, C. W., *In the Absence of Alexander: Harpalus and the Failure of Macedonian Authority*, New York 1999.
Carawan, E. M., "*Apophasis* and *Eisangelia*: The Rôle of the Areopagus in Athenian Political Trials", *GRBS* 26, 1985, pp. 115-140.
Errington, R. M., "Samos and the Lamian War", *Chiron* 5, 1975, pp. 51-57.
Fredricksmeyer, E., "Three Notes on Alexander's Deification", *AJAH* 4, 1979, pp. 1-9.
Fredricksmeyer, E., "Alexander's Religion and Divinity", in: *Brill's Companion to Alexander the Great* (Roisman, J. ed.), Leiden 2003, pp. 253-278.

Habicht, C., "Samische Volksbeschlüsse der hellenistischen Zeit", *MDAI (A)* 72, 1957, pp. 152-274.

Jaschinski, S., *Alexander und Griechenland unter dem Eindruck der Flucht des Harpalos*, Bonn 1981.

Mendels, D., "Aetolia 331-301: Frustration, Political Power, and Survival", *Historia* 33, 1984, pp. 129-180.

Rosen, K., "Der 'göttliche' Alexander, Athen und Samos", *Historia* 27, 1978, pp. 20-39.

Sealey, R., "Who was Aristogeiton?", *BICS* 7, 1960, pp. 33-43.

Sealey, R., "The Olympic Festival of 324 B.C.", *CR* 10, 1960, pp. 185-186.

Shipley, G., *A History of Samos, 800-188 BC*, Oxford 1987.

Wallace, R. W., "'Investigations and Reports' by the Areopagos Council and Demosthenes' Areopagos Decree", in: *Polis and Politics: Studies in Ancient Greek History, Presented to Mogens Herman Hansen on His Sixtieth Birthday, August 20, 2000* (Flensted-Jensen, P., Nielsen, T. H. & Rubinstein, L. eds.), Copenhagen 2000, pp. 581-595.

Worthington, I., "The Chronology of the Harpalus Affair", *SO* 61, 1986, pp. 63-76.

Worthington, I., *A Historical Commentary on Dinarchus: Rhetoric and Conspiracy in Later Fourth-Century Athens*, Ann Arbor 1992.

Worthington, I., "The Harpalus Affair and the Greek Response to the Macedonian Hegemony", in: *Ventures into Greek History* (Worthington, I. ed.), Oxford 1994, pp. 307-

330.

第六章

Baynham, E. J., "Antipater: Manager of Kings", in: *Ventures into Greek History* (Worthington, I. ed.), Oxford 1994, pp. 331-356.

Ferguson, W. S., *Hellenistic Athens: An Historical Essay*, London 1911.

Goldstein, J. A., *The Letters of Demosthenes*, New York 1968.

Heckel, W., *The Marshals of Alexander's Empire*, London 1992.

Mathieu, G., "Notes sur Athènes à la veille de la guerre lamiaque", *RP* 55, 1929, pp. 159-183.

Schumacher, R. W. M., "Three Related Sanctuaries of Poseidon: Geraistos, Kalaureia and Tainaron", in: *Greek Sanctuaries: New Approaches* (Marinatos, N. & Hägg, R. eds.), London 1993, pp. 62-87.

Walek, T., "Les opérations navales pendant la guerre lamiaque", *RP* 48, 1924, pp. 23-30.

Williams, J. M., "Demades' Last Years, 323/2-319/8 B.C.: A 'Revisionist' Interpretation", *AncW* 19, 1989, pp. 19-30.

Worthington, I., "*IG* II^2 370 and the Date of the Athenian Alliance with Aetolia", *ZPE* 57, 1984, pp. 139-144.

Adam, A. M., "Philip *Alias* Hitler", *G&R* 10, 1941, pp. 105-113.

Clemenceau, G., *Démosthène*, Paris 1926.

Cooper, C., "Philosophers, Politics, Academics: Demosthenes' Rhetorical Reputation in Antiquity", in: *Demosthenes: Statesman and Orator* (Worthington, I. ed.), London 2000, pp. 224-245.

Harding, P., "Demosthenes in the Underworld: A Chapter in the *Nachleben* of a *rhetor*", in: *Demosthenes: Statesman and Orator* (Worthington, I. ed.), London 2000, pp. 246-271.

Jackson, D. F. & Rowe, G. O., "Demosthenes 1915-1965", *Lustrum* 14, 1969, pp. 5-109.

Knipfing, J. R., "German Historians and Macedonian Imperialism", *AHR* 26, 1921, pp. 657-671.

Pickard-Cambridge, A. W., *Demosthenes and the Last Days of Greek Freedom, 384-322 B.C.*, New York 1914.（土屋光司訳『デモステネス――其の生涯と希臘衰亡史』三邦出版社、一九四二年）

Rhodes, P. J., "On Labelling 4th-Century Politicians", *LCM* 3, 1978, pp. 207-211.

日本語の研究文献

池田忠生「前4世紀アテナイの政治と軍事」『史学研究』一三四、一九七六年、二一―三七頁。

伊藤貞夫『古典期のポリス社会』岩波書店、一九八一年。

伊藤貞夫『古典期アテネの政治と社会』東京大学出版会、一九八二年。

伊東七美男「前四世紀のアテナイ海軍における公的負債の回収とその歴史的背景――IGII² 1604-1632の検討を中心に」『史学雑誌』一〇〇-八、一九九一年、一―四一頁。

大牟田章「アレクサンドロスのApotheosisについて」『西洋古典学研究』一〇、一九六二年、八八―九九頁。

大牟田章「アレクサンドロス帝国の形成とギリシア世界――『追放者復帰王令』をめぐる政治的背景」『史林』四八-六、一九六五年、八一―一二三頁。

大牟田章「『アーギスの蜂起』の背景――アレクサンドロス東征下のギリシア世界」『富山大学文理学部文学科紀要』一、一九七三年、二〇―四六頁。

大牟田章「アレクサンドロス王権の成立と安定」『金沢大学法文学部論集』〈史学篇〉二四、一九七六年、二九―八六頁。

片山洋子「デモステネスに関する一考察」『お茶の水史学』九、一九六六年、一八―三三頁。

川島重成「デモステネス『冠について』における悲劇的アテナイ像――運命と政策をめぐって」『西洋古典文学における内在と超越――ホメロスからパウロまで』所収、新地書房、一九八六年、一六九―一九四頁。

佐藤昇「アテナイのパトロネジと積極的政治参加」『西洋古典学研究』四九、二〇〇一年、九八―一〇七頁。

澤田典子「フィリポス二世の対ギリシア政策――『フィロクラテスの和約』をめぐって」『史学雑誌』一〇二-七、一九九三年、一―四一頁。

澤田典子「前340年代のアテナイ－マケドニア関係――前344／3年の和約修正交渉をめぐって」『西洋古典学研究』四二、一九九四年、六七―七八頁。

澤田典子「晩年のデモステネス――『神話』と『醜聞』のはざまで」『歴史と地理』一九七、二〇〇三年、四八―五一頁。

澤田典子「前三二〇年代後半のアテナイの政局――ハルパロス事件を中心に」『史学雑誌』一一四－一二、二〇〇五年、三六―五八頁。

髙畠純夫「ファレロンのデメトリオスの政治」『バルカン・小アジア研究』一一、一九八五年、二五―四一頁。

竹内一博「古典期アッティカのデーモスと『ディオニュシア祭法』」『西洋古典学研究』五四、二〇〇六年、四二―五一頁。

永井康視「ハルパロス研究序説――クロノロギー」『史林』四七－三、一九六四年、五九―八三頁。

永井康視「デーマデースとデーモステネース」『西洋史学』六六、一九六五年、二三―四三頁。

橋場弦『アテナイ公職者弾劾制度の研究』東京大学出版会、一九九三年。

橋場弦「アテナイ民主政における贈収賄罪の成立――法制的側面から」『古代文化』四八－七、一九九六年、一―一六頁。

橋場弦『丘のうえの民主政――古代アテネの実験』東京大学出版会、一九九七年（『民主主義の源流――古代アテネの実験』と改題、講談社学術文庫、二〇一六年）。

橋本資久「紀元前4世紀アテナイにおける対市民顕彰」『西洋古典学研究』四七、一九九九年、二三―三一頁。

橋本資久「ヘレニズム時代初頭アテーナイの顕彰制度の変容——*megistai timai* をめぐって」『史学雑誌』一一五‐一〇、二〇〇六年、三七—五九頁。

長谷川岳男「ギリシア『古典期』の創造——ローマ帝政期におけるギリシア人の歴史認識」『西洋史研究』新輯三二、二〇〇三年、二四—五五頁。

前野弘志「冠の共同体——古典期アテナイにおける碑文建立と民主政」『歴史家のパレット』（佐藤眞典先生御退職記念論集）所収、渓水社、二〇〇五年、三—二四頁。

宮﨑亮「古典期アテナイのシュコファンテス——アテナイにおける民衆訴追」『史学雑誌』一〇二‐四、一九九三年、一—三七頁。

森谷公俊「第二次海上同盟期アテネの政治と外交（前三七七—三五五年）」『史学雑誌』九二‐一一、一九八三年、一—四〇頁。

森谷公俊「エウブーロスの財政政策とアテネ民主政の変質」『史学雑誌』九七‐四、一九八八年、一—三三頁。

森谷公俊『アレクサンドロスの征服と神話』講談社、二〇〇七年（講談社学術文庫、二〇一六年）。

	テーベの反乱			
334			遠征の開始 グラニコス河畔の戦い	アレクサンドロスの東方遠征
333			イッソスの戦い	
332			エジプト征服	
331	アギス戦争（～330）		ガウガメラの戦い	
330	メガロポリスの戦い	「冠の裁判」	ペルセポリス宮殿炎上事件	
329			バクトリア・ソグディアナ平定戦（～327）	
327			インドへ向かう	
326			ヒュファシス河畔で引き返す	
324	リュクルゴス病死 ハルパロス事件（208頁の年譜参照）		スサに帰還	
323		ハルパロス裁判で有罪となり投獄 まもなく亡命		
			アレクサンドロスがバビロンで急逝	
	ラミア戦争の開始（255頁の年譜参照）	ペロポネソスで反マケドニア活動 アテネに帰国	後継者戦争の開始	
322	クランノンの戦い アテネの降伏 アンティパトロスがアテネを占領 アテネ民主政の終焉			
		カラウレイアで自決		
319	デマデスがマケドニアで処刑			
318	フォキオンがアテネで処刑			
317	ファレロン区のデメトリオスによる寡頭政治（～307）			
280/79		甥デモカレスの提案で名誉回復		

関連年表（年は紀元前）

404	ペロポネソス戦争の終結		
	アテネに「30人僭主」政権が成立		
403	アテネ民主政の復活		
399	ソクラテスの裁判	【デモステネスの生涯】	
395	コリントス戦争（～386「大王の講和」）		
384		誕生	
377	第二次アテネ海上同盟の成立	父の死	
376	ナクソスの海戦		
371	レウクトラの戦い		
364	テーベのペロピダス戦死	後見人を告発	【マケドニアの情勢】
362	マンティネイアの戦い（テーベのエパミノンダス戦死）		
360/59		最初のトリエラルキア	フィリポス２世の即位
357	同盟市戦争（～355）		
356	第三次神聖戦争（～346）		アレクサンドロス誕生
355		法廷にデビュー	
354	エウブロスがアテネの財政の実権を握る	民会にデビュー	
352/1		『フィリポス弾劾・第一演説』	
349		『オリュントス情勢』	オリュントス戦争（～348）
346	「フィロクラテスの講和」	ティマルコスの裁判	
343		アイスキネスの裁判	
340	第四次神聖戦争（～338）		
339	アテネとテーベが同盟締結		
338	カイロネイアの戦い		
	「デマデスの講和」	戦没者の国葬で葬送演説	
337	コリントス同盟の成立		
	リュクルゴスがアテネの財政の実権を握る		
336	「反僭主法」の成立	クテシフォンによる顕彰提案	
			フィリポス２世の暗殺
			アレクサンドロスの即位
335			トラキア・イリュリア遠征

あとがき

本書の「主人公」デモステネスと出会って、はや二〇年になる。

出会いは、学部三年生のときに受講した恩師伊藤貞夫先生（東京大学名誉教授）の特殊講義だった。先生のご専門である古典期アテネの家《オイコス》の構造を主題としたその年の講義には、デモステネスの私訴弁論がたびたび登場し、デモステネスの残した数多くの弁論が古典期アテネの歴史を研究するための宝庫であることが、初学者の私にもひしひしと伝わってきた。以来、技巧を凝らしたデモステネスのギリシア語は浅学の私には歯が立たないことも多かったが、とにもかくにも彼の数々の弁論と格闘しながら、二〇年にわたるデモステネスとのお付き合いを続けてきたのである。

学部生の頃の私は、もともとアレクサンドロス大王に漠然とした憧れにも似た興味を抱いて古代ギリシア史研究という道に足を踏み入れたのだが、卒業論文のテーマを決めるにあたって、アレクサンドロス研究に取り組むのは並大抵のことではない、と早々に悟るに至った。欧米における膨大な研究の蓄積に圧倒され、また、ローマ時代の錯綜した史料の原典研究という気の遠くなりそうな作業が必須となることに恐れをなしたのである。それでも、アレクサンドロスから離れてしまいたくはなかったので、まずは、同時代史料に恵まれ、スタンダードなテクスト分析の手法で取り組むことができそうな、アレクサンドロスの時代のアテネへと関心をシフトさせることにした。そして、デモステネスの弁論をはじめとする同時代史料を少しずつ読んでいくにつれ、アレクサンドロスの陰で注目を浴びることのないこの時代のアテネに強く惹かれるようになり、当時のアテネの政治動向をテーマにして、何とか卒業論文を書き上げた。

その後、大学院に進学してからは、アレクサンドロスの時代を研究するためには、まずその前提となる父フィリポス二世の時代についてしっかりおさえておかなければ、という思いもあって、フィリポスの治世のマケドニアや彼のギリシア征服の過程、その時代のアテネの政治動向へ、と関心の領域を拡げていった。カイロネイアの戦いを境にアテネの政治や民主政のありようがどのように変わったのかという問いは、フィリポスの時代の研究をしていくなかでも常に抱き続けてきた問題関心だった。デモステネスの弁論はフィリポスの時代に光を当てる絶好の同時代史料であるため、彼の弁論との格闘は絶えることなく続いた。フィリポスについての研究は欧米では近年めざましい進展を遂げており、そうした活発な研究に刺激されて勉強していくうちに、私は次第にフィリポスの時代という研究テーマにのめり込んでいき、修士論文・博士論文ではともに、フィリポスの治世におけるマケドニアとギリシア世界の政治外交関係を扱った。そんななかでも、私の古代ギリシア史研究のささやかな第一歩となったアレクサンドロス時代のアテネへの関心も決して薄れてしまったわけではなく、このテーマについても折に触れていくつかの論文や小論を発表してきた。本書で描いたアレクサンドロス時代のアテネは、卒業論文以来ずっと、私なりにあたためてきたテーマなのである。

とはいえ、アレクサンドロス時代のアテネについて一書をまとめるという発想は全くなかったのだが、そんな私に、デモステネスを軸にしてこの時代のアテネをテーマとした本を書いてみては、と勧めて下さったのは、桜井万里子先生（東京大学名誉教授）である。二〇〇六年秋のことだった。学部生の頃より親しくご指導を賜っている桜井先生からそうお勧めをいただくと、初めてこのテーマに取り組んだ卒業論文の頃の初心に返ったように没頭し、夢中になって構想を練った。そして翌二〇〇七年の一月から三月にかけて、大学の校務が最も忙しい年度末という時期ではあったが、文字通り寝食を忘れて書き上げた。概説書等にはほとんど触れられていないアレクサンドロス時代のアテネをいかに捉えるべきか、そしてカイロネイアの戦い以後の十数年間はアテネ史のなかにどのように位置づけられるのか、という卒業論文の頃から自分のなかで反芻してきた問題に、拙《つたな》いながらも、今の時点での私なりの答えを出そうという意図のもとに執筆したつもりである。ともかく、そうして夢中になって書き上げた原稿だから、枚数も膨大で、各章の構成にもバランスを欠いたところがあったが、第一稿をお読み下さった桜井先生からいただいた貴重な助言をもとに改稿し、分量も当初の三分の二程度に減らして現在のような形にまとめた。

　本書の出版にあたっては、桜井先生ならびに本村凌二先生（東京大学大学院教授）から多大なお力添えをいただいた。学部生の頃から今日に至るまで懇切なご指導とあたたかい励ましをいただいている恩師の両先生に、あらためて深甚なる謝意を表したい。また、先輩の橋場弦氏（東京大学大学院准教授）は、ご多忙にもかかわらず本書の原稿に丁寧に目を通して下さり、ギリシア法制史の専門家のお立場から貴重なご教示を下さった。氏のご厚意に心から感謝したい。そして、出版事情の厳しい折にこのような願ってもない形での出版の機会を与えて下さった岩波書店と、出版に際してひとかたならぬお世話をいただいた同書店編集部の佐藤司氏に、衷心より御礼申し上げる次第である。

　こうしてこのささやかな書物が生まれることになったが、その背景にあるデモステネスとの長年の付き合いを思うとき、直接の師である伊藤貞夫先生とアメリカ留学時代の恩師であるR・シーリー先生から賜った学恩は、まさに言葉に尽くせない。東京大学文学部西洋史学専修課程に進学してこのかた、学部・大学院を通じての指導教官として常にあたたかくご指導下さった伊藤先生は、さしたる勉強もしていないくせに「アレクサンドロス時代のアテネをテーマにした卒業論文を書いて大学院に行きたい」などと大胆にも口にする私に、デモステネスの弁論を深く読み込んで考察すれば面白いものが書けるだろう、と諭して下さった。同時代の生の声を伝える弁論を一字一句もゆるがせにせず綿密に読むことが何よりも大切であるという基本を、長年にわたる懇切なるご指導のなかでしっかりと叩き込んで下さったのは先生である。本書も、先生のそうしたお教えを肝に銘じて執筆したつもりだが、そのお教えをどれほど活かすことができたかは心許《こころもと》ない。

文学部に進学してまもない頃、政治史をやりたいと言う私に、伊藤先生が「まずこれを読むように」とおっしゃって手渡して下さったのが、シーリー先生の論文集 *Essays in Greek Politics* (New York 1967) だった。本書の序章でも触れたように、シーリー先生は、明確な政策やイデオロギーに基づく「党派」がアテネに存在したとする一九世紀以来の捉え方に疑義を呈し、個人的な絆で結びつけられた「政治グループ」というモデルを提唱してその後のアテネ政治史研究に大きな影響を与えた歴史家である。その論文集に収録された数々の刺激的な論文に感銘を受けた私は、シーリー先生の学風に大いに触発され、それ以来、政治家たちのさまざまな動きに着目しつつ、プロソポグラフィ（悉皆《しっかい》調査）の手法も用いながら政治史研究に取り組んでいくことになった。そして、その後修士課程を終えてから、シーリー先生が教鞭をとるカリフォルニア大学バークレー校の大学院に留学し、一九九三年から九七年までシーリー先生のもとで勉強するという望外の幸運に恵まれたのである。

私がバークレーに留学した一九九三年夏は、ちょうどシーリー先生が *Demosthenes and His Time: A Study in Defeat* (Oxford 1993) という著書を刊行されたばかりの頃だった。アテネの政治における個人的な要因の重要性を強調するシーリー先生の長年の研究成果に裏打ちされたこの著書は、政策やイデオロギーに基づく「党派」システムのなかで活躍する政治家という従来のイメージとは全く異なるデモステネスを描き出しており、彼の生きた前四世紀のアテネ史をシーリー先生独自の枠組みで再構成した研究である。そうしたご研究を発表されたばかりのシーリー先生と私の会話は、おのずとデモステネスのことに終始した。先生と一対一での個人指導のゼミでも、デモステネスの弁論を素材として前四世紀のアテネの政治史・法制史におけるトピックを扱うことが多かった。毎週の議論の積み重ねのなかで、先生から鋭い批判と的確な助言をいただくうちに、最初は漠然としていたアイディアがだんだんとシャープになっていくことに快感を覚え、学問の醍醐味のようなものを味わったりもした。本書の第三章のベースになっている拙稿“Athenian Politics in the Age of Alexander the Great”は、そうしたシーリー先生のゼミの学期末論文として書き上げ、その後、一九九六年にドイツの専門誌 *Chiron* に掲載されたものである。先生には、四年間の留学生活を通じて公私にわたる親身なご指導を賜ったが、留学を終えて帰国してからも、この論文は読んだだか、この解釈についてはどう思うか、と今日に至るまで折に触れて海の向こうからあたたかい励ましと助言をいただいている。

なお、得がたい貴重な経験となったバークレーでの留学生活は、国際文化教育交流財団（石坂財団）から、一九九三年度日本人海外派遣奨学生として留学する機会を与えていただいたことで実現したものである。留学生活の最初の二年間の奨学金を支給して下さった同財団に、この場を借りて厚く謝意を表したい。

本書の内容のうち、第三章と第五章は既発表論文がベースになっている。第三章の「冠の裁判」にかかわる記述の一部は、右に触れたように、留学中に発表した英文論文（*Chiron* 26, 1996）を、第五章のハルパロス事件にかかわる記述の一部は、「前三二〇年代後半のアテナイの政局——ハルパロス事件を中心に」（『史学雑誌』一一四-二、二〇〇五年）を下敷きとして大幅に書きあらためたものである。また、本書の内容は、平成一一～一三年度科学研究費補助金（奨励研究A）、平成一四～一六年度科学研究費補助金（若手研究B）、および平成一八～一九年度科学研究費補助金（萌芽研究）による研究成果も含んでいる。

最後に私事にわたるが、これまで私を常にあたたかく見守ってくれた両親に、感謝の気持ちを捧げたい。ちょうど本書の第一稿を書き上げてまもなくの二〇〇七年四月、郷里の父が骨折して長期入院を強いられるというアクシデントがあった。高齢者の骨折はなかなか厄介で、週末ごとに郷里に戻って父のリハビリに付き添う日々が続いた。そんなあわただしい毎日のなかで、父の病室や往復の新幹線の車中でも本書の草稿を何度も何度も読み返し、推敲を重ねた。そうして本書がまがりなりにも日の目を見ることになった今、父がこのささやかな書物を手に取って読んでくれることが、私の何よりの願いである。もとより、私が文系研究者の道を志すようになったのは、英文学者である父の影響にほかならない。マイペースで実に楽しそうに学究生活を送っていた父を見て、子供心に、学者とは何と幸せな職業だろう、とつくづく思ったものである。その後、日本の大学をめぐる状況は大きく変化し、父が現役だった時代とはすっかり様変わりしてしまったものの、心から好きな学問の研究を生業《なりわい》として生きていけるのは、やはりこのうえなく幸せなことだと思っている。そんな幸せを教えてくれた父澤田和夫に、私にとって初めての単著となる本書を捧げたい。

二〇〇八年一月

澤田典子

学術文庫版へのあとがき

本書は、二〇〇八年に岩波書店から刊行された『アテネ 最期の輝き』を文庫化したものである。原著は私の最初の単著であり、拙いながらも、自分としては思い入れのある一冊となっている。

本書で描いたのは、アレクサンドロス大王が華々しく東方遠征を繰り広げていた時期のアテネ民主政の実相である。「古代ギリシア最高の弁論家」として名高いデモステネスを軸に、法廷で火花を散らす政治家たちの姿を追いながら、マケドニアの支配下に置かれたアテネの政治と社会の様態に光を当てることを試みた。原著を執筆していた頃は、概説書にもほとんど触れられることのないこの時代のアテネに関心をもってくれる読者がいるのだろうかと気がかりだったが、光栄なことに、学術誌のみならず新聞や総合雑誌の書評などでも好意的に取り上げていただき、ひとまずほっとしたものである。

当時、本書を手に取って下さった読者の方々から、デモステネスをはじめとするアテネの政治家たちはいったい何を求めて死闘を繰り広げていたのか、という質問をしばしばいただいたが、これは、私自身も学部生の頃から抱き続けてきた疑問である。勿論、ただちに答えの出せる問題ではないが、原著の刊行後、そうした関心が、タイムスパンをアテネ民主政が存続した約一八〇年の期間に拡げてその時々の有力政治家の軌跡を追った『アテネ民主政──命をかけた八人の政治家』（講談社選書メチエ、二〇一〇年）へとつながった。

原著が刊行されて早くも一五年が過ぎたが、このたび講談社学術文庫におさめられるにあたり、原著のいくつかの誤りと不正確な記述を訂正し、文章に手直しを加えた。原著の刊行後、以下に見るような国内外における研究の進展のなかで私の視野も拡がり、自分なりに見解を深化させた部分もあるが、それらを反映させるとなると全面的な改訂が必要になるため、内容にかかわる手直しは最小限にとどめた。

歴史学の研究成果は私たちを取り巻く環境の変化に応じて日々更新されていくが、原著の刊行以来、本書に関連するテーマのうち最も大きく変わったのはアレクサンドロス研究だろう。アレクサンドロス研究は、今、第二の「革命」のただなかにある。第一の「革命」は、一九七〇年代から本格化したミニマリズム（最小限評価主義）と呼ばれる潮流で、アレクサンドロスの事績をミクロな目で実証的に分析するこの研究手法により、一九世紀以来彼に冠されてきた東方の文明化や東西民族の融合といった高邁な理念が否定され、アレクサンドロスの脱英雄化が進んだ。そして二一世紀に入ると、アレクサンドロス研究もようやくポストモダニズムの影響を受け、古典史料の根源的な「歪み」が意識されるようになる。これが、おそらく第一の「革命」よりもインパクトが大きい、アレクサンドロス研究の第二の「革命」である。

アレクサンドロスに関する現存史料はそのほとんどがローマ時代のものであるが、この第二の「革命」のなかで、そうした史料はローマに生きる文人がローマの読者に向けて書いた「ローマの創造物（Roman creation）」にすぎないことが、とみに強調されている。ローマの文人たちは、各々の関心に沿って取捨選択した原典を同時代のローマの文脈で解釈し、ローマの読者にわかりやすいように自在に脚色を加えて、自らの目的に合わせた独自の「アレクサンドロス」を造型したのである。近年は、こうした理解が欧米の多くのアレクサンドロス研究者の間で共有されており、ローマ時代の史料から「歴史的」なアレクサンドロスを探究することの難しさが、あらためて強く認識されるようになっている。

それにともなって、とりわけ最近は、エジプトのアレクサンドリアの建設やペルセポリス宮殿炎上、アレクサンドロスの堕落や暴君化を示す諸事件（フィロタス事件、クレイトス刺殺事件、近習陰謀事件）、彼に遠征続行を断念させたヒュファシス河畔での騒擾事件など、東方遠征における種々の有名なエピソードをローマの文人による「創作」と見なす研究が目立つ。こうした研究は、それらの事件を東方遠征の重要な出来事として当たり前のように受け入れてきた私たちにとって、すこぶる衝撃的である。アレクサンドロスについて知られていることのうち、どこからどこまでがフィクションなのか、実際に何が起きて何が起こらなかったのか、しばしば途方に暮れてしまう（こうした潮流については、拙著『アレクサンドロス大王』［ちくまプリマー新書、二〇二〇年］を参照）。

今のところ、そうした潮流は東方遠征中のエピソードの解釈にほぼ限られており、本書の主題であるアレクサンドロス時代のアテネについての研究がこれによってただちに修正を迫られるわけではない。しかし、本書で扱ったテーベの反乱やアギス戦争、ハルパロス事件といったアレクサンドロスと深くかかわるギリシア本土の諸事件についての史料の多くがローマ時代のものである以上、この時期のアテネ史研究も、こうした潮流に決して無縁ではいられない。「革命」の波が押し寄せるのも、さほど先のことではないかもしれない。

ともあれ、このアレクサンドロス研究の第二の「革命」は、アレクサンドロスにかかわる全ての歴史家にローマ時代の史料の「歪み」を自覚させ、史料に対するなおいっそうの慎重さを促したという点で、まさに、はかりしれない意義をもつ。そして、こうした「歪み」はローマ時代の史料に限られるわけではないことにも留意すべきだろう。ローマ時代の史料と同様に、ギリシアの同時代史料に描かれるのも、ポリスに生きる文人がポリスの聴衆や読者に向けて自在に脚色を加えて造型した「ギリシアの創造物（Greek creation）」にすぎないのである。

そうした同時代史料の「歪み」にも関連するトピックとして、本書の内容に直接かかわる新しい史料である、「アルキメデス・パリンプセスト」から解読されたヒュペレイデスの断片について触れておきたい。多少細かい話になるが、お付き合い願いたい。

パリンプセストとは、再利用された西洋中世の羊皮紙写本のことで、文字が書かれた表面を削り落として別の文字を上書きしたものをさす。一九〇六年にコンスタンティノープルで発見された「アルキメデス・パリンプセスト」は、一三世紀に典礼書に転用された羊皮紙写本で、わずかに痕跡が残る元の文字を解読したところ、それまで知られていなかったアルキメデスの著作が復元されたため、この名で呼ばれる。しかし、このパリンプセストは解読後まもなく行方がわからなくなり、一九九八年になって突如ニューヨークのオークションに出品され、アメリカの匿名の富豪が二〇〇万ドルで落札して大きな話題を呼んだ。パリンプセストは、最初に発見された一九〇六年の時点よりもかなり劣化しており、ただちに落札者の出資を受けて保存修復と解読のためのプロジェクトが発足した。そして、最先端の科学技術を駆使した解読作業の結果、アルキメデスの著作のみならず、失われていたヒュペレイデスの二本の法廷弁論の断片も含まれることが、二〇〇二年に新たに判明したのである（このあたりの経緯については、R・ネッツ／W・ノエル著、吉田晋治監訳『解読！ アルキメデス写本――羊皮紙から甦った天才数学者』［光文社、二〇〇八年、原著二〇〇七年］が詳しい）。西洋古代史において、考古資料や碑文史料は年々増加しているが、新しい古典史料が、それもある程度まとまった形で見つかるのはめったにないことで、このヒュペレイデスの新断片の発見は前四世紀後半のアテネ史にかかわる世界中の歴史家たちを狂喜させた。

　今回、消された文字を復元して甦ったのは、ヒュペレイデスの『ディオンダスに対する反論』と『ティマンドロスに対して』の断片である。二〇〇五年から二〇〇八年にかけてテクストの最初の校訂版が公開されたのち、個別研究が続々と発表され、二〇一四年にはドイツ語訳と詳細な註釈をともなった最新の校訂テクスト L. Horváth, *Der ›Neue Hypereides‹: Textedition, Studien und Erläuterungen* (Berlin) が刊行されている（両弁論の日本語訳は、柏達己・佐藤昇「ヒュペレイデース新断片」『クリオ』〈東大クリオの会〉三〇、二〇一六年）。本書の原著を執筆していた時点ではその成果を活用することができなかったが、とりわけ『ディオンダスに対する反論』は、前三三〇年代のアテネの政治情勢に新たな光を当てる重要な史料で、本書の内容にも大きくかかわってくる。

　『ディオンダスに対する反論』は、デモステネス顕彰提案に端を発する裁判においてヒュペレイデスが弁じた公訴弁論である。前三三八年初頭、マケドニアとの決戦に向けて奔走していたデモステネスの顕彰をヒュペレイデスとデモメレス（デモステネスの従兄弟）が提案し、これをディオンダスなる人物が違法であるとして告発したこと、そして、原告ディオンダスは裁判で陪審員の五分の一の票も獲得できずに敗訴したことは、ほかの古典史料におけるわずかな記述からすでに知られていたが、その裁判でヒュペレイデスが被告として弁じたのが、今回解読された弁論である。まず、この新断片の発見によって新たにもたらされた貴重な知見について、本書にかかわる範囲で触れておきたい。

『ディオンダスに対する反論』は、その内容から前三三四年前半に弁じられたものであることが判明しており、とすれば、従来は前三三八年のディオンダスによる告発後ただちに行なわれたと考えられていた裁判が、四年もの遅延ののちに争われたことになる。その遅延の背景は、本書第三章で扱った前三三〇年の「冠の裁判」の場合と同様、明らかではないが、この裁判はまさしく「冠の裁判」の先例であり、裁判が何年もの遅延ののちに争われる事例が例外的ではなかったことを物語る。また、同弁論によれば、原告のディオンダスはこれまで五〇回もの公訴を提起し、デモステネスやヒュペレイデスのみならず、リュクルゴスやカリデモスも標的にしていたという。この五〇回というのは誇張であるにしても、ディオンダスが頻繁に公訴の提起を繰り返していた告発常習者《シュコファンテス》だったのは確かだろう。その場合、彼が提起した全ての公訴が実際に裁判で争われたとは考えにくく、原告による公訴の取り下げや原告・被告双方の合意による裁判の回避もしくは延期が珍しくはなかったと推測できる。そうした法廷外の駆け引きがしばしば行なわれていたとすれば、これも、「冠の裁判」におけるデモステネスのように、裁判の延期後に被告側が好機をうかがいながら裁判開始に向けて動き出すこともありえた、という本書で示した私の見解を裏づける材料となろう。

さらに、『ディオンダスに対する反論』の内容は「冠の裁判」におけるデモステネスの弁論『冠について』の内容と重なる部分が多く、このことからも、デモステネスは「冠の裁判」と同様に被告側の共同弁論人《シュネゴロス》として法廷に立ち（「冠の裁判」では、デモステネスは被告クテシフォンの共同弁論人を務めた）、デモステネスとヒュペレイデスは連携して戦ったと考えられる。とすれば、ディオンダスの起こしたこの裁判は、数年間の遅延という点のみならず、公訴提起の経緯や裁判の結果なども含め、さまざまな意味で「冠の裁判」に酷似した事例であり、デモステネスにとって、「冠の裁判」のいわばモデルケースだったことになる。また、本書で述べたように、カイロネイアの戦い以前は反マケドニアの同志だったデモステネスとヒュペレイデスが前三三八年以降どのような関係にあったのかは、前三二三年のハルパロス裁判での対決まで一切伝えられていないが、この前三三四年の裁判における二人の連携は、少なくともその時点までは協力関係が続いていたことを示す証拠となる。

そのほかにも、ペルシア戦争時のアテネの軍船数やコリントス同盟軍に供出したアテネの兵力の規模など、このヒュペレイデスの弁論から新たに判明した情報は多いが、前述の史料の「歪み」という点で興味深いのは、前三三九年にアテネとテーベの同盟が成立した経緯についての記述である。

それまで長く対立していた両国が同盟を締結するに至る過程の描写はデモステネスの弁論『冠について』の白眉として名高く、彼は、フィリポス二世によるエラテイア占領後の緊迫した状況において自身がテーベとの同盟を提案したこと、そしてマケドニアの使節がテーベに協力を迫るなか、自らの熱弁によってテーベの民会を動かし、ついに同盟が成ったことを、自身の最大の功績として誇らしげに語っている（九六頁参照）。こうしたデモステネスの言説を、私たちはこれまで鵜呑みにしてきたが、ヒュペレイデスの弁論は、両国の同盟成立に至る経緯がデモステネスの語るそれとは異なるものだったことをうかがわせる。

ヒュペレイデスによれば、テーベはマケドニアの側につくかアテネの側につくか、あるいは中立を保つかの選択を迫られるなか、アテネの援軍がテーベに到着するに至ってようやくアテネとの同盟に踏み切ったという。ヒュペレイデスは、デモステネスがテーベの人々を説得したことには全く触れておらず、彼の記述では、デモステネスは同盟の成立にさして貢献してはいないように描かれているのである。このヒュペレイデスの弁論は、彼自身によるデモステネス顕彰提案に端を発する裁判でデモステネスと連携して弁じられたものであるが、それにもかかわらず、同盟成立におけるデモステネスの「手柄」が目立たないのは注目に値しよう。『冠について』のなかでデモステネスが自身の最大の功績と誇ったテーベとの同盟は、実際には、彼の「手柄」と呼びうるようなものではなかったのかもしれない。

さらに、デモステネスは、テーベとの同盟のみならず、前三四〇年代末にアテネがビュザンティオンやエウボイアと手を結ぶに至ったことも自身の大きな手柄として誇らしげに語っているが、ヒュペレイデスは、これらをあくまでも「私たちの功績」と呼ぶ。「冠の裁判」でデモステネスが披露した数々の「成功譚」は、実のところ、彼が巧みに飾り立てた「物語」にすぎなかったのではないか。ローマ時代に「古代ギリシア最高の弁論家」というデモステネスの不動の名声が確立し、とりわけ『冠について』が「古代ギリシアの雄弁術の粋」として讃えられたがゆえに、こうしたデモステネスの「物語」が無批判に受け入れられてきたのだろう（もっとも、前三三四年の裁判でデモステネスとヒュペレイデスは連携したものの、実際には二人の関係はすでに険悪化しており、それゆえヒュペレイデスは弁論のなかであえてデモステネスの「手柄」を軽視したという解釈も成り立つ。だとすれば、「歪んで」いたのはヒュペレイデスの言説だったことになろう）。

前四世紀のギリシアの貴重な同時代史料である弁論を、私たちは史実をそのまま伝える証拠として扱いがちだが、法廷弁論であれ政治弁論であれ、あくまでも市民たちを説得するためのツールであり、自らの目的を達成する手段としての「語り」にすぎないことを、先のアレクサンドロス研究における第二の「革命」の潮流を踏まえて、あらためて肝に銘じておかなければならない。

原著の刊行以降、本書で扱ったテーマにかかわる個別研究も着実に進展しており、とくにデモステネスについては、英語圏とドイツ語圏で多くの研究書・論文集が刊行されている。ここでは、それらのうち、読みやすいスタンダードなものに限定して、三点紹介したい。

① D. M. MacDowell, *Demosthenes the Orator*, Oxford 2009.

② I. Worthington, *Demosthenes of Athens and the Fall of Classical Greece*, Oxford

2013.

③ G. Martin ed., *The Oxford Handbook of Demosthenes*, Oxford 2019.

①は、二〇一〇年に没したギリシア法制史の第一人者である著者の、長年にわたるデモステネス研究の集大成とも言える著作。②は、アテネを取り巻く政治・外交情勢に重点を置いたデモステネスの評伝。③は、デモステネスに関するあらゆるトピックを網羅した研究必携書。なお、私も寄稿したが、私が担当したのはデモステネス本人ではなく、彼を取り巻く政治家たち（本書の主要登場人物でもあるアイスキネス、ヒュペレイデス、リュクルゴス）についての章。

国内では、主要なギリシア・ローマの古典作品の完訳をめざす『西洋古典叢書』（京都大学学術出版会、一九九七年～）の刊行が順調に進んでおり、二〇二三年現在、刊行数はすでに一六〇冊を超えている。本書に大きくかかわるデモステネスの『冠について』と『使節職務不履行について』をおさめた『デモステネス弁論集2』が二〇一〇年に刊行され、二〇二二年には全七冊の同弁論集がついに完結した。アイスキネスの三篇の弁論をおさめた『アイスキネス弁論集』も二〇一二年に刊行されており、二度の裁判における両者の応酬を今や日本語で読むことができるようになったのは、実に喜ばしい。

＊＊＊

原著の「あとがき」の冒頭に記したように、本書の「主人公」デモステネスと出会ったのは、学部三年生のときに受講した恩師・故伊藤貞夫先生の特殊講義だった。四年生のときには、西洋古典学の細井敦子先生の手ほどきを受けて、デモステネスの『冠について』を、文字通り四苦八苦しながら読んだ。それから長い歳月が流れ、国内外の研究状況も大きく様変わりしたが、デモステネスとその弁論は、今もなお、学部生の頃と同じように私を惹きつけてやまない。その奥深い魅力の一端を、文庫として生まれ変わった本書を手に取って下さった読者の皆さんに伝えることができれば、望外の喜びである。

最後になったが、このたび本書が講談社学術文庫の一冊として再び世に出ることとなったのは、文庫化を勧めて下さった同社学術文庫編集部の栗原一樹氏のご尽力によるものである。心から感謝の意を表したい。

二〇二三年九月

澤田典子

マ行

ヤ行

ラ行

ナ行

ハ行

タ行

サ行

カ行

索　引

ア行

KODANSHA

本書の原本は、二〇〇八年に岩波書店より刊行されました。

澤田典子（さわだ　のりこ）

1967年，富山県生まれ。東京大学文学部卒業，同大学院人文社会系研究科博士課程修了。博士（文学）。現在，千葉大学教育学部教授。専門は古代ギリシア・マケドニア史。著書に『アテネ民主政』，『アレクサンドロス大王（世界史リブレット人５）』，『アレクサンドロス大王（よみがえる天才４）』，『古代マケドニア王国史研究』などがある。

講談社学術文庫

定価はカバーに表示してあります。

アテネ　最期《さいご》の輝《かがや》き

澤田典子《さわだのりこ》

2024年１月11日　第１刷発行

発行者　森田浩章
発行所　株式会社講談社
東京都文京区音羽 2-12-21 〒112-8001
電話　編集（03）5395-3512
販売（03）5395-5817
業務（03）5395-3615
装　幀　蟹江征治
印　刷　株式会社ＫＰＳプロダクツ
製　本　株式会社国宝社
本文データ制作　講談社デジタル製作

ISBN978-4-06-534277-0

「講談社学術文庫」の刊行に当たって

これは、学術をポケットに入れることをモットーとして生まれた文庫である。学術は少年の心を養い、成年の心を満たす。その学術がポケットにはいる形で、万人のものになることは、生涯教育をうたう現代の理想である。

こうした考え方は、学術を巨大な城のように見る世間の常識に反するかもしれない。また、一部の人たちからは、学術の権威をおとすものと非難されるかもしれない。しかし、それはいずれも学術の新しい在り方を解しないものといわざるをえない。

学術は、まず魔術への挑戦から始まった。やがて、いわゆる常識をつぎつぎに改めていった。学術の権威は、幾百年、幾千年にわたる、苦しい戦いの成果である。こうしてきずきあげられた城が、一見して近づきがたいものにうつるのは、そのためである。しかし、学術の権威を、その形の上だけで判断してはならない。その生成のあとをかえりみれば、その根は常に人々の生活の中にあった。学術が大きな力たりうるのはそのためであって、生活をはなれた学術は、どこにもない。

開かれた社会といわれる現代にとって、これはまったく自明である。生活と学術との間に、もし距離があるとすれば、何をおいてもこれを埋めねばならない。もしこの距離が形の上の迷信からきているとすれば、その迷信をうち破らねばならぬ。

学術文庫は、内外の迷信を打破し、学術のために新しい天地をひらく意図をもって生まれた。文庫という小さい形と、学術という壮大な城とが、完全に両立するためには、なおいくらかの時を必要とするであろう。しかし、学術をポケットにした社会が、人間の生活にとってより豊かな社会であることは、たしかである。そうした社会の実現のために、文庫の世界に新しいジャンルを加えることができれば幸いである。

一九七六年六月　　　　野間省一

外国の歴史・地理

1454
オランダ東インド会社
永積《ながづみ》　昭《あきら》著（解説・弘末雅士）

東インド貿易の勝利者、二百年間の栄枯盛衰。香料貿易を制し、胡椒・コーヒー等の商業用作物栽培に進出して成功を収めたオランダ東インド会社は、なぜ滅亡したか？　インドネシア史を背景にその興亡を描く。

1526
大清帝国
増井経夫著（解説・山根幸夫）

最後の中華王朝、栄華と落日の二百七十年。政治・経済・文化等、あらゆる面で中国四千年の伝統が集大成された時代・清。満州族による建国から崩壊までを描き、そこに生きた民衆の姿に近代中国の萌芽を読む。

1579
酒地肉林
中国の贅沢三昧

井波律子著

中国の厖大な富が大奢侈となって降り注ぐ。豪を競う巨大建築、後宮三千の美女から、美食と奇食、大量殺人、麻薬の海、そして精神の蕩尽まで。四千年をいろどる贅沢三昧の中に、もうひとつの中国史を読む。

電 P

1595
魏晋南北朝
川勝義雄著（解説・氣賀澤保規）

〈華やかな暗黒時代〉に中国文明は咲き誇る。秦漢帝国の崩壊がもたらした混乱と分裂の四百年。専制君主なき群雄割拠の時代に、王羲之、陶淵明、『文選』等を生み出した中国文明の一貫性と強靭性の秘密に迫る。

1665
古代ギリシアの歴史
ポリスの興隆と衰退

伊藤貞夫著

西欧文明の源流・ポリスの誕生から落日まで。先史文明から諸王国の崩壊を経て民主政を確立した都市国家。ペルシア戦争に勝利し黄金期を迎えたポリスがなぜ衰退したか。栄光と落日の原因を解明する力作。

1674
古代インド
中村　元著

モヘンジョ・ダロの高度な都市計画から華麗なグプタ文化まで。苛酷な風土と東西文化の混淆が古代文明を育んだ。古代インドの生活と思想と、そこに展開された原始仏教の誕生と変遷を、仏教学の泰斗が活写する。

《講談社学術文庫　既刊より》

外国の歴史・地理

2255
笈川博一著
古代エジプト　失われた世界の解読
二七〇〇年余り、三十一王朝の歴史を繙く。ヒエログリフ（神聖文字）などの古代文字を読み解き、『死者の書』から行政文書まで、資料を駆使して、宗教、死生観、言語と文字、文化を概観する。概説書の決定版！　電

2271
篠田雄次郎著
テンプル騎士団
騎士にして修道士。東西交流の媒介者。王家をも経済的に支える財務機関。国民国家や軍隊、多国籍企業の源流として後世に影響を与えた最大・最強・最富の軍事的修道会の謎と実像に文化社会学の視点から迫る。

2345
橋場　弦著
民主主義の源流　古代アテネの実験
民主政とはひとつの生活様式だった。時に理想視され、時に衆愚政として否定された「参加と責任のシステム」の実態を描く。史上初めて「民主主義」を生んだ古代アテナイの人びとの壮大な実験と試行錯誤が胸をうつ。

2350
森谷公俊著
興亡の世界史
アレクサンドロスの征服と神話
奇跡の大帝国を築いた大王の野望と遺産。一〇年でギリシアとペルシアにまたがる版図を実現できたのはなぜか。どうして死後に帝国がすぐ分裂したのか。栄光と挫折の生涯から、ヘレニズム世界の歴史を問い直す。　電P

2351
森安孝夫著
興亡の世界史
シルクロードと唐帝国
従来のシルクロード観を覆し、われわれの歴史意識をゆさぶる話題作。突厥、ウイグル、チベットなど諸民族の入り乱れる舞台で大役を演じて姿を消した「ソグド人」とは何者か。唐は本当に漢民族の王朝なのか。　電P

2352
杉山正明著
興亡の世界史
モンゴル帝国と長いその後
チンギス家の「血の権威」、超域帝国の残影はユーラシア各地に継承され、二〇世紀にいたるまで各地に息づいていた！「モンゴル時代」を人類史上最大の画期とする、日本から発信する「新たな世界史像」を提示。　電P

外国の歴史・地理

2528
秋山　聰著
聖遺物崇敬の心性史　西洋中世の聖性と造形
中世ヨーロッパのキリスト教社会で、「聖遺物」は熱狂を巻き起こした。聖遺物は神の力を媒介するメディアであった。民衆も聖職者も殺到した聖なる容器、聖なる見世物が、やがて芸術へと昇華する過程も描く。
電P

2552
村山吉廣著
楊貴妃　大唐帝国の栄華と滅亡
唐六代目皇帝・玄宗は、五六歳のときに二二歳の楊貴妃と出会い、そして一〇〇万都市は滅亡してゆく——。名君はなぜ堕落したのか。中国史書や詩歌などの豊富な資料から、「世界三大美女」波乱の生涯を読み解く！
電P

2555
竹下節子著
ジャンヌ・ダルク　超異端の聖女
なぜ彼女は魔女として死に、聖女として甦ったのか。華麗で過酷な運命を背負った少女の全体像を、神秘が息づく中世ヨーロッパ世界を浮かび上がらせながら彩りゆたかに活写する、親しみやすい決定版入門書！
電P

2575
ジョゼフ・ギース、フランシス・ギース著／栗原　泉訳
中世ヨーロッパの結婚と家族
「家族」は歴史の産物である。結婚式、育児、相続、親の扶養など、人間社会の最も基本的な営みからみた、西洋中世の一〇〇〇年史。「夫婦と子どもたちが一つの家に住む」という家族観はなぜ生まれたのか。
電

2594
阿部謹也著
西洋中世の愛と人格　「世間」論序説
名著『「世間」とは何か』はここから生まれた。日本古来の「世間」と対比させつつ、西洋の「社会」を構成する「個人」や「愛」の成立過程を綿密に描き出した、西洋史学の泰斗による日本人論の原点。
電P

2597
弓削　達著（解説・本村凌二）
地中海世界　ギリシア・ローマの歴史
ポリスから大帝国へ——自主と独立の精神を生んだ市民共同体は、なぜ帝国の覇権に屈したのか。キリスト教的東西ヨーロッパ文明、イスラム的西アジア文明の母胎となった地中海世界の二〇〇〇年を通観する。
電P

外国の歴史・地理

2691
港の世界史
高見玄一郎著（解説・陣内秀信）

港こそが、都市の主役である。古代ギリシアから中世のベネチア、中国の海港、アムステルダムの繁栄、近現代のロンドン、ニューヨークまで。世界の港と流通システムの発達を、ひとつの物語として描く異色の世界史。電P

2695
砂漠と草原の遺宝
中央アジアの文化と歴史
香山陽坪著（解説・林俊雄）

スキタイ、エフタル、匈奴、突厥、ソグド、モンゴルなど、諸民族の歴史と文化。農耕・牧畜の開始からティムール帝国まで、騎馬遊牧民が駆けめぐった旧ソ連領中央アジア＝西トルキスタンの遺跡を考古学者が歩く。電P

2696
万国お菓子物語
世界をめぐる101話
吉田菊次郎著

たかがお菓子というなかれ。甘さのかげに歴史あり。愛とロマン、政治に宗教、文化の結晶としての世界のスイーツ101の誕生秘話――マカロン、レープクーヘンからザッハートルテ、カステーラ、ちんすこうまで！電P

2718
世界鉄道文化史
小島英俊著

鉄道とは人類のドラマである！　万国スピード競争、等級制の人間模様、日本にもあった「一帯一路」、豪華列車、リニア開発……第一人者が圧倒的なスケールで描き切る、鉄道と人間が織りなす胸躍る軌跡のすべて。電P

2724
イギリス貴族
小林章夫著（解説・新井潤美）

政・官・軍のリーダーとして大英帝国を支えつつ、空前の豊かな生活を送った貴族たち。彼らは法律を作り、政治を司り、軍隊を指揮する一方、社交、狩猟、スポーツに熱中した。その驚きの実態を紹介する好著。電P

2726
パリ万国博覧会
サン＝シモンの鉄の夢
鹿島　茂著

万博をつくった理念をたどること、それは近代文明の観念史そのものである！　名手・鹿島の本領がいかんなく発揮された叙述で、物神【フェティッシュ】の聖堂のスペクタクルを味わい尽くす、魅惑の文化史研究。電P

2748

中国の神話　神々の誕生

貝塚茂樹著（解説・蜂屋邦夫）

「子、怪力乱神を語らず」。儒教の合理主義精神ゆえに、歴史の中に埋もれてしまった中国の神話。『山海経』や甲骨資料から一つ目一本足の山神を主人公に据えて、中国史の泰斗が失われた神話世界を大胆に復元する！　電P

2759

西太后に侍して　紫禁城の二年間

徳齢著／太田七郎・田中克己訳（解説・加藤徹）

清朝末期の最高権力者に側近として仕えた女性通訳官による迫真の手記。聡明、豪毅にして虚栄に満ちた西太后の実像と贅沢な日常。戊戌政変、義和団の乱の内幕。陰険な宦官や、悲劇の皇帝・光緒帝の描写も生々しい。　電

2761

日本の西洋史学　先駆者たちの肖像

土肥恒之著

日本人は西洋の歴史から何を学べばよいのか？　黎明期の村上直次郎をはじめ、大類伸、羽仁五郎、大塚久雄ら格闘する群像。「大東亜戦争の世界史的意義」をめぐる議論。戦後、上原専禄が構想した新たな世界史とは。　電P

2764

歴史学の始まり　ヘロドトスとトゥキュディデス

桜井万里子著

歴史と文学が未分化の時代、神話や伝承を交えてペルシア戦争を記述したヘロドトス。それを批判し、ペロポネソス戦争を実証的に記録したトゥキュディデス。二人の個性から、歴史叙述が歴史学へといたる道を探る。　電P

西洋の古典

920
遊びと人間
R・カイヨワ著／多田道太郎・塚崎幹夫訳

超現実の魅惑の世界を創る遊び。その遊びのすべてに通じる不変の性質として、カイヨワは競争、運、模擬、眩暈を提示し、これを基点に文化の発達を解明した。遊びの純粋なイメージを描く遊戯論の名著である。 電P

1073
言語・思考・現実
B・L・ウォーフ著／池上嘉彦訳

言葉の違いは物の見方そのものに影響することを実証し、現代の文化記号論を唱導したウォーフの主要論文を精選。「サピア＝ウォーフの仮説」として知られる言語と文化について鋭い問題提起をした先駆的名著。

1092
群衆心理
G・ル・ボン著／櫻井成夫訳（解説・穐山貞登）

民主主義の進展により群衆の時代となった今日、個人の理性とは異質な「群衆」が歴史を動かしている。その群衆心理の特徴と功罪を心理学の視点から鋭く分析する。史実に基づき群衆心理を解明した古典的名著。 電P

1127
ガリア戦記
カエサル著／國原吉之助訳

ローマ軍を率いるカエサルが、前五八年以降、七年にわたりガリア征服を試みた戦闘の記録。当時のガリアとゲルマニアの事情を知る上で必読の歴史的記録として有名。カエサルの手になるローマ軍のガリア遠征記。 電P

1234
内乱記
カエサル著／國原吉之助訳

英雄カエサルによるローマ統一の戦いの記録。前四九年、ルビコン川を渡ったカエサルは地中海を股にかけ政敵ポンペイユスと戦う。あらゆる困難を克服し勝利するまでを迫真の名文で綴る。ガリア戦記と並ぶ名著。

1276
プラトン対話篇 ラケス 勇気について
プラトン著／三嶋輝夫訳

プラトン初期対話篇の代表的作品、新訳成る。「勇気とは何か」「言と行の関係はどうあるべきか」を主題に展開される問答。ソクラテスの徳の定義探求の好例とされ、構成美にもすぐれたプラトン初学者必読の書。